KB240846

충남 지역 마을지 총서 ② 연기군 동면 송룡리

연기 솔올마을

근현대 촌락사의 축도(縮圖)

글·사진 | 충남대학교 마을연구단

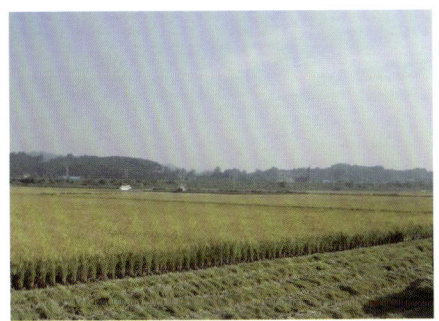

대원사

| 저자 소개

김필동
충남대학교 사회학과 교수

김현숙
마을연구단 전임연구원, 국사학

전종한
경인교육대학교 전임강사, 지리학

이연숙
마을연구단 전임연구원, 국사학

유보경
마을연구단 전임연구원, 사회학

곽호제
청양대학 초빙교수, 국사학

박종익
마을연구단 전임연구원, 국문학

머리말   6

근현대 촌락사의 축도(縮圖)   10

지리적 환경과 경관 변화   15
  종족마을로서의 인문지리적 환경 / 15
  미호천과 동진들 그리고 교통로와 경관
    변화 / 17
  상징적 경관과 마을 내 지명들 / 24

마을의 형성과 전개   29
  종족마을의 형성 / 29
  결성 장씨의 문중 활동 / 34
  일제 강점기 마을의 변화와 주민들의 동향
    / 40
  해방 이후 마을의 변화 / 52
  마을의 유물과 유적 / 55

미작농업 마을 솔올   62
  곡창지대의 면모를 갖추기까지 / 62
  농업생산과 노동 / 64
  시설 재배 / 69
  영세상인과 임금노동자 / 76
  마을의 경제적 전망 / 77

사회생활과 문화   80
  마을 현황 / 80
  인구와 가족 구성 / 83
  마을 조직과 운영 / 87
  교육과 종교 / 93
  마을의 숙원사업 / 96

근대적 변화와 일상생활   99
  교통체계의 변화와 근대 문물의 유입 / 99
  근대 문명의 환희와 의식주의 변화 / 109
  민간요법과 여가생활 / 125

마을 사람들의 삶과 애환   130
  청진으로 날아온 징용장 / 130
  동면 미인과 연기군 대지주 / 142
  송룡리 할머니의 평범한 삶 / 151

솔올마을의 민속   155
  민간신앙 / 155
  통과의례 / 165
  세시풍속 / 190

구비전승   207
  설화 / 207
  민요 / 221

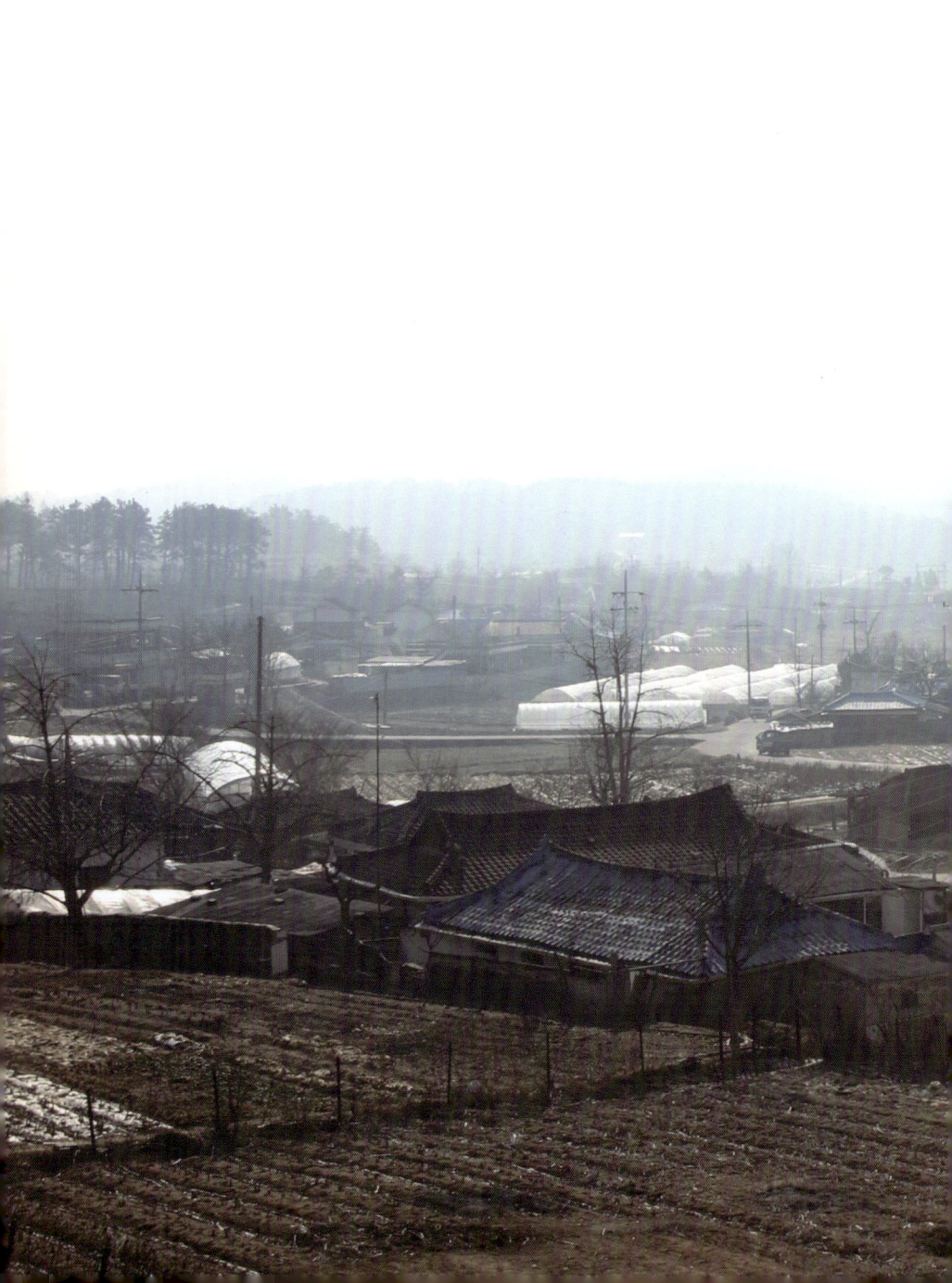

충남 지역 마을지 총서 ② 연기군 동면 송룡리

연기 솔올마을

근현대 촌락사의 축도(縮圖)

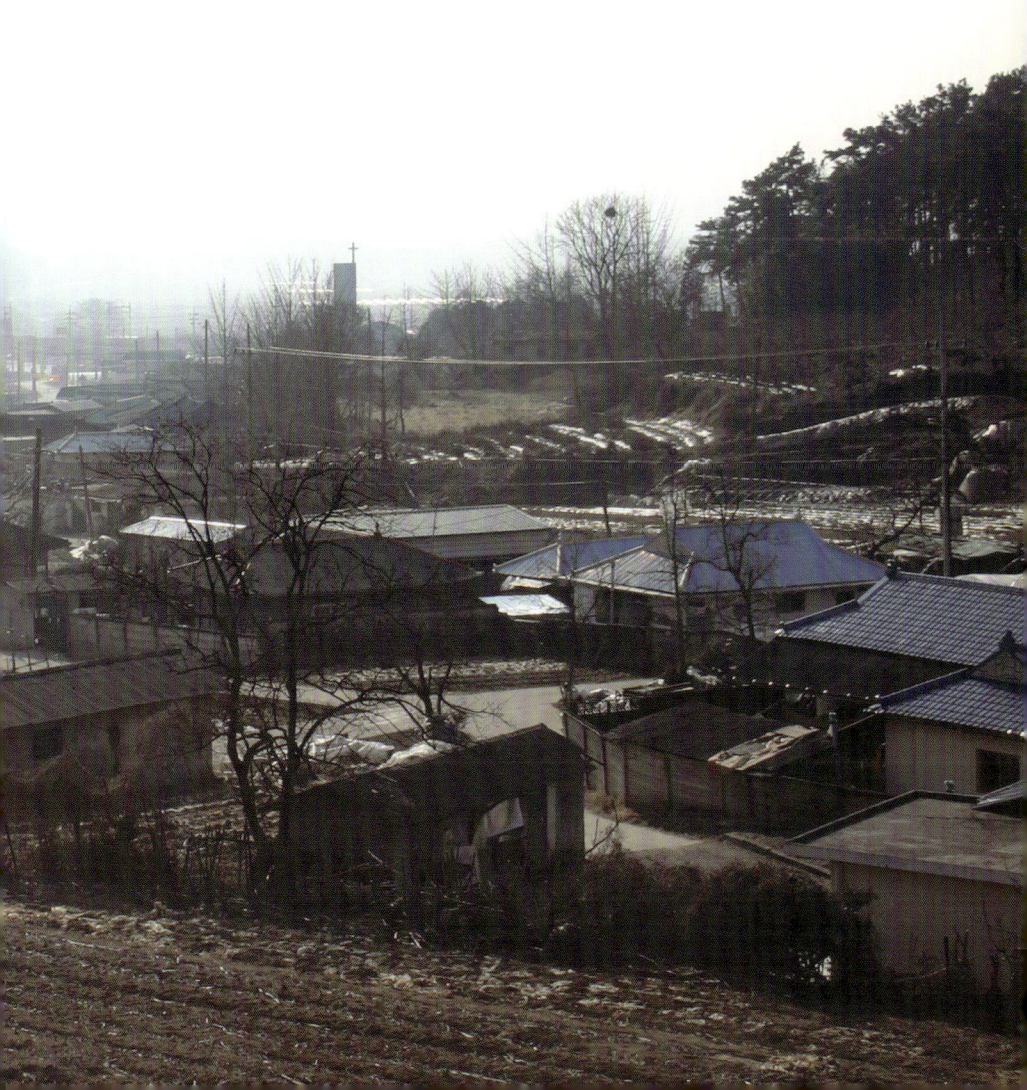

머리말

　마을이 사라지고 있다. 지금부터 40년 전인 1966년 한국의 농촌인구는 약 1,540만 명으로 인구의 절반을 상회했지만, 2004년 현재는 약 340만으로 전체 인구에서 차지하는 비중은 약 7퍼센트밖에 되지 않는다. 많은 마을에 빈집이 늘어나고 있고 주민들의 평균연령이 60세가 넘는 곳도 적지 않아, 앞으로 10년, 20년 뒤가 되면 수백 년 혹은 천 년 이상의 역사를 가진 수많은 마을들이 수명을 다하고 이 땅에서 사라지게 될지도 모른다.

　마을은 한반도의 역사가 시작된 이후 20세기 중엽에 이르기까지 대부분의 사람들이 거주해온 생활 공간이었으며, 민속·의례·신앙 등 전통적인 문화를 만들어온 문화의 공간이었다. 조선시대 선비들이 생활하면서 정신문화를 창출해온 곳도 도시라기보다는 농촌 마을이었다. 따라서 마을이 사라진다는 것은 전통적인 한국 문화의 뿌리가 사라진다는 것을 의미한다. 이에 대한 아쉬움과 함께 전통문화 보존의 필요성이 제기되는 것은 당연하다.

　그러나 마을은 전통문화의 뿌리인 것만은 아니다. 마을은 현재 한국 사회 인구의 대부분을 구성하고 있는 도시인들의 삶의 뿌리이자 성장 배경이며, 동시에 그들이 삶에 지칠 때 찾게 되는 정신적 고향이기도 하다. 나아가 마을은 성장과 개발의 이면(裏面)에 반목과 파괴를 심화시켜온 근대문명의 한계를 넘어 새로운 미래를 전망할 때 우리가 돌아보는 대안이 될 수도 있다. 그러므로 마을은 우리 선조들과 오늘을 사는 어른들에게만 중요한 것이 아니라, 자라나는 우리 아이들과 앞으로 태어날 후손들에게도 소중한 것이다. 그런 마을이 사라지고 이제는 학문적 조명에서조차 소외

되고 있음은 아쉬운 일이 아닐 수 없다. '마을 연구'와 '마을 조사'의 중요성과 시급성은 여기에서 출발한다. 더구나 충남 지역의 마을 연구는 경상도나 전라도에 비해 매우 빈약한 상황이기 때문에 그 중요성은 더욱 크다고 할 수 있다.

충남대학교 충청문화연구소에서는 이런 문제의식에서 2004년 '마을연구단'을 조직하고, 학술진흥재단의 지원을 받아 충남 지역 마을 연구에 착수하였다. 마을연구단에서는 충남 지역에도 다양한 유형과 지역적 특징을 지닌 마을들이 많이 존재한다는 점을 감안하여, 전체적으로 충남 지역 마을들을 대표할 수 있는 9개의 마을을 선정하여 3개년에 걸쳐 매년 3개 마을씩을 공동으로 심층 조사하고, 공동연구원들이 각 마을을 주제로 한 연구 논문들과 함께 마을의 역사와 현재의 모습을 담은 '마을지'를 꾸미기로 하였다. 15명의 공동연구원들과 십수 명의 보조연구원(학생)들은 이를 위해 각 마을을 공동 또는 개인별로 수시로 방문하면서 자료를 모으고, 수많은 마을 주민들을 만나 인터뷰를 진행했다. 연구원들은 마을의 모습을 전체적으로 조망하기 위하여, 지리, 역사, 경제, 사회, 일상생활, 민속 등 각 분야에 걸쳐 조사를 실시하였다. 또한 마을의 과거와 현재의 모습을 좀더 생생하게 전달하기 위해서 지난 시절의 기록과 사진을 모으고 오늘의 마을 경관과 주민들의 활동을 폭넓게 사진에 담아 마을지에 수록하였다. 또한 집필에 있어 필자들은 가급적 평이한 문체를 사용함으로써, 연구자나 일반인들은 물론 각 마을의 주민들도 쉽게 읽을 수 있도록 배려하였다. 이러한 작업들은 전임연구원들이 중심이 되어 이루어졌지만, 다른 공동연구원들과 학생들도 많은 힘을 보탰음은 말할 것도 없다. 송룡리 마을지도 이런 과정을 통해 탄생되었다.

송룡리, 즉 '솔올마을'은 연기군 동면에 속한 농촌마을로, 송룡 1리와 2리의 두 행정리를 포함한다. 송룡리는 인근의 노송리, 예양리와 함께 예로부터 결성 장씨의 종족마을로 널리 알려져 있다. 야트막한 야산인 송산 자락에 위치한 송룡리는 마을 앞쪽으로 경제생활의 원천인 동진들과 미호천을 바라보고 있으며, 마을 뒤쪽으로 조금 떨어진 곳에는 결성 장씨의 선산이기도 한 아미산이 솟아 있다. 도로와 철길로 조치원에서 대전으로 가는 길목에 위치한 송룡리는 연기군 남면 일대에 건설중인 행정중심복합도시와도 얼마 떨어져 있지 않은 곳이라 최근에는 투기 바람의 영향권에 들기도 했다.

송룡리는 수많은 우리나라 농촌들이 조선 후기 이래 지금까지 겪어온 변화의 과정을 전형적으로 보여주는 사례라 할 수 있다. 조선 후기 종족마을의 형성과 발전, 미호천 제방 축조와 동진들의 개간, 식민지 지주제의 전개, 식민지적 착취와 개발, 경부선의 개통과 근대적 교통체계의 발달, 농지개혁과 지주제의 종말, 새마을운동, 도시화·산업화에 따른 이농의 심화와 이로 인한 농촌의 위기, 고령화, 그리고 행정중심복합도시의 개발에 이르기까지 송룡리가 겪은 200여 년간의 경험은 수많은 한국의 촌락들이 근·현대기에 겪은 역사적 경험을 압축한 것이라고 해도 좋을 것이다. 변화의 끝에서 우리는 마을공동체의 해체를 보고 있지만, 다른 한편 마을의 전통을 계승하고 새로운 발전의 계기를 마련하는 노력도 자라나고 있다. 독자들은 이 책을 통하여, 한국의 보통 농촌마을이 겪어온 변화의 궤적을 함께할 수 있으며, 앞으로의 변화를 위해 농촌마을이 어떠한 모색을 하고 있는지도 엿볼 수 있을 것이다.

송룡리를 조사하고 마을지를 편찬하는 과정에서 집필자들은 많은 분들로부터 도움을 받았다. 무엇보다도 우리는 마을 주민들이 보여준 연구단에 대한 전폭적인 신뢰와 협조를 잊을 수 없다. 거의 모든 마을 어른들과 청년·부인들이 인터뷰에 응해 주었고, 집에 간직하고 있던 자료나 사진들을 꺼내 주었으며, 거듭되는 확인 과정에서도 싫은 내색을 하지 않고 솔직하게 질문에 대답해 주셨다. 또한 현재는 마을을 떠나 외지에 거주하고 있는 송룡리 출신 인사들과 인근 마을에 거주하는 장씨 문중의 어른들도 집필자들을 만나 귀중한 옛날 얘기들을 들려주셨다. 그 중에서도 이상순, 신태호 이장님과 장덕순 결성 장씨 종회장님, 장욱진화백선양사업회의 장래철 회장님, 황은식 실장님은 우리가 마을을 방문할 때마다 적극적인 협조를 아끼지 않으셨다. 특히 장래철 회장님은 충남대학교에서 열린 마을연구단의 마을지 워크샵에도 직접 참석하셔서 고견을 베풀어 주셨다. 우리가 비교적 짧은 기간에 이만한 정도의 마을지를 편찬할 수 있었던 것은 이 분들을 포함한 마을 주민들의 절대적인 도움 덕택이었다고 할 수 있다. 이 자리를 빌어 깊은 감사의 말씀을 드린다.

또한 동면사무소의 장형래 면장님을 비롯한 직원 여러분들께도 감사의 말씀을 드린다. 이분들은 마을에 관한 각종 기본 자료들을 제공해 주셨고, 마을지의 출판이 원활하게 이루어질 수 있도록 도와주셨다.

집필자들은 공동연구를 함께 해온 마을연구단의 다른 공동연구원 선생님들과 연구를 보조해준 학생들에게도 감사의 말씀을 드린다. 이 책이 부족한 가운데서도 약간의 장점이 있다면 그것은 오로지 함께 연구에 참여하신 이분들의 도움 때문이라고 생각한다. 특히 처음부터 충남 지역 마을 연구를 기획하는 데 중심 역할을 했고, 마을연구단의 첫 번째 연구책임자로 연구의 초기 단계를 이끌어 주셨던 박찬승 교수님께는 무어라 감사의 말씀을 드려야 할지 모르겠다. 한편 연구책임자의 입장에서는 집필자 중에서도 송룡리 마을조사팀장으로 연구단과 마을 사이의 주된 연락 창구 역할을 하면서, 수합된 마을지 원고의 편집에도 책임 있는 역할을 수행해준 김현숙 박사의 노고를 특별히 기록해두고 싶다.

마지막으로 우리는 송룡리 마을지의 출판이 한국학술진흥재단의 연구비 지원과 함께 연기군의 출판 보조금 지원으로 비로소 가능하였음을 지적해두고자 한다. 특히 마을지의 문화적 가치를 높이 평가하시고 재정적 지원을 아끼지 않으신 연기군의 이기봉 군수님과 홍영섭 문화공보과장님께는 연구단의 이름으로 깊은 감사의 말씀을 올린다.

2006년 여름

집필자들을 대표하여 김 필 동 적음

근현대 촌락사의 축도(縮圖)

　수십 년 동안 아침 이슬을 먹으며 아미산 자락을 푸르게 가꾸어주는 노송들, 말없이 굽이굽이 흘러가는 맑은 미호천, 농부들의 손길을 다소곳이 기다리는 황금빛 동진들과 새색시 웃음처럼 복숭아 익어가는 마을 송룡리는 천년의 세월을 간직하며 지나가는 나그네에게 손짓하고 있다. 한없이 평화롭고 다정해 보이는 우리네 마을이지만 그 속에는 한없이 치열한 삶이 전개되어왔고 또 전개되고 있다.

　미호천 변에 위치한 연기군 동면 송룡리는 인근의 노송리 및 예양리와 더불어 조선 후기 이래 결성 장씨(結城張氏) 종족마을로 구성되어 있었다. 이 마을의 경제생활의 원천인 동진들은 마을의 서쪽에 널따랗게 펼쳐져 있고, 이 평야를 만든 미호천이 동진들의 서북쪽 외곽을 휘감고 있다. 마을 동쪽으로는 결성 장씨 선산이기도 한 아미산(蛾眉山)이 솟아 있고 1905년 개통된 경부선이 송룡리와 동진들 사이를 가로질러 시원스레 통과하고 있다. 더욱이 1911년 연기군 군청 소재지가 연기리에서 신흥도시인 조치원으로 이전함과 동시에, 인근 동면 내판으로 면 소재지가 이전하고 연지역(내판역)이 개설됨에 따라 송룡리는 외부 세계와 신속하고 편리한 문물 교류 체계를 완비하게 되었고 발전의 계기를 얻게 되었다. 뿐만 아니라 1930년대부터 시작된 제방 축조와 수리시설 공사로 인해 송룡리는 동면에서 경지가 가장 많은 마을에 속하게 되었으며, 현재까지도 연기군의 중요한 미곡지대이다.

　송룡리에는 선사시대부터 주민들이 거주하기 시작하였다. 아마도 미호천 변의 비옥한 충적토가 농업에 유리한 데다, 강에서 풍부한 어패류를 채취할 수 있었기 때문으로 판단된다. 그 후 삼국시대에는 아미산 골짜기를 따라 거주하기 시작했지만, 이들이 현재 주민들의 직계 조상은 아니었다. 현재 주민들의 직계 조상인 결성 장씨들은 16세기 말경 동면 일대에 입향하여, 18세기 말경 송룡리에서 종족마을을 형성하기 시작한 것으로 추정된다. 이 시기 동면 지역에는 이미 장수 황씨, 성산 배씨, 진주 강씨, 경주 김씨, 해평 윤씨, 청주 한씨, 전주 이씨, 부안 임씨 등이 세거(世居)하고 있었는데, 결성 장씨들은 이들 틈에서 생존하여 결국 동면에서 유력한 종족마을을 일구게 되었고, 19세기 말에 이르면 결성 장씨 중에서 사마시에 입격한 인물들이 나오면서 이 지역에서 상당한 영향력을 발휘하기 시작하였다.

결성 장씨들은 현실 적응력이 뛰어나며 실용적인 면을 중요시했다. 그들은 하천 습지인 동진들을 개간하여 경작지를 늘리고, 근면함을 바탕으로 성실히 노력한바 19세기 말경에 들어서는 이 일대에서 경제력을 장악하게 되었다. 이 같은 경제력을 기반으로 결성 장씨들은 입향 이후 후세 교육에 심혈을 기울였다. 이미 17세기 후반에 들어서면서 문중 서당으로 육영재(毓英齋)라는 중등 교육기관을 운영하여, 인재 양성에 힘을 기울였던바 19세기 말에 이르러 사마시 입격자를 배출하였고, 장문섭이라는 경학가를 배출하기도 하였다. 현대에 와서 결성 장씨 문중에서 많은 교육자가 배출되고 있는 현상도 이러한 전통에서 비롯된 것으로 보인다. 또한 결성 장씨들은 문중을 중심으로 단결하는 특징을 보여준다. 이들의 단결력은 다른 문중과 뚜렷이 대비될 정도인데, 이들은 20세기 이후 오늘에 이르기까지 지속적으로 종안(宗案)과 종약(宗約)을 제정하여 문중 질서의 체계를 확립하고, 문중 내의 동일 종족들을 정신적·경제적으로 지배·보호하고 있다.

이러한 특성에 힘입어 송룡리와 결성 장씨들은 일제 강점기에는 부촌으로서 명성을 얻었고, 해방 이후에는 장욱진 화백과 같은 유명한 인물을 배출하여 전국적으로 유명한 마을이 되었다. 한편 동진들의 개간으로 인해 일제 강점기 송룡리에는 많은 일본인들과 조영토지회사 등이 진출하여 지주경영을 하고 있었고, 연기군의 대지주 장기황 가문도 탄생시켰다. 반면 송룡리 주민들 다수는 이들 지주 밑에서 소작인으로 경작을 담당하고 있었고, 식민지 권력의 강제 동원과 공출로 인해 많은 피해를 입기도 하였다.

해방 이후 일본인의 퇴출과 농지개혁으로 지주가 사라진 송룡리는 새로운 마을 질서가 형성되기 시작하였다. 대다수의 주민들은 자기 토지를 소유하는 자작농으로 상향 평준화되었고, 이러한 경제토대와 개인적인 능력 및 행정경험을 바탕으로 마을의 새로운 실세로 등장하고 있다. 즉, 교육을 받은 결성 장씨 대다수는 도시로 진출하고, 그 공백을 다른 성씨인 새로운 주민들이 입향하여 메우고 있다. 물론 이 지역에서 결성 장씨들의 위세는 아직도 남아 있지만, 평민 질서를 기반으로 하는 새로운 질서가 다른 성씨들을 중심으로 태동하고 있다. 1970년대 고속도로 시대가 개막되면서 교통수송체계는 철도에서 도로로 이동하였고, 도시화·산업화의 진전에 따라 미작지대 송룡리는 개발의 지평에서 점차 멀어지게 되었으며, 자녀들이 도시로 이주함에 따라 노령화가 급속도로 진행되었다. 따라서 현재 마을 노인들이 청장년기였던 일제 강점기부터 1960년대까지가 송룡리의 전성기라 할 수도 있을 것이다.

　마을은 특히 생산과정과 상호부조, 그리고 외부에 대한 대응에 있어 공동체적 성격을 강하게 드러낸다. 그러한 공동체적 성격은 마을 내의 각종 조직을 통해 표출된다. 공동체적 성격은 시대에 따라 강화되기도 하고 약화되기도 하는데, 송룡리는 종족마을이라는 특성으로 인해 식민지 시기에 문중조직이 강화되고 영향력을 확대하면서, 공동체 성원 간의 강력한 단결력이 특징으로 나타난다. 이러한 단결력을 바탕으로 송룡리는 자기 발전을 꾀하여 식민지 시기에는 모범부락으로 지정된 바 있는데, 이러한 전통은 새마을운동기에 우수마을로 재현되기도 하였다. 그러나 최근의 급속한 이농과 노령화는 송룡리 마을공동체의 해체과정을 뚜렷이 보여주고 있다. 마을 주민들은 대부분의 다른 마을과 마찬가지로 60세 이상의 노인층이 높은 비율을 차지하고 있다. 따라서 마을의 청년회는 유명무실한 대신 동계와 노인회는 비교적 활발하게 운영되고 있다. 그 밖에 동갑계, 등산회, 청솔회 등 다양한 친목계들이 존재하고 있지만, 다른 마을에 비해 활발한 움직임을 보여주지 못하고 있다. 반면 상대적으로 젊은 사람들의 모임인 작목반 등은 면 단위 마을들 간의 유대 조직으로 확대되어 있으며, 한국전쟁 참전용사의 모임 등이 결성되어 있다. 한편 송룡리와 그 지근거리에는 3개의 교회와 절이 소재하고 있는데, 이 역시 주민의 노령화에 따라 신도 수가 감소하였고 활동 역시 미약하다.

　현재 송룡리 마을 주민들의 대다수는 동진들을 주요 터전으로 삼고 논농사에 종사하고 있다. 따라서 마을은 전형적인 농촌마을의 특성을 여전히 지니고 있다. 이 마을 주민의 자녀들은 일찍이 진학과 취업을 위해 마을을 떠났고, 마을 인구의 고령화 수준은 다른 마을에 비해서도 오히려 높은 편이다. 이 때문에 벼농사의 위탁경작이 지배적인 형태이나, 최근 타지에서 이주해온 젊은 계층을 중심으로 수박, 파, 오이, 복숭아 시설 재배 농가도 조금씩 늘고 있는 추세이다. 그 밖에 가족 노동력으로 운영하는 돼지, 육우, 염소의 축산업이 소규모로 행해지고 있으며, 송룡리와 인근 내판에서 다방, 식당, 주유소, 정미소 등 자영업에 종사하는 가구도 약 8가구가 있다.

송룡리 마을은 대체로 영세농가로 구성되어 있다. 마을 주민의 소득은 연령과 경작 규모, 경작 형태 등 다양한 변수에 따라 차이를 보이지만, 이들의 생계는 쌀값과 과수 소득의 감소로 불안한 상태에 처해 있다. 특히, 미작농업에만 생계를 의지하고 있는 가구의 경우 시설 재배와 과수를 재배하고 있는 농가에 비해 열악한 수준이다. 농업생산뿐만 아니라 마을 내의 인구 감소와 주민들의 고령화로 점포의 운영상황도 악화일로에 있으며, 달리 마을에서 노동력을 팔 만한 곳도 없는 실정이어서 농업이나 축산업을 통해 생계를 벌충하고 있다. 이와 같이 노령화된 송룡리 주민들의 경제 상태는 농산물 수입개방이라는 거시적인 농업정책의 흐름 속에서 어려움이 가중되고 있다.

마을 주민들은 삶을 영위하는 가운데 재앙이나 질병에 공동으로 대처하면서 안정과 행복을 염원하였고, 이는 신앙이나 민속, 의례 등으로 표출되었다. 하지만 신앙과 민속은 불변하는 것이 아니다. 생업의 변화에 따라, 시대의 변화와 가치관과 의식의 변화에 따라 끊임없이 변화한다. 송룡리 민속 조사에서는 가택신앙과 공동체신앙, 세시풍속 그리고 출산, 혼례, 상례, 제례와 같은 통과의례 및 설화, 민요와 같은 구비전승을 주로 채록하였다. 다른 마을에 비해 크게 다른 점은 없지만 동제(산신제)를 열심히 지냈던 마을로 일제 강점기 공동체신앙의 신심이 두터웠던 마을로 추정된다. 한편 노년층에서 설화, 모내기 소리, 상여 소리, 김매기 소리, 연정요 등 구비전승에 대한 향유층이 두터운 것으로 보아 식민지 시기와 해방 이후 마을의 번영을 직감하게 해준다.

현재 송룡리는 노년층이 많고, 벼농사를 주업으로 하는 전형적인 농촌마을의 특성을 띠고 있으며, 따라서 경제적으로 어려운 상황에 처해 있다. 하지만, 도시 인근에 위치해 있는 지리적인 환경과 2000년 전후 발달된 도로 교통의 체계로 말미암아 앞으로 마을이 재도약할 수 있는 잠재력을 확보하게 되었다. 특히 연기군 일부 지역이 신행정도시 입지로 확정됨에 따라, 그 외곽에 위치한 송룡리는 직접적인 수혜를 받는 마을이 되었다. 따라서 앞으로 송룡리는 젊은 사람들이 북적거리는 현대적인 도시 근교 마을로 재탄생될 가능성이 많다고 하겠다. 이는 곧 전통적인 종족마을로서 송룡리의 소멸을 의미하는데, 이미 마을 주민의 약 70퍼센트가 다른 성으로 대체되고 있음에 따라 이런 전망은 설득력을 얻고 있다. 따라서 장욱진 화백의 「자화상」에 그려진 황금빛 동진들과 새색시 웃음 같은 복숭아꽃이 피는 송룡리는 우리의 마을지에서밖에 만나지 못할지도 모르겠다.

그러나 어차피 이런 변화는 송룡리가 아니더라도 겪을 수밖에 없는 것이다. 사실 송룡리는 그동안에도 수많은 우리나라 농촌마을들이 겪어온 변화의 모습, 어쩌면 그 영욕(榮辱)의 과정을 종합적으로, 그리고 전형적으로 보여준 사례였다고 할 수 있다. 종족마을의 형성과 발전, 지주제의 전개, 식민지적 착취와 개발, 근대적 교통체계의 발전, 새마을운동, 도시화·산업화에 따른 이농의 심화와 이로 인한 농촌의 위기, 그리고 신도시의 개발에 이르기까지 송룡리가 겪은 100여 년간의 경험은 가히 한국 근현대 촌락사의 축도(縮圖)라고 불러도 과언이 아니다. 변화의 끝에서 우리는 마을공동체의 해체를 보고 있지만, 다른 한편 마을의 전통을 계승하고 나아가 마을 발전의 새로운 계기를 마련하려는 노력도 자라나고 있다. 장욱진과 꽃동산을 키워드로 한 문화마을 기획도 그 일례가 될 수 있을 것이다. 그런 노력들이 마을의 새로운 미래를 열어가기 위해서는 행정 당국이나 마을 출신 인사들의 관심과 함께, 무엇보다 이질적인 새로운 주민들의 참여를 이끌어냄으로써 스스로 자생력을 갖추는 것이 관건이 될 것이다. 21세기에 새로운 주민 참여의 모델을 기대하게 되는 까닭도 여기에 있다.

(김필동)

지리적 환경과 경관 변화

종족마을로서의 인문지리적 환경

미호천 변에 위치한 연기군 동면 송룡리, 노송리, 예양리 일대는 결성 장씨 종족마을이다. 이곳의 결성 장씨는 본관인 충남 결성으로부터 전의를 거쳐 임진왜란 직후인 16세기 말엽에 입향한 것으로 알려져 있다. 일제 강점기 자료인『朝鮮の姓(조선의 성씨)』(조선총독부, 1935)에도 충청남도의 대표적인 종족마을로 기록된 것을 보면 종족마을로서의 마을의 역사는 약 400년 이상으로 추산된다. 이러한 오랜 역사는 무엇보다도 마을 앞의 미호천과 동진들이 제공하는 농업 생산과 자연지리적 입지 조건을 바탕으로 가능했을 것이다.

동진들은 마을의 서쪽에서 남북 방향으로 길게 펼쳐지고 있으며 그 북쪽과 서쪽을 미호천이 휘감고 있다. 동진들과 미호천이 가져온 물질적 풍요는 다양한 방면에서 마을의 생애에 영향을 미쳤다. 가령 일제 강점기 결성 장씨의 문중 재산이 1,500원으로서 문중 기능이 활발한 편이었다는 점과, 상당한 규모의 문중 토지〔宗畓〕와 장기황이라는 천석꾼 지주가 있었다는 점, 그리고 문중 서당으로 육영재를 운영하였다는 것은 경제적 기반이 없이는 어려운 일이다. 육영재를 모태로 세워진 연동국민학교는 연기군 동면 최초의 근대 학교로 알려져 있는데, 동면 내판리에 위치한 학교 부지 역시 결성 장씨 문중에서 제공한 것이다.

마을 동쪽으로는 아미산(蛾眉山, 139.8미터)이 솟아 있는데 이 산의 대부분은 결성 장씨 선산이다. 아미산 서쪽 경사면의 두 골짜기를 따라 결성 장씨 종족마을인 예

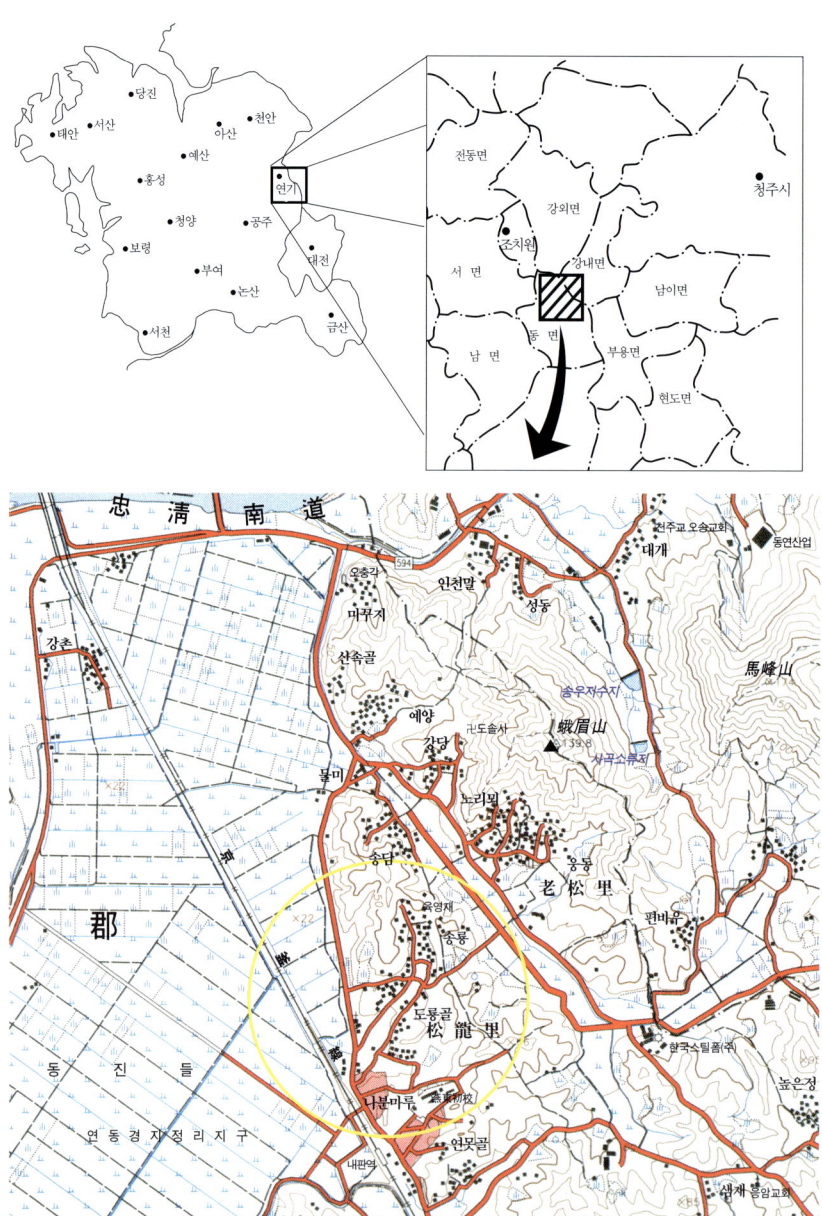

송룡리와 동진들 일대의 지리적 환경 원 안은 송룡리이고 왼쪽으로 동진들이 보인다.

양리와 노송리가 각각 위치한다. 마을지의 대상인 송룡리, 즉 '솔올마을'은 이 두 마을과 함께 결성 장씨 종족마을권을 형성하고 있다. 세 마을 중에서는 예양리에 비해 송룡리와 노송리가 남향 사면에 위치할 뿐만 아니라 지형 형국(形局)이 넓고 전면에 평야가 위치한 계거지(溪居地)로서 전통촌락의 입지상 유리한 여건을 갖추고 있다.

오늘날 송룡리는 모두 2개 행정리로 이루어져 있다. 각 행정리는 다시 2개씩의 자연마을로 구성되어 있다. 송룡 1리에는 송산(윗솔올)과 용곡(도룡골)이 포함되고, 나동(나분말)과 신촌을 합쳐서 송룡 2리라고 부른다. 신촌(新村)은 일제 강점기를 지나면서 동진들이 본격적으로 개간됨에 따라 새롭게 형성된 마을로서 미호천 변에 입지한다.

2004년 말 현재 주민등록상 인구는 송룡 1리가 104가구 267명, 송룡 2리가 81가구 210명으로 나타난다. 송룡리의 결성 장씨 가구는 1930년대에 59호라고 보고된 적이 있다. 이에 비해 2004년 현재에는 총 185가구 중 43호로서 결성 장씨가 약 23.2퍼센트를 점유하는 것에 그치지만, 성씨별로 보면 전주 이씨(12가구)나 경주 김씨(12가구)를 제치고 여전히 최대 가구를 차지하면서 결성 장씨 종족마을의 옛 모습을 엿볼 수 있게끔 하고 있다.

미호천과 동진들 그리고 교통로와 경관 변화

조선 후기의 동진들과 주변 교통로

우리나라의 대규모 평야들은 근대적 토목기술과 관·배수시설이 구비됨에 따라 대략 일제 강점기를 지나면서 본격적으로 개간된다. 그러나 동진들의 경우 조선 후기에 이미 길이 10리(약 4킬로미터), 폭 5리(약 2킬로미터)의 비교적 큰 들판으로 기록되고 있다. 동진들의 관개에는 미호천 강물이 이용되기도 하였겠지만, 당시의 기술로는 매우 어려운 작업이었을 것으로 여겨지며 그 대신 인근의 산지에서 발원하는 제언(堤堰)에 의존했을 것으로 보인다. 1872년 고지도에서 확인되는 바에 의하면 동진들에도 판교제언(板橋堤堰)이 설치되어 있었는데 그 위치는 현재의 내판리 부

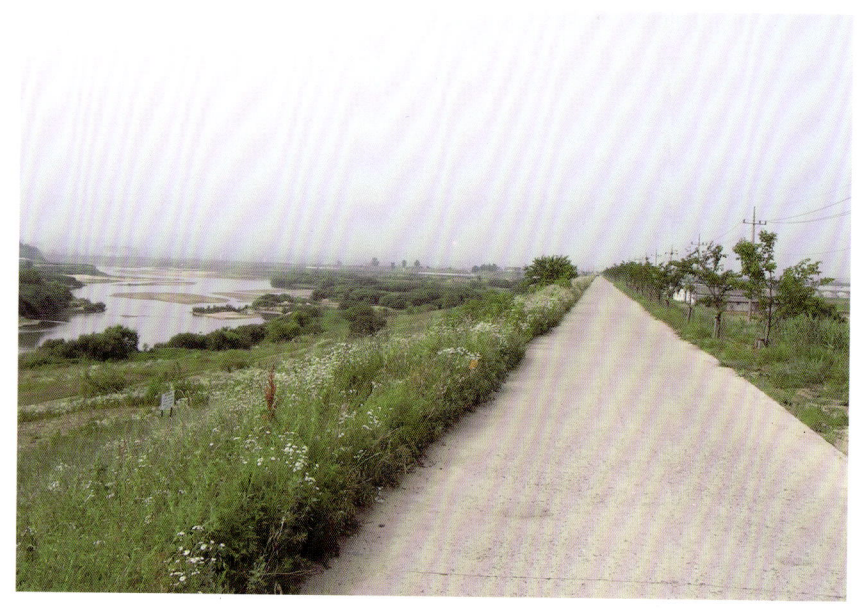

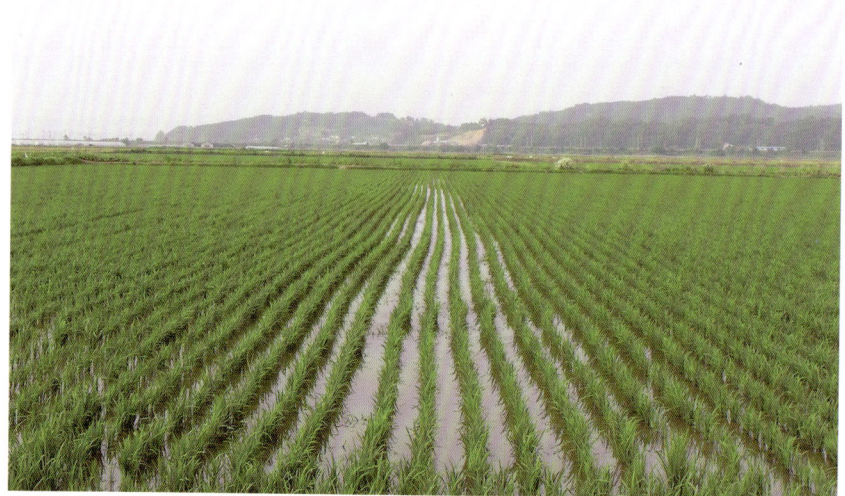

미호천과 동진들의 인공제방(위) 제방 왼쪽으로 미호천이 흐르고 있다.
인공제방 안쪽의 동진들(아래) 오른쪽으로 멀리 보이는 산자락에 송룡리가 자리한다.

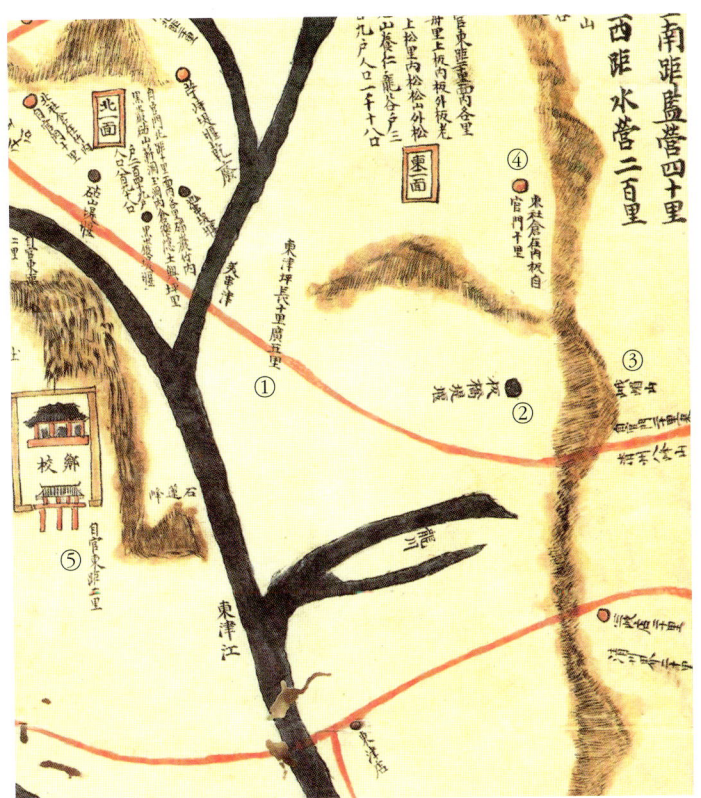

조선 후기 군현지도(1872년) 미호천의 이름이 동진강이었고 동진들은 판교제언이라는 저수지에 의존해 관개 되었던 것으로 보인다. 동진들은 길이가 10리(약 4킬로미터), 폭이 5리(약 2킬로미터)로 들 동쪽 산사면에는 사 창이 설치되어 있었다. ① 동진들 ② 판교제언 ③ 아미산 ④ 사창 ⑤ 연기현 치소

근으로 추정된다.

고지도를 보면 조선 후기에 미호천은 동진강(東津江)이라 불리었던 것을 알 수 있 다. 미호천은 연기현 소재지의 동쪽에 위치하였으며 이 강을 건너기 위한 나루터 이 름이 동진(東津)이었다. 동진을 건너 동쪽으로 향하면 청주에 이르게 된다. 즉 연기 현 소재지를 기준점으로 삼아, 그 동쪽 방향의 도진촌락(渡津村落)의 지명이 자연스 럽게 동진(東津)이라 붙여졌고, 그 강은 동진강(東津江)이 되었으며, 여기에서 다시 동진평(東津坪)이라는 이름이 나왔을 것으로 보인다.

또한 동진평 동쪽의 아미산 산록에 사창(社倉)이 설치되어 있던 것으로 보아 동진들의 식량 생산량이 결코 적지 않았음을 짐작케 한다. 한편 고지도에 근거해서 당시의 교통로를 복원해볼 수 있다. 연기현 소재지에서 송룡리로 가는 노선은 청주로 가는 간선도로의 일부였다. 즉 고지도에서 '연기현 북쪽의 봉암천 → 북이면 → 미곶진(美串津, 오늘날의 '미꾸지') → 동진들 → 송룡리 → 아미산 → 청주'로 이어지는 조선 후기의 교통로를 확인할 수 있다.

일제 강점기 경부선의 개통과 경관 변화

전통 시대에 송룡리에서 미호천은 교통로이면서 동시에 지형적 장벽이었다. 경부선과 신작로가 마을 앞을 지나가기 전인 20세기 초까지 마을 주민들은 미호천을 건

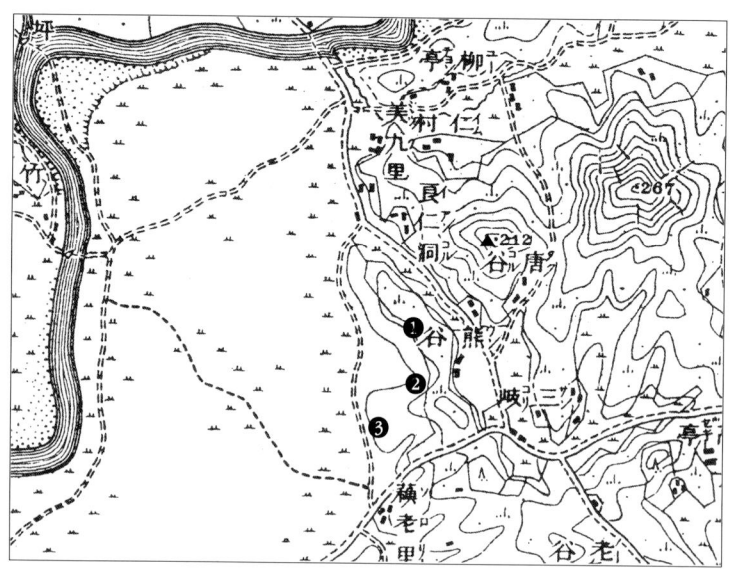

경부선 철도 개통 이전의 송룡리 일대(1900년대 초) 연기군 소재지였던 연기리에서 미포천을 건너 동쪽으로 향하는 도로가 확인되고, 그 지선이 송룡리와 아미산 남쪽의 삼기(三岐)를 지나 청주로 이어지고 있다. 조선 후기의 미곶진(美串津)은 미구리(美九里)라는 지명으로 바뀌었고 송룡리는 소로리(ソ ㅁ 리)라 불리고 있었다. 동진들은 도로 주변을 중심으로 논농사가 행해지고 있음을 볼 수 있으나 도로로부터 멀리 떨어진 곳은 개간 여부가 확실치 않다. 오늘날 송룡 2리에 포함되는 신촌(新村)이라는 지명은 이 시기에는 아직 등장하지 않고 있다. ①송산(윗솔올, 소로리) ②용곡(도룡골) ③나동(나분말)

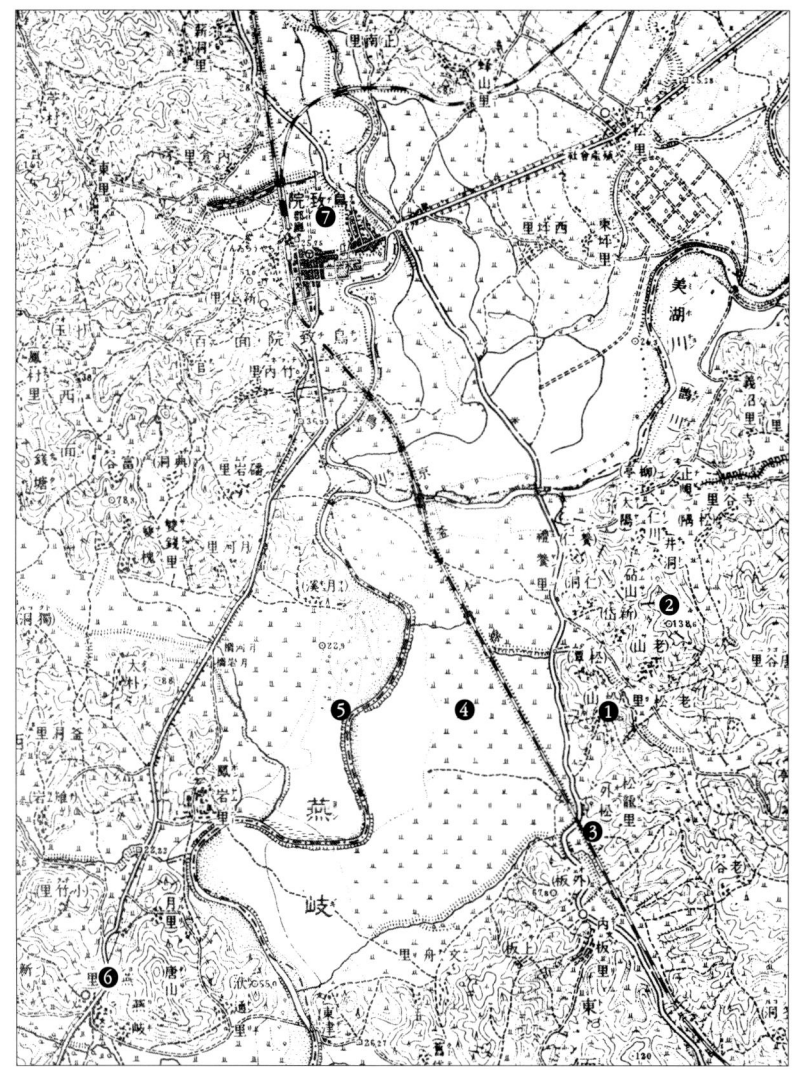

경부선 철도 개통 직후의 송룡리 일대(1920년대) 미호천의 이름이 동진강(東津江)이 아닌 미호천(美湖川)으로 바뀌었고 미호천은 자유곡류를 하였기 때문에 하천 연안의 일부 토지는 미개간지로 방치되어 있다. 연기리는 작은 마을로 나타난 반면 조치원 시가지는 크게 성장해 있음을 확인할 수 있고, 조치원으로부터 청주 방향으로 신작로가 개설되었다. 이때부터 당초 연기리로부터 송룡리를 경유하여 청주로 가던 노선은 급속히 쇠퇴하였을 것이다. ① 송룡리 ② 아미산 ③ 연지역(내판역) ④ 동진들 ⑤ 미호천 ⑥ 연기리 ⑦ 조치원

너다녀야 했다. 미곶진과 동진은 송룡리와 연기군 치소를 이어주는 중요한 나루터 였고, 이곳을 경유하여 송룡리 주민들은 치소에 접근하거나 종촌 및 대평리의 시장을 이용할 수 있었다고 한다. 육로를 이용하는 경우에는 금강 하항의 종점인 부강과의 접근성이 좋았다. 부강시장에서 주민들은 서해안의 해산물과 소금, 기타 생필품을 공급받을 수 있었다.

일제 강점기 이후 송룡리에서 가장 큰 경관 변화는 경부선 철도 개통과 미호천 제방 축조일 것이다. 1904년에 미호천 철교가 가설되었고, 송룡리와 동진들 사이에 남북 방향으로 경부선 철도가 통과하게 된다. 그리고 1905년 1월 1일부터는 경부선 철도가 운행되기 시작한다. 그 후 송룡리의 인접 마을인 내판리에 연지역이 설치되어 주민들을 조치원이나 수도권 등 외부 세계와 직접 연결시켜주었다. 그리고 연지역은 곧이어 내판역으로 이름을 바꾸게 된다. 이것을 계기로 송룡리를 둘러싼 나루터 중심의 교통망은 철도 중심의 교통으로 전환되었다.

특히 1911년 연기군청 소재지가 연기리에서 신흥도시인 조치원으로 이전함에 따라 조치원역과 내판역을 이어주는 경부선 철도는 송룡리의 근대화를 더욱 가속화하였다. 그러나 다른 한편으로 조치원에서 청주 방향으로 새로운 신작로가 개설됨에 따라 이전까지 송룡리를 경유하던 '연기 → 청주' 노선은 급속히 쇠퇴하기에 이른다. 그러다가 1969년에 와서 과거의 미곶진 자리에 미호천교가 가설되면서 확장되었고 미호천을 건너 조치원과의 육로 교통이 재차 부활하였고 마을 앞 도로는 확장되었다. 최근에는 철도 교통에서 비둘기호가 폐지되면서 내판역이 크게 쇠퇴한 반면, 육로 교통에서는 북쪽의 조치원 및 남쪽의 부강 그리고 동쪽의 청주 방면의 도로를 주요 간선으로 하면서 많은 지선들이 발달하고 있다.

제방 축조는 1930년대부터 시작되었다. 1931년부터 1934년 사이에는 미호천 본류 보다는 지류 하천에 대한 제방 축조공사가 이루어졌으며, 송룡리 북쪽의 예양천과 송룡리 남쪽의 문주천 개수공사가 그것이다. 여기에 1941년과 1952년 두 차례에 걸쳐서 동진들의 수리시설이 보강되었고, 그 결과 동진들 일대에는 약 450정보(약 135만 평)의 경지가 전개되기에 이른다.

그 후 1990년대에 이르러 경지정리 사업이 이루어졌다. 이 사업은 농업기반공사

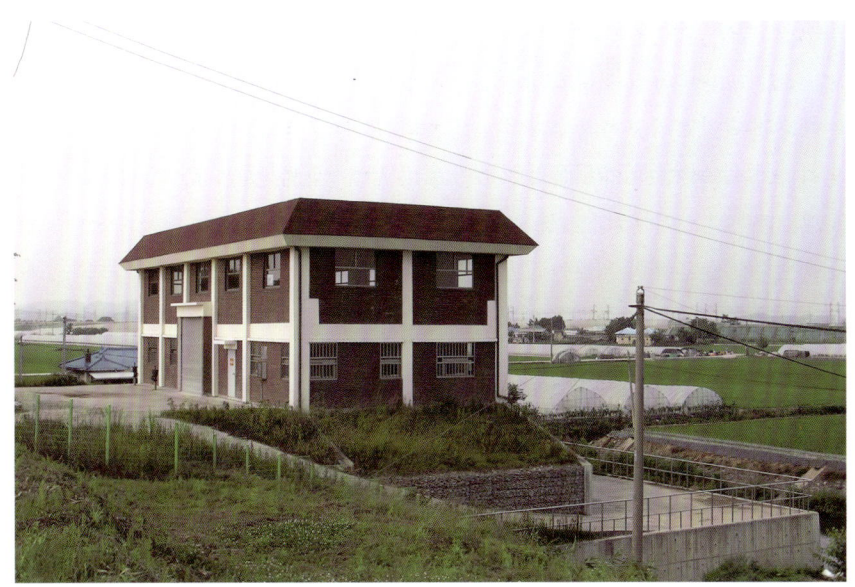
배수장(문주 2배수장)

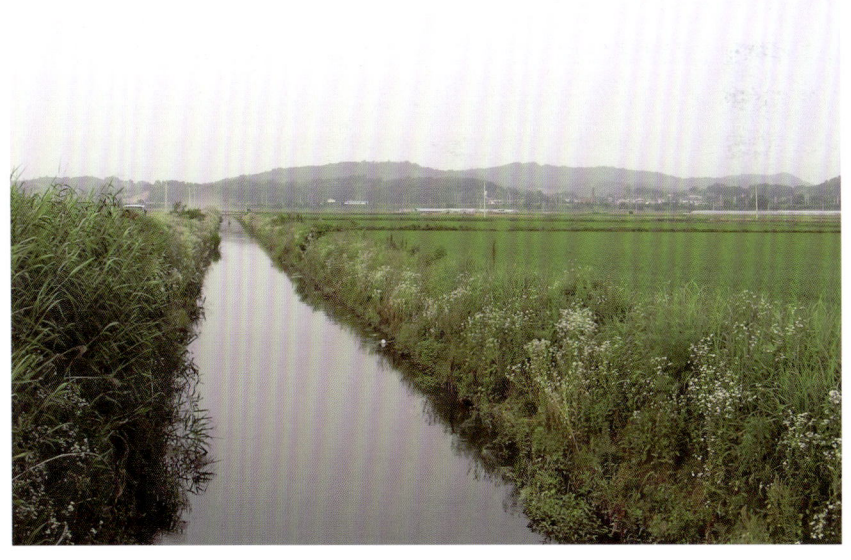
동진들의 배수로

(구 농지개량조합) 연기·대금 지사(支社)가 추진한 〈연동지구 대구획 경지정리 사업〉으로서 2차에 걸쳐 진행되었다. 1차 사업은 송룡리 일대를 대상으로 1996~1997년에 시행되었고 규모는 농로와 수로를 포함하여 351.4헥타르(약 105만 평)에 달하였다. 2차 사업은 송룡리 남쪽의 문주리 일대를 대상으로 1997~1998년에 이루어졌고 경지 규모는 171.3헥타르(약 51만 평)였다. 이 과정에서 미호천 변의 인공제방이 더욱 보강되었고 제방 위로는 도로가 가설되었으며, 4개소의 배수장과 관개수로가 완비되었다. 주요 관개수로는 연동 1호 용수간선, 연동 2호 용수간선, 강촌 용수지선, 예양 용수지선 등이 있고 배수로로는 연동 배수간선, 신촌 배수지선, 예양 배수지선이 구비되었다. 이와 같이 1997년부터 1999년에 이르는 시기에 경지정리 사업이 완료되었고 관배수로 시설과 배수장이 갖추어지면서 동진들 일대의 경지는 약 156만여 평 규모로 정비되었다.

상징적 경관과 마을 내 지명들

상징적 장소와 경관

송산(松山) 송산은 마을 안쪽에 있는 야산으로, 마을 이름인 '솔올마을'의 가장 위쪽(안쪽)에 있다는 뜻에서 '윗솔올'로 불리기도 한다. 이는 원래 부근에 소나무가 많은 데서 붙여진 이름일 것이다. 일제 강점기 지형도를 참고해 보면 송룡리의 원래 지명은 '솔올' 혹은 '소로리'였음이 확인되는데, 결국 솔올마을 또는 송룡리란 마을의 명칭도 이 송산에서 비롯되는 것이라고 할 수 있다.

육영재 조선 후기에 만들어진 결성 장씨의 문중 서당으로서 결성 장씨 종족집단의 공동체적 성격을 대변하는 상징 경관이다. '송동숙', '송남서당'으로도 불렸으며, 원래는 용곡(도룡골) 안쪽의 서당골(송룡리 254-1번지)에 자리했다. 그후 1876년(고종 13) 현재의 위치로 옮겼다. 오늘날 내판리에 위치한 연동국민학교는 1926년 육영재에서 개교한 동면 최초의 근대식 학교로서 1928년 4월 1일 현재의 위치에 새롭게 부지를 마련하여 건립되었다.

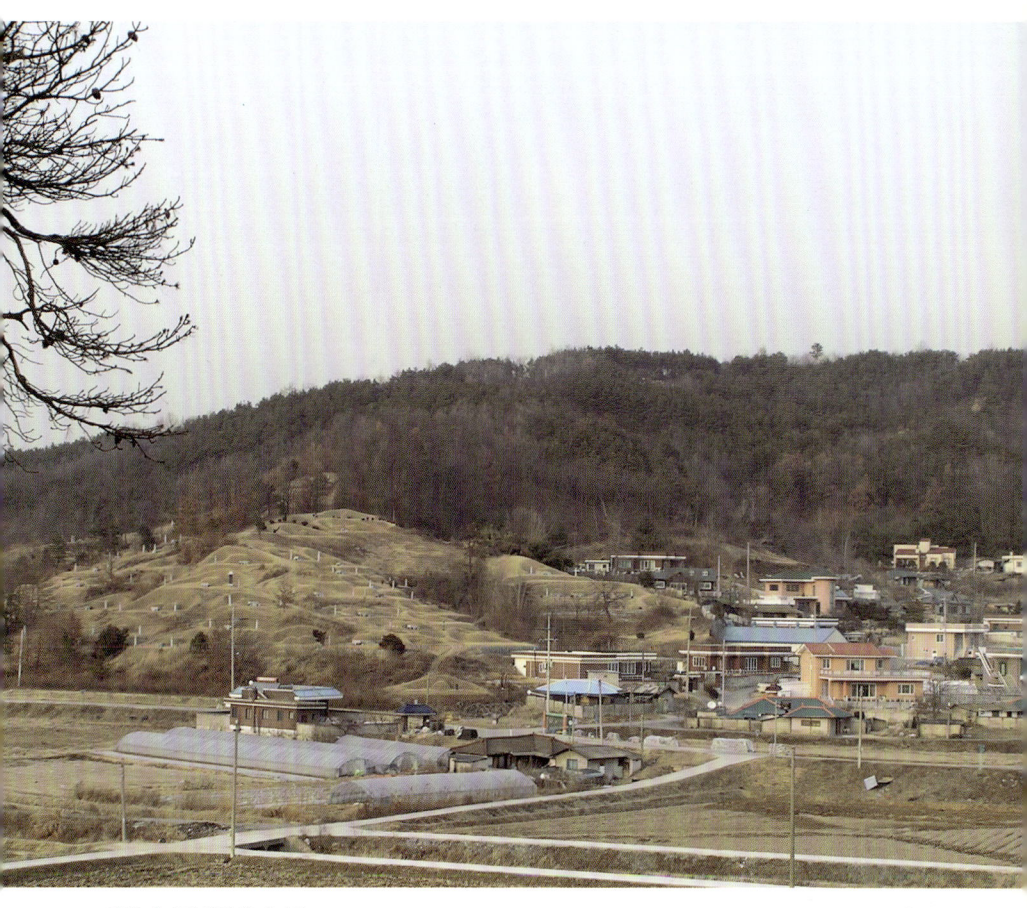

결성 장씨의 선산인 아미산

언양 김씨 정려 정려(旌閭)는 종족마을의 사회적 지위와 권력을 드러내기 위한 대
표적인 경관의 하나이다. 나동(나분마을)에는 언양 김씨 정려가 있는데 언양
김씨는 결성 장씨 장응헌(입향조 장한준의 증손)의 처였다. 그녀는 병자호란
때에 정절을 지킨 것이 보고되어 1638년(인조 16) 정려의 명이 내려지고 1793
년에 정려가 건립되었다. 다른 유력한 종족마을들의 권력 과시형 경관과 마
찬가지로 이 정려 역시 마을 입구의 지대가 높은 장소에 건립되어 행인들이
쉽게 볼 수 있도록 하였다.

아미산 송룡리, 예양리, 노송리를 아우르는 결성 장씨 종족집단의 선산이다. 산자

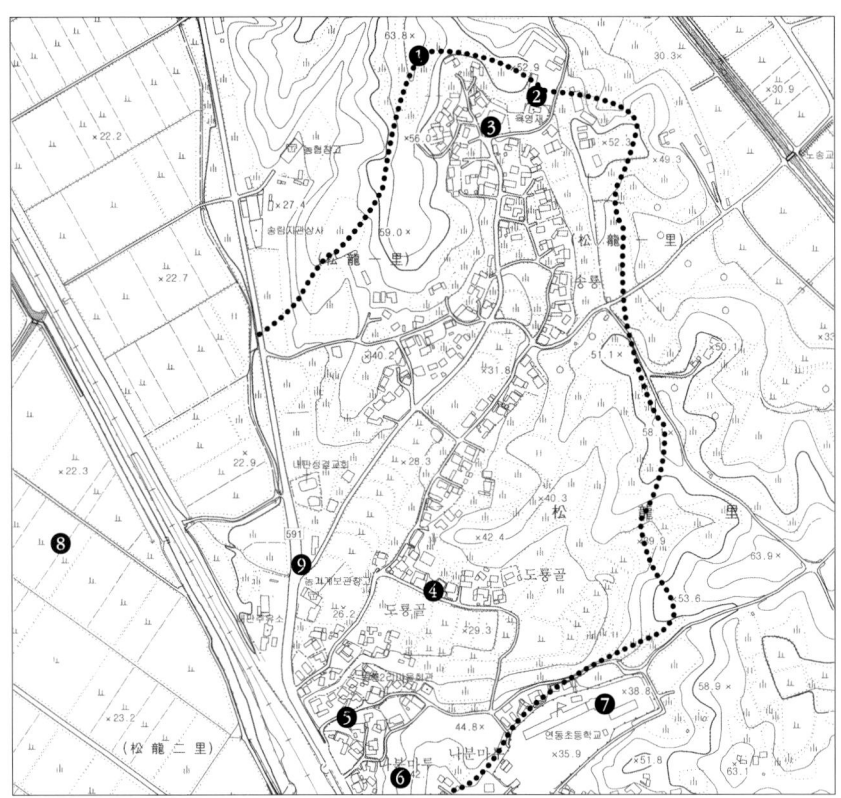

송룡리 일대의 지명과 경관 ① 송산(松山, 송룡리 지명의 기원 장소) ② 육영재 ③ 송산(윗솔올) ④ 용곡(도룡골) ⑤ 나동(나분말, 나분마루) ⑥ 마애불/언양 김씨 정려/불가령 ⑦ 연동국민학교 ⑧ 동진들 ⑨ 송룡리 마을 입구(591번 지방도) ('……' 는 마을의 대략적 범위)

락의 곳곳에는 결성 장씨 선조 묘소가 조성되어 있고 이 산에서 마을의 산제를 지내기도 하는 등 아미산은 송룡리 주민들에게 신성한 장소로 인식되고 있다.

마을 내 지명들

송산(윗소롤) 송룡리에서 가장 오래된 마을로서 소나무(솔)가 많이 서식한다고 하여 송산(松山)이라 불렀다. 이 지역은 '윗솔올' 이라고도 불리는데, '솔올마

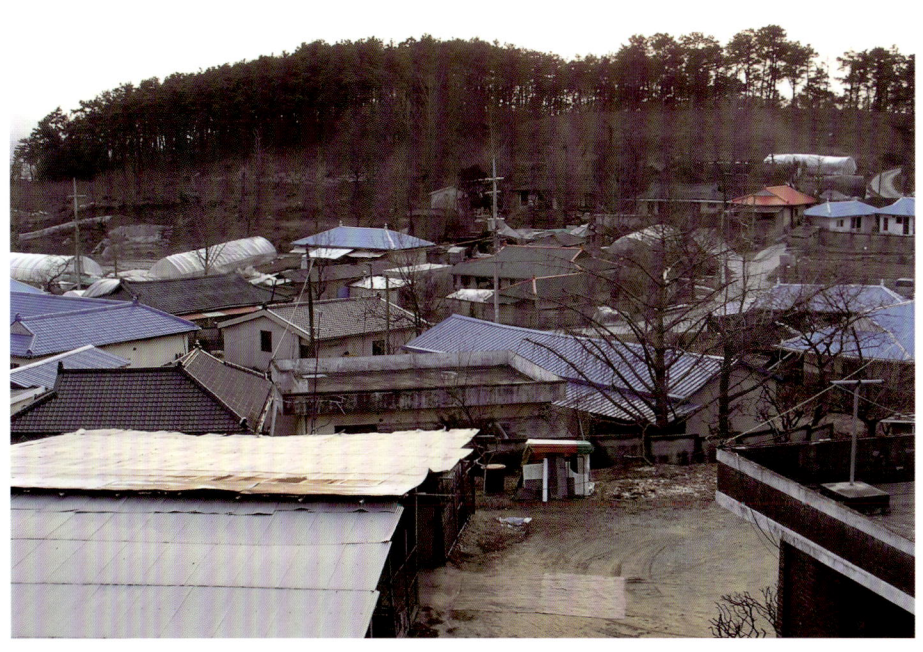

송산과 송룡리

을' 중에서도 가장 위쪽(안쪽)에 위치한 마을이라는 뜻이다. '솔올' 은 송산의 아래 골짜기를 뜻하는 '솔골(松谷)' 에서 유래한 것으로, 골의 'ㄱ' 이 자음탈락해서 '솔올' 이 된 것이다. 또 솔올은 연음법칙에 의해 '소롤' 로도 불리게 된 것이다. 오늘날 많은 문헌에서 '소롤' 이란 지명을 사용하고 있지만, 이상의 이유로 표기상으로는 '솔올' 로 적는 것이 옳다고 본다.

용곡(도롱골) 송산 옆의 작은 골짜기를 따라 형성된 마을이다. 골짜기의 모양이 도롱농과 같이 생겼다는 데에서 도롱골이라는 지명이 붙여졌다. 용곡은 도롱골을 한자로 표현한 것이다.

나동(나분말) 송산 및 용곡의 입구에 위치한 마을이며 송룡리 앞을 지나는 591번 지방도에 인접해 있다. 이 마을에는 언양 김씨 정려와 고려 중기의 것으로 보이는 마애불(문화재자료 제43호)이 있다. 마을의 형상이 나비가 춤추는 모양이어서 나분말 혹은 나분마루라는 지명이 붙여졌고 이것을 한자화 한 것이 '나동'이다. 나분말은 송산(윗솔올)의 바깥쪽에 위치한 마을이라는 뜻에서 외송(外松)이라고도 부른다.

신촌 일제 강점기 동진들이 본격적으로 개척되면서 미호천 변에 새롭게 형성된 마을이다. 그래서 새터말이라고도 하며 한자로는 신촌(新村)이라 표현한다.

불가령 불가령은 나분마루의 언덕에 있는 마애불과 관련된 지명이다. 마애불은 현재의 위치보다 아래쪽에 있던 것을 591번 지방도를 확장하면서 옮겨오게 된 것이다. 당초 마애불이 있던 부근에는 불교 사찰이 있었다고 전해오는데, 불가령이란 송룡리에서 그 불교 사찰(마애불)로 가는 고개라는 의미이다.

(전종한)

마을의 형성과 전개

종족마을의 형성

마을 연혁

송룡리는 결성 장씨의 세거지로, 최근에는 장욱진 화백의 출생지로 알려진 마을이다. 마을에는 결성 장씨 집안의 정려와 문중 서당인 육영재 그리고 일제 강점기의 대지주였던 장기황의 고택이자 장욱진 화백의 생가가 남아 있다.

그러면 송룡리에는 언제부터 사람들이 살았을까? 선사시대의 유적으로 솔올 고갯마루에 고인돌이 있고, 이 주변에서 돌화살촉이 출토된 바 있다. 이로 보아 미호천을 중심으로 일찍부터 주거지가 형성되었을 것이라 짐작할 수 있다. 그러나 송룡리의 삼국시대 상황을 알려줄 만한 유적이나 유물은 없다. 다만 송룡리가 속해 있는 연기현 지역은 백제시대에는 두잉지현(豆仍只縣)이었고, 신라시대에는 연산군(燕山郡)의 영현(領縣)으로 개칭되어 공주에 속하였다는 행정구역 상의 변천만을 알 수 있을 뿐이다.

고려시대 명종 2년(983)에 12목을 두면서 지방관을 두기 시작하였는데 이때 연기현은 공주목에 속하였다. 그 후 현종 9년(1018)에 지방제도가 개편됨에 따라 연기는 양광도 청주목에 속하였다. 현재 마을에는 고려 중기에 제작된 것으로 추정되는 마애불이 있다. 송룡리에 어떤 사찰이 있었는지는 알 수 없고 다만 마애불만 전해오고 있다.

송룡리의 역사를 알 수 있는 것은 조선시대부터이다. 조선시대 연기현은 전의현과 병합과 분리를 반복하다가 숙종 11년(1685) 이후부터는 연기현과 전의현이 분리되었고, 1914년 행정구역이 개편되면서 오늘날의 연기군 영역으로 편입되었다.

이러한 여러 차례의 행정구역 변천 가운데 동면의 행정구역 변화를 알 수 있는 것은 1824년(순조 24)에 편찬된 『연기읍지』이다. 『연기읍지』에는 동일면(東一面)과 동이면(東二面)으로 나누어져 있는데, 면적이 남면이나 서면에 비해 현저히 작음에도 불구하고 동일면과 동이면으로 나누어진 것은 동면이 그 중앙을 동쪽과 서쪽으로 달리는 산맥으로 인하여 대체로 같은 면적으로 이분되었기 때문일 것이다. 그리하여 산안(동이면)과 산너머(동일면)를 구별하는 경향이 생겼다고 한다. 동일면과 동이면은 각각 14개 리를 관할하였으며, 동이면은 문주리, 문산직촌, 상판리, 판산직리, 내판교리, 외판교리, 노곡리, 상송리, 내송리, 송산소리, 외송리, 노산리, 노산소리, 양인동리를 관할하였다.

그러면 송룡리라는 이름은 언제부터 불리었고 사용되었는가. 그것은 1914년 행정구역 개편에 따라 동일면과 동이면을 합병하여 동면이라 하고, 1915년 4월에 52개 동리를 10개 리로 통폐합하면서부터이다. 송룡리는 면에서 15정 거리로 10개 리 중에 내판리를 제외하고는 가장 가까운 거리에 위치한다. 송룡리에 해당되는 구동리(舊洞里)는 양지평(陽地坪)·송산(松山, 윗솔올)·회룡동(回龍洞, 도룡골)·용곡(龍谷, 아랫솔올)·서당리(書堂里, 서당말)·나동(羅洞, 나분말)·화전(花田, 꽃밭골)·외송(外松, 갈골)이다.

이러한 행정구역 개편에 따른 송룡리의 호수·인구수는 『여지도서』(1757~1765년)에 따르면 내송동리(內松洞里)는 40호, 남자 70명, 여자 79명이고 외송동리(外松洞里)는 50호, 남자 95명, 여자 76명이다. 『연기읍지』에 송산소리는 14호, 남자 31명, 여자 30명으로 기재되었고, 내송동리는 21호, 남자 60명, 여자 59명, 외송동리는 44호, 남자 104명, 여자 103으로 집계되어 있다. 그런데 이 통계는 거의 모든 마을의 남녀 인구수가 일률적으로 여자 인구가 1명 적게 되어 있다.

1903년 광무양안(光武量案: 대한제국기의 토지대장) 사검 당시는 총 호수 103호이고, 1914년 행정구획 개편 당시 호수는 191호로, 인구 총수는 1,191명이고 이 중 남자는 608명, 여자는 583명이었다. 1931년 편찬된 『조선의 성과 동족부락』에는 장씨가 95호, 470명이고 동성 이외의 호수는 36호, 180명인 장씨 마을로 기록되어 있다.

종족마을의 형성

결성 장씨는 원래 안동 장씨였는데, 14세(世) 장사(張樞)가 결성부원군에 봉해지면서 결성으로 분적하여 고려에서 조선 초기에 이르기까지 결성을 대표하는 토착세력으로 성장하였다. 그러면 결성 장씨가 언제 연기 지역에 입향하였는가. 정확한 자료가 남아 있지 않아 분명하지는 않지만, 『결성장씨족보』에 의하면 결성군 하(夏)의 6세손인 장효충(張孝忠)이 성종 대에 전동 노곡(蘆谷)으로 귀로(歸蘆)하였다고 한다. 전동의 노곡리는 장효충의 처가가 있던 곳으로 족보에 '귀로'라고 한 것으로 보아, 장효충은 처가를 기반으로 노곡리에서 거주한 것으로 보인다. 당시 우리나라는 전통적인 혼인풍습인 남귀여가혼(男歸女家婚)으로 인해 처가에 거주하는 것이 일반적이었다. 더구나 상속제 역시 자녀균분상속 원리가 지켜지던 시기였으므로 장효충이 처가를 기반으로 노곡리에 거주, 정착한 것으로 보인다.

그러나 결성 장씨 일가는 임진왜란 이후에 기근이 심해지자 다른 거주지를 찾게 되었다. 그러던 중에 동면 송룡리에 낭청 벼슬을 지낸 이씨의 가세가 기운 틈을 타서 이주하였다고 한다. 여기서 낭청 벼슬을 지낸 이씨가 어떤 인물인지는 알 수 없고 다만 후손들은 장효충의 처가인 전의 이씨 집안과 관련 있는 인물로 추정하고 있다. 『동면지』에는 이광정이라는 부자가 살았다고 되어 있다.

이렇게 해서 결성 장씨는 임진왜란 이후 16세기 중반에 효충의 증손자들이 동면 일대로 입향하였다. 즉, 훈(訓)은 송룡리에, 설(說)은 내판 연지동에, 전(詮)은 노송리에 그리고 담(談)은 예양리에 각각 터전을 잡아 정착한 것이다. 이들이 한 마을로 함께 들어오지 않고 인근 마을로 나누어 정착했던 것은 임진왜란 후의 혼란기로 아직 사족지배체제가 형성되지 않았기 때문에 가능한 일이었다. 이로 인해 결성 장씨가 번성하는 데 지역적(공간적) 제약을 받지 않아 송룡리, 노송리, 예양리를 중심으로 종족마을을 형성할 수 있었다.

결성 장씨 연기군 입향에서 동면 일대의 입향에 이르는 세대까지의 가계도는 〈표 1〉과 같다.

표 1. 송룡리 결성 장씨 가계도

18세	夏(중시조)
	⋮
24세	孝忠(전동 노곡리 입향/연기파조)
25세	守紀
26세	漢俊 / 漢弼
27세	訓(송룡리 입향)(직장공파) 說(내판 연지동 → 서면 고복리)(참봉공파) 詮(노송리)(판윤공파) 談(예양리)(익위공파)
28세	世璘
29세	夢男 △ △ 信男
30세	應暹 起軒 應軒
31세	復立(직장공파) 元翼(직장공파) 元立(인수공파) 元斗(의재공파) 元奎(예와공파) 元胄(지암공파) 元震(신옹공파)

이처럼 결성 장씨는 동면 일대에서 터를 잡고 번성하여 입향조를 중심으로 계파
가 형성되었다. 훈의 계열은 직장공파, 설의 계열은 참봉공파, 전의 계열은 판윤공파
그리고 담의 계열은 익위공파로 각각 문중을 형성하였다. 훈의 계열은 또 다시 그의
현손 대에 분파되어 송룡리에는 6개의 파, 즉 맏파인 직장공파, 응헌의 5형제파인 인
수공파, 의재공파, 예와공파, 지암공파, 그리고 신옹공파가 세거하여 왔다.

동면으로 입향하여 정착하는 과정에서 훈의 증손인 응헌(應軒)의 아내 언양 김씨
가 병자호란 당시 열행(烈行)으로 인조 16년(1638)에 정려를 받았다. 그리고 설의 현
손인 원주(元胄)가 효행으로 복호(復戶)를 받았다는 기록이 『연기읍지』에 수록되어
있다. 당시의 시대적 상황으로 보아, 병자호란에 열행으로 정려를 받았다는 것 자체
만으로도 결성 장씨 집안이 사족으로서 그 입지를 확고하게 할 수 있었을 뿐만 아니

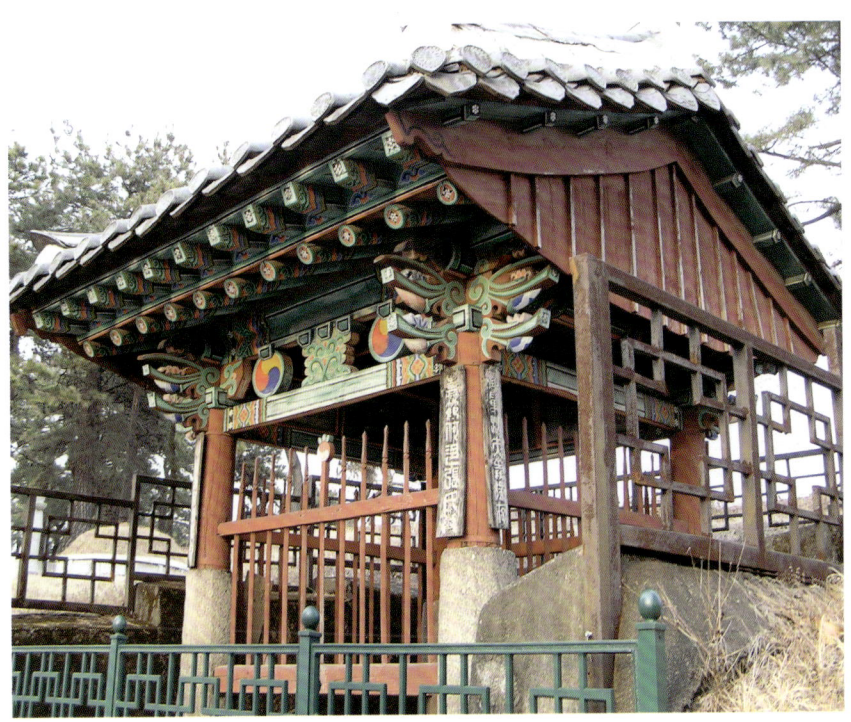
나분말에 위치한 언양 김씨 정려

라 가문의 격을 한층 더 높일 수 있었을 것이다. 그리고 17세기 후반 장응헌은 어린 나이에 어미를 잃은 아들 원두가 학문에 정진하는 모습을 보고 가상하게 여겨 서숙(書塾)을 마련하여 주었다. 이것으로 장응헌 집안의 경제력과 향촌사회에서 차지한 비중이 어느 정도였는지 쉽게 가늠할 수 있다.

그러면 16세기 후반 송룡리, 노송리, 예양리로 입향한 결성 장씨가 언제 종족마을을 형성하여 향촌사회를 주도해갔을까? 대체로 종족마을의 형성시기를 입향조에서 2세기 정도 내려서 잡고 있는데, 결성 장씨도 역시 입향에서 2세기 후인 18세기 후반에 종족마을을 형성하였다고 보아도 무리는 없을 것이다. 이 시기는 장응헌 집안에서 설립한 서숙이 문중 서당화하는 시기와 동일할 것으로 판단된다.

결성 장씨의 문중 활동

결성 장씨의 위상

연기군은 예로부터 '만림천홍(萬林千洪)' 이라는 말이 있을 정도로 많은 수의 부안 임씨와 남양 홍씨가 세거하면서 향촌사회를 주도해온 지역이다. 부안 임씨는 남면을 중심으로 연기군 전역에 세거해왔고, 남양 홍씨는 서면을 중심으로 세거해왔다.

그렇다면 결성 장씨가 연기 군내에서 차지하는 위치는 어느 정도였을까? 사족으로서의 입지는 대체로 향안 입록 여부와 사마시, 문과 합격, 통혼권, 벼슬의 유무 등으로 가늠한다. 이 기준에 따르면 동면에 입향한 결성 장씨의 사족으로서의 입지를 어느 정도 알 수 있을 것이다. 결성 장씨는 『연기향안』에 부안 임씨와 남양 홍씨 다음으로 많은 인물이 입록되었다. 현재 남아 있는 자료로 볼 때 『연기향안』은 인조 23년(1645)에 처음 작성된 것으로 보인다. 구향안과 신향안으로 나누어져 있는데, 이들 향안에는 임씨 → 홍씨 → 유씨 → 장씨 순으로 입록되어 있다. 그리고 결성 장씨 인물들은 1878~1880년도에 작성된 것으로 추정되는 향약좌목에도 대거 포진하고 있으며 군 향약의 도약정과 집례, 면 향약의 면약장, 공원, 동몽훈, 장선, 유사, 독약 등을 맡은 바 있다.

한편 결성 장씨는 고종 대에만 사마시 합격자를 5명 배출하였다. 연기군 사마시 합격자가 38명에 불과했던 점을 감안해 볼 때 5명은 적지 않은 수이다. 5명의 합격자는 장이환(張履煥, 고종 17년, 增廣進士), 장이상(張彝相, 고종 19년, 增廣進士), 장철상(張喆相, 고종 19년, 式年進士), 장기홍(張基鴻, 고종 25년, 式年進士), 장기만(張基萬, 고종 28년, 增廣生員)이다. 5명 중 4명이 진사시에 합격하였고, 장기만만이 생원시에 합격하였다. 다만 사마시 합격자 5명 전원이 고종 때 합격자라는 점에서 의미가 평가절하될 수 있다. 그러나 이 시기에 과거제도가 문란하였으며 다수의 합격자가 배출되었다 하여도 중앙정부나 세도가와 아무런 연결고리가 없는 충청도 궁벽한 지역의 이들에게 부정합격, 뇌물합격이라는 굴레를 씌울 수는 없을 것 같다. 한편 『결성장씨연기파보』에 의하면 결성 장씨는 대체로 연기 군내에서 세거하는 사족 가문인 부안 임씨, 도강 이씨, 남양 홍씨 등과 통혼하고 있음을 알 수 있다.

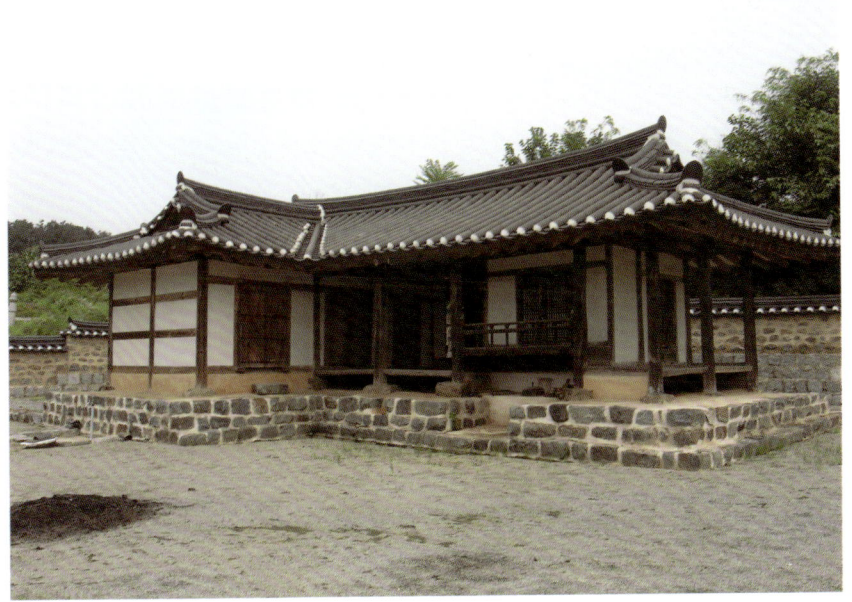

육영재의 현재 모습(송룡리 7-2번지)

이로 보아 16세기 중반에 송룡리 일대로 입향한 결성 장씨는 향교를 중심으로 활발한 향촌 활동을 벌였고, 향촌사회에서 재지사족으로서 어느 정도 인정을 받고 입지를 구축하였음을 짐작할 수 있다. 그리고 결성 장씨의 위상과 향촌 활동은 19세기에 가장 왕성하였다고 할 수 있을 것이다.

문중 서당의 설립과 운영

16세기 중반에 입향한 결성 장씨는 17세기 후반에 서숙 하나를 마련하였다. 그 서숙은 장응헌이 그의 아들을 위하여 외송(송룡 2리)에 지은 것인데, 주위에서는 응헌의 아들 5형제를 칭송하면서 이 서숙을 오현재(五賢齋)로 불렀다고 한다. 오현재는 개인의 학문 정진을 위한 서당이라기보다 학동들의 교육을 담당한 서당이었을 것으로 추정된다.

현재 결성 장씨의 문중 서당으로 전하고 있는 육영재는 지금의 송룡 1리에 있다.

육영재의 설립 시기는 자료마다 다르게 표기되어 있다. 『연기읍지』나 문중 사람들의 구술에 의하면, 장훈 3형제가 송룡리 일대에 입향한 당대부터라고 하기도 하고, 「봉서재기」에 의하면 봉서재 창건 시기와 비슷하다고 한다. 봉서재는 연기군 서면 고복리에 있는 결성 장씨의 문중 서당으로, 설의 현손 원주가 외가가 있는 서면 고복리로 이주하여 세운 서당이다. 원주와 응헌의 5형제는 비슷한 시기의 인물들이다. 따라서 육영재의 전신이 오현재이고, 한 집안의 서당인 오현재에서 결성 장씨 문중에서 운영하는 문중 서당으로 발전한 것이라고 생각한다. 이렇게 장응헌 집안의 서숙이 문중 서당화 하면서 그 위치도 외송에서 서당말로 이건한 것으로 보인다.

육영재와 관련하여 초기의 운영 형태를 보여주는 자료는 없고 중수 이후의 자료만이 남아 있다. 육영재는 1857년에 신옹공파의 인상(麟相, 1797~1877년)이 중수하였고, 12년 후인 1876년에는 송룡리 254-1번지에서 송룡리 7-2번지로 이건하였다. 이곳은 결성 장씨 종족마을권인 송룡리, 노송리, 예양리의 중심부라고 할 수 있는 곳으로, 서당말이 궁벽하여 학동들이 다니기 쉬운 곳으로 이전한 것으로 판단된다.

결성 장씨 문중 서당은 송동재(松洞齋, 1864년), 송남서당(松南書堂, 1879년), 20세기에 들어와서는 육영재(毓英齋, 1909, 1915년), 송동숙(松洞塾, 1912년), 육영의숙(毓英義塾, 1922년), 기성학교(期成學校) 등으로 다양하게 기록되어 있다. 여기서 송동재·송남서당·육영재·송동숙이라고 칭할 때는 그 성격 면에서 별 차이가 없으나, 육영의숙으로 불리고 이것이 다시 기성학교로 개칭되면서 서당의 성격과 운영에 큰 변화가 생겼다.

1910년대부터 육영재를 이끌어간 사람은 장성휘(張星輝, 1885년~?)이다. 그는 1910년에 평양 대성학교에 입학하여 수학하다가 1912년 대성학교가 사상학교로 폐교됨에 따라 귀향하였다. 그 후 그는 1925년 육영의숙에서 연동보통공립학교가 개교하기 이전까지 한문과 함께 국사, 지리를 가르쳤다고 한다. 이때 장성휘가 국사 교재로 사용한 것은 대성학교가 폐교됨에 따라 몇몇 학생들이 강의록을 등사하여 만든 『대조선사(大朝鮮史)』이다. 장성휘는 『대조선사』를 교재로 민족의식을 고취하는 교육을 실시하였다. 이러한 그의 민족교육의 영향을 받은 육영재 출신 장기민을 비롯하여 장기복, 장홍진 등이 3·1운동 당시 횃불 봉화 만세 시위를 벌였다.

19~20세기에 동면 일대에는 육영재 외에 각 마을마다 글방이 여러 개 있었다고 한다. 이러한 자연촌 단위의 글방에서 천자문, 소학 등 초등교육을 받은 학동들이 육영재에 들어가 사서삼경, 통감 등을 배웠다고 한다. 이로 보아 육영재는 중급 이상의 한문서당이었고, 결성 장씨 문중의 학동뿐 아니라 동면 일대의 학동들까지 가르쳤음을 알 수 있다.

　　육영재는 서당 전답을 기반으로 서당계를 조직하여 그 이식으로 운영되었다. 현재 자료로 확인되는 서당의 전답은 대지 106평, 논 967평, 밭 317평 정도이다. 그러나 지금은 대지 106평과 약간의 현금이 남아 있고, 기타 전답은 매매하여 육영재를 수리하고 대문을 세우는 데 사용하였다 한다. 지금은 독립적으로 서당계를 운영하지 않고 대문계(大門契)와 합쳐 운영하고 있으며 봄, 가을에 서적 말리는 행사를 하고 있다.

　　육영재는 문중 서당으로서 교육적인 역할뿐만 아니라 종회의 장소로 이용되거나 족보 편찬의 중심처 역할을 하는 등 결성 장씨의 문중 활동과 향촌 활동의 매개처 내지는 중심지 역할을 충실히 하였다고 볼 수 있다.

근현대기의 문중 활동

　　결성 장씨는 16세기 중반 동면에 입향하여 향안 입록, 문중 서당 설립과 운영 등 활발한 향촌 활동을 벌여 어느 정도 사족으로서의 입지를 굳혔다고 볼 수 있다. 19세기 왕성한 향촌 활동을 보임에 따라 문중의 위상도 높아졌다고 할 수 있겠다. 그러나 현재 결성 장씨 문중 활동의 족적을 알 수 있는 것은 식민지 시기의 것으로, 주로 1930년대 대지주인 장기황의 재력을 바탕으로 한 결성군 재실이나 신도비 건립 등이 있다.

　　현재 결성 장씨의 종안과 종약(1938년에 작성)이 전해지고 있다. 그러나 이 종약이 결성 장씨 최초의 종약이라고 보기는 어렵다. 그것은 결성 장씨 문중의 형성 시기와 위상, 향촌 내에서의 입지를 생각해볼 때 그러하다. 종안은 현재 전하는 관동(冠童)의 명자(名字)와 생년을 다듬어, 7대 항렬(行列) 순서를 보첩 양식에 의거하여 정리함으로써, 종지지별(宗支之別)과 소목지서(昭穆之序)를 명확하게 하기 위하여 작

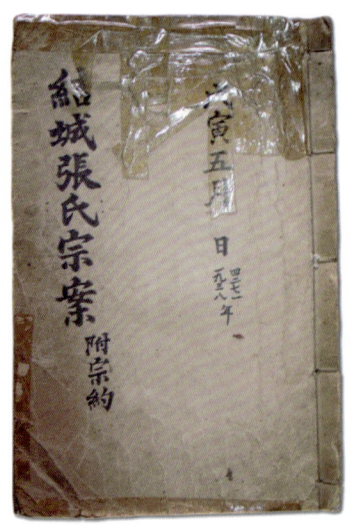

결성장씨종안

성되었다.

　종약은 직장공파(訓系 ; 송룡리 입향)와 참봉공파(說系 ; 내판리 및 용호리 입향), 판윤공파(詮系 ; 노송리 입향) 및 익위공파(談系 ; 예양리 입향) 등 결성 장씨 연기파가 망라된 조직으로, 종약의 본부는 문중에서 설립한 육영재에 두었다. 조상 존숭과 종중의 친목을 위해 조직된 종약의 임원은 종약장(宗約長, 1인), 부약장(副約長, 1인), 간사(약간명), 서기(2인)를 두었다. 종약장은 종사를 총리하는 일을, 부약장은 종약장의 유고시 권한을 대행하는 임무를, 간사는 종사 처리의 임무를 수행하였다. 임기는 3년으로 하면서, 종약장과 부약장은 총회의 추천으로, 간사와 서기는 종약장의 지명선거로 선출하도록 명시하고 있다. 회의의 경우, 정기회는 음력 11월 15일에, 임시회는 수시로 개최하도록 하였다. 약회는 역원(役員)의 1/2 이상 출석으로 진행되었는데, 역원이 1시간 이상 지각할 경우에는 벌금 50전을 내도록 규정하고 있다.

　종약의 내용을 간략히 소개하자면, 종중에서 벌어지는 사무는 종중의 어른(長老)에게 자문을 구하도록 하였고, 특히 향사에 대한 규정이 매우 상세하다. 그리고 문중에서 아이가 태어났을 경우 작명을 하려면, 이름을 향소(鄕所)에 제출하여 동명을 피하도록 하는 규정도 두었다. 한편 경의(敬意)를 태만히 한 자와 패륜행위자, 외지에 나가 생업을 소홀히 한 자, 음주문란 행위자, 자신의 의견만 내세우고 의사진행을 방해한 자 등에 대한 벌칙 조항도 두었다.

　한편 결성 장씨 사람들은 일제 강점기에도 연기향교에 출입하면서 향안에도 등재되는 등 적극적인 향촌 활동을 벌인 바 있다. 1909년 이후 연기향교 전교 명단에 장인환(張寅煥)이 들어 있고, 직원 명단에 장설환(張卨煥)과 장기영(張基永)이 들어 있다. 그리고 1937년에 있었던 연기향교 중수에도 적극 참여하여 장기황을 필두로 하여 14명이 돈을 희사한 바 있다.

　이상으로 식민지 시기 결성 장씨의 향촌 활동과 문중 활동을 통하여 종족마을은 일제의 침략기임에도 불구하고 종약을 새로 만들고 종안을 새로 작성하는 모습을 보이고 있다. 이는 외부로부터의 압력에 대한 문중 차원의 공동대응으로 볼 수 있으며, 이를 통하여 종족의식이 더 고양되고 결속되었음을 알 수 있다.

　종족마을의 외형적 형태는 한국전쟁 이후 많이 쇠퇴하였으나 종족의식에 기반한 종족결사체로서는 아직도 그 생명력을 가지고 있다고 할 수 있다. 이것은 각 종족마다 다양한 선조들의 선양사업으로 나타난다. 결성 장씨의 경우는 1949년 종약의 내용 중에 장학규정을 두고 있다. 인재를 양성할 목적으로 운영한 장학규정은 최고학위를 희망하는 자에게 일부 혹은 전액 장학금을 지급하되, 수료 후에는 장학금으로 받은 일부 혹은 전액을 반환하도록 하였다. 또 수혜한 장학금을 반환하라는 별도의 규정을 두어 인재의 대물림, 상부상조의 정신을 강조하고 있다. 이러한 장학 활동은 근래까지 남아 있다. 현재 남아 있는 서당계책을 보면, 서당계에서는 1975년부터 대학의 합격통지서나 재학증명서를 제출하면 장학금을 지급한 것으로 기록되어 있다. 액수는 많지 않지만, 서당계를 조직하여 종중 자손들의 교육을 지원한 전통을 잇고 있었다고 볼 수 있다. 그러나 현재 이러한 전통마저 끊어졌다.

　1970년에는 동면 입향조의 선양사업을 벌여 묘지를 세우고 연기파보를 간행하기도 하였다. 현재 진행되고 있는 결성 장씨와 관련된 사업으로 장욱진(張旭鎭) 화백의 선양사업이 있다. 장욱진 화백의 묘는 결성 장씨 선산에 자리하고 있으며, 2003년 묘비 제막식을 성대히 거행하였다. 장욱진선양사업회는

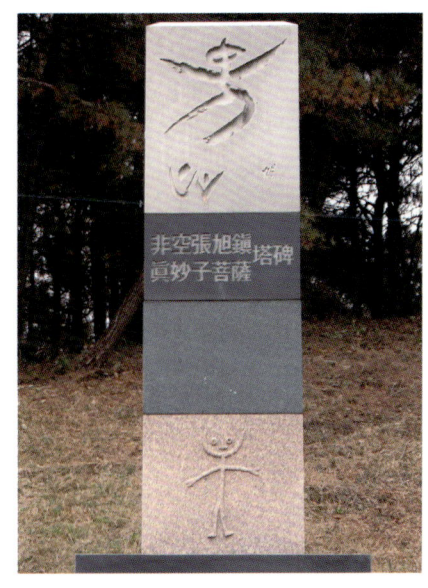

장욱진 화백의 묘비(앞면)

연기군의 지원을 받아 장욱진의 출생지인 송룡리를 문화 테마마을로 선정하고자 노력하고 있다. 물론 이러한 일련의 선양사업은 결성 장씨 문중이 아니라 선양사업회에서 주도하고 있지만, 이를 통해 결성 장씨 문중의 현대적 위상이 높아지고 문중의 결속력을 다지는 계기가 될 것이다. 이처럼 종족마을의 실체는 한국전쟁 이후에 많이 쇠퇴하고 있지만, 종족들의 종족의식은 문중 활동의 현대적 양상 속에 여전히 존재하고 있는 것으로 판단된다.

일제 강점기 마을의 변화와 주민들의 동향

일제 강점기 마을의 변화

송룡리를 포함한 동면은 남으로는 금강을 사이에 두고 부용면 금호리와 접하고, 한내(白川)를 사이에 두고 부강리, 산수리와 접하고 있으며, 북으로는 미호천을 사이에 두고 강외면 서평리와 미경리에 접하고 있다. 그리고 서쪽으로는 미호천의 하류를 사이에 두고 서면의 봉암리와 남면의 연기리와 월산리에 접하고 있어 동면은 남·북·서의 삼면이 강과 내로 둘러싸이고 동쪽만 육지인 강내면 당곡리와 사곡리로 이어졌다. 이에 남(꽃벼루나루·합강나루), 북(밑구지나루·범암나루), 서(동진나루)의 삼면에 나루터들이 있었다. 즉 동면은 연기군과는 육로로 연결이 되지 않았고, 충북 청원군과 연결되어 있어서 충청남도의 동쪽 끝에 위치한 섬이라고 할 수 있다. 이러한 지리적 환경은 송룡리 사람들의 주요 경작지가 마을 안쪽의 토지와 하천부지에 불과한 영세한 농촌이었음을 알게 해준다.

이처럼 조선시대에 송룡리 일대는 지리적으로는 섬 같은 지역인 전형적인 농촌의 모습 그대로였다. 이러한 송룡리의 모습과 생활상을 크게 바꾸어놓은 것은 경부선 철도의 부설과 연기관청의 이전 그리고 미호천 제방공사이다. 경부선 철도 부설과 연기관청의 이전은 송룡리의 생활권과 교육권을 연기군의 행정중심지인 조치원과 인근 도시로 편입시키는 효과를 내었다. 그리고 미호천 제방공사는 송룡리 일대의 경작지를 확대시키는 결과를 가져다주었다. 비록 경작지 확대가 마을 사람들에게

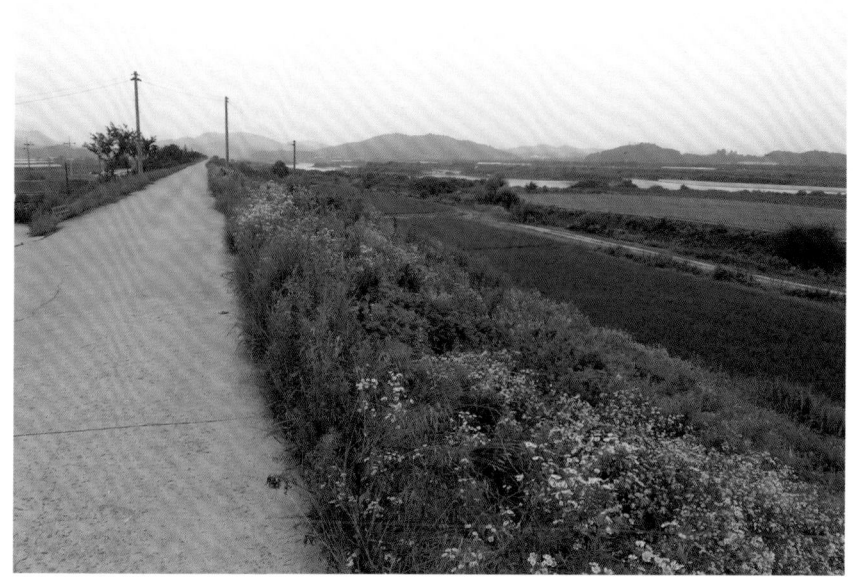
미호천 제방

혜택을 준 것이 아니라 소수 지주의 지주경영을 가능케 하였을지라도, 미호천 개수 공사와 사방공사가 송룡리 일대의 경제 활동에 큰 변화를 가져다준 것은 사실이다.

　건양(建陽) 원년(1896년)에 경인철도, 경의철도 부설권이 각각 미국과 프랑스로 넘어가자 일본은 총력을 기울여 경부철도주식회사의 창립을 추진하여 1898년 한·일 양국의 공동경영을 전제로 한 경부철도합동조약을 체결하였다. 그리하여 경부철도주식회사는 1901년 8월에 북단인 영등포와 남단인 초량에서 각각 기공식을 갖고 공사에 착수하였다. 공사는 속성공사로 추진하였으나 성현에서 부강 간의 120리는 착수하지 못하였다. 송룡리 앞을 지나는 이 구간은 1904년 1월 말에 영동부터 전의 사이 구간을 개측하고 곧 공사에 착공하여 그해 10월에 성현부터 영동 간의 공사를 준공하였다. 일제는 경부선 부설 공사에 더욱 박차를 가하여 속성공사에 이어 터널, 교량 등 부대공사를 매듭짓고, 1904년 12월 27일부터 초량에서 영등포 사이의 여객을 취급하기 시작하였다. 그리하여 드디어 1905년 1월 1일부터는 전선 개업이 가능하여 5월 25일에 남대문 정거장의 구내 광장에서 개통식을 거행하였다.

1905년 경부선이 개통되었어도 송룡리를 비롯한 동면의 주민들이 경부선을 바로 이용할 수는 없었다. 동면 사람들이 동면에서 경부선을 이용하게 된 것은 1922년에 내판리에 역원이 배치되고 간이역으로 영업을 시작하면서부터이다. 그 후 1926년 11월에 내판역이 설치되었고, 1938년에 신축 준공되었다.

또한 송룡리 앞을 지나는 미호천은 수원(水源)이 길고 멀어 연안 지역의 홍수 피해가 적지 않았다. 미호천 인근 마을의 홍수 피해를 줄이기 위한 미호천 개수공사는 1919년경부터 미호천 상류인 청주 구내부터 공사에 착수하여 1929년 가을에 준공되었다. 이 공사는 최초의 계획보다 많은 경비와 시간을 초과하여 준공되었다. 이듬해 (1930년)에 집중호우가 발생하자 하류 지역은 개수공사가 이루어지지 않아 미호천이 범람하였다. 미호천 범람은 곧 인근 주민들에게 많은 피해를 주었고 경부선 조치원부터 내판역까지 구간이 불통되기도 하였다. 이에 인근 지역 주민들이 연서(連署)하여 철도국장에게 진정하였으나 철도국에서는 자신들의 소관이 아니라고 개수공사를 거절하였다고 한다. 이러한 일이 있은 뒤에 바로 동면 구내의 미호천 개수공사가 1931~1934년 동안에 이루어졌다. 그러나 그 이후로도 폭우로 제방이 유실되어서 지속적인 보수작업을 하여야 했다. 예양리 앞의 예양천과 문주리 앞의 문주천 개수공사가 끝난 후 1941년에 연동수리조합이 송룡리에 설립되었다.

한편 동면 일대 사람들은 경부선이 개통되면서 미호천의 22칸 철교를 이용하여 조치원으로 학교에 다니거나 시장을 다녔다고 한다. 그러나 이 철교를 건너다 기차를 만나게 되면 아찔한 순간이 아닐 수 없었다. 한 해에 철교에서 떨어져 목숨이 잃는 사람은 한두 명이 아니었다. 그리하여 연기군 당국에서 이 문제로 고심하다가 마침내 1934년 6월에 미호천에 인도교 가설공사를 착수하였다.

이처럼 경부선의 개통으로 미호천과 한내에 철교가 가설되고, 미호천 인도교가 가설됨에 따라 송룡리 사람들은 철교와 미호천 인도교를 이용하여 조치원장을 보게 되어 생활권이 변하였다. 그뿐만 아니라 외부로의 접근이 용이해짐에 따라 마을이 개방되기에 이르렀다. 그리고 경부선은 동면의 중심부를 남북으로 관통하게 되어

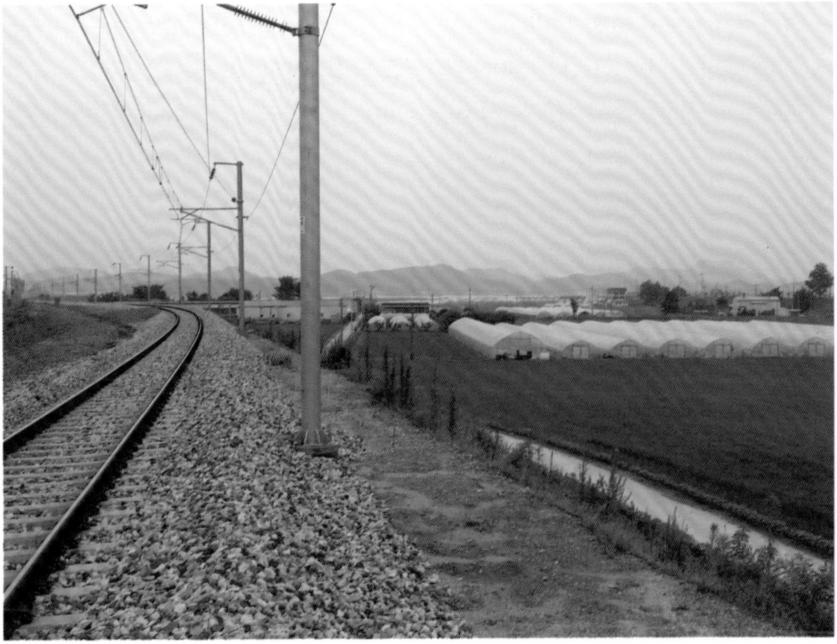

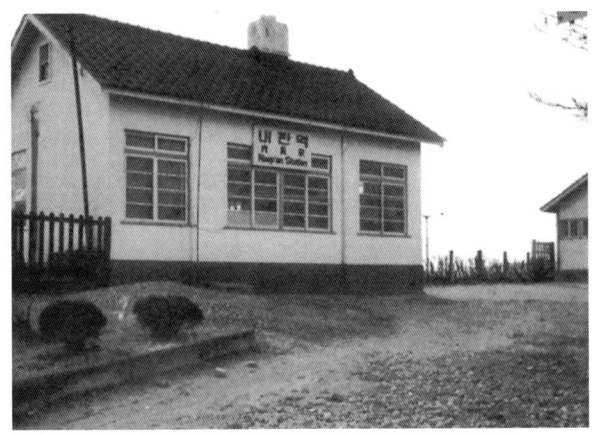

마을 앞을 지나가는 경부선 철
도(위) 사진에서 오른쪽이 동
진들이다.
1938년에 신축 준공된 내판역
(왼쪽) 사진제공 : 연기군 사
이버 홍보관

동일면과 동이면을 가르는 경계에 터널을 뚫어서 하나가 되도록 하였다. 그리하여
그동안 동일면과 동이면으로 구분되어 있던 행정구역에도 영향을 미쳐 결국 1914년
행정구역 개편 때 동면으로 합병되기에 이르렀다.

아미산 – 송산의 횃불시위

3·1운동이 일어난 기미년(1919) 3월 1일은 마침 전의장날이었다. 전의장날에 각처에서 많은 군중들이 운집하여 시장을 누비며 독립만세를 불렀다. 이후 15일에는 전의역을 중심으로 한 마을의 산 위에서 봉화를 들고 독립만세를 외쳤다. 3월 1일에 시작된 만세운동이 동면의 각 마을로 확산된 것은 3월 23일부터이다.

연기군을 비롯한 호서 지방의 3·1만세운동의 특징은 봉화 만세운동이다. 봉화 만세운동은 낮에는 장터에 모여 독립선언식을 거행하거나 주동 인사의 연설을 듣고 군청·면사무소·경찰주재소·헌병분대 앞으로 몰려가 독립만세를 외치고, 밤에는 가까운 산마루에 올라가 봉화를 올리고 독립만세를 부르는 것이다.

연기군 동면에서도 횃불시위가 10여 개소에서 대규모로 전개되었다. 아미산 정상에 봉화터가 남아 있는데, 아미산은 충북에서 충남으로, 동에서 서로 연결되는 중요한 길목이었다. 3월 27일에 동면 예양리, 노송리, 송룡리, 응암리 등 4개 리에서 만세운동이 일어나 주모자 8명이 체포되었지만 수형자 명부가 전하지 않아 이름을 확인할 수가 없다. 그리고 3월 28일에는 송룡리에서 장기복(張基宓)의 주도로 동리(洞里) 뒷산인 송산(松山)에 올라가 횃불을 들고 대한독립만세를 절규하였다. 장기복은 평소에 애국심이 불타는 청년으로 동면 면사무소에 연기군수가 민심을 무마하려고 순회강연을 하고 있는데 "한국민족으로서 독립을 갈망하는 것은 당연하다"고 반박하였다. 이를 면장이 제지하여 시비가 벌어졌고, 이날 밤 그는 마을 사람들과 함께 횃불시위를 하여 일본 헌병에게 체포되어 옥고를 치렀다고 한다. 이외에 장홍진과 장기민도 횃불 만세운동의 주모자로 붙잡혀 옥고를 치렀다.

현재 송룡리에 사는 사람들 중에 봉화 만세운동을 기억하고 있는 분은 마을의 최고령자인 장성진 옹(1912년생)이다. 그가 기억하는 봉화 만세운동은 단편적인 장면에 불과하지만 당시의 열기를 조금이나마 느낄 수 있다. 3·1만세운동 당시 그는 8살이었는데, 마을 사람들이 현재 그가 살고 있는 집 앞을 지나 송룡리의 뒷산인 송산으로 횃불을 들고 만세를 부르며 올라갔다고 한다. 이때 그는 무서워서 방문을 빠끔 열고 내다볼 뿐이었다고 한다. 그의 기억에는 '떼 지어 만세를 부르며 몰려갔다'고 하였지만 10여 명이 참여한 것으로 기록에는 남아 있다.

표 2-1. 연기군 봉화만세운동 일지

일시	면	리	장소	주요 내용	진압
3. 23	4개면	10여 개리		● 연기군 최초의 독립운동으로 지역간 연합 독립만세운동의 형태로 전개됨 ● 청주의 강서·강외의 양 면민들 횃불만세 → 조치원으로 행진 → 조치원서 북·서·남면민들이 호응. 3,500명 참여 ● 금남면은 대평리 장날을 이용하여 만세운동. 임헌규, 임헌주, 이덕주, 임순철, 김봉식, 임헌빈 등이 주도	헌병분견소의 헌병과 소방대, 철도원호대의 수비대원 출동
3. 26	동면	응암	고목동 뒷산	● 청주 강내면 사곡리와 사전에 연락하여 연합 만세운동의 형태로 전개됨	
	북면			● 면민 수천 명이 청주 강내 면민 등과 합세하여 봉화만세운동 전개	
3. 27	동면	4개리	6개소	● 예양리, 노송리, 송룡리, 응암리 등 참여 ● 예양리-구장 장재기 주도 ● 노송리, 송룡리-강내면과 연락하여 연합 만세운동 전개	헌병분견소 출동-8명 체포
3. 28	동면	송룡	송산	● 장기복, 장홍진, 장기민 주도로 송룡리 주민 10명과 마을 산(송산)에 올라가 봉화를 들고 만세를 부름	
3. 29	전동	청송	내동산	● 권혁기 주도로 20여 명 참가	
3. 30	조치원			● 28~29일 조치원읍에서 봉화만세운동 전개 ● 30일 연기청년회 회원들이 홍일섭을 대표로 추대하여 조치원 시장에서 만세운동 전개	헌병 분견소의 헌병과 철도원 호대 출동
	서면		면내 마을	● 서면 면내 거의 모든 마을에서 봉화만세운동 전개 ● 기룡리-유진광 주도하에 주민 다수가 봉화만세운동 전개	
	남면	방축	황우산	● 밤 8시경 임헌상 주도로 주민 30여 명 참가	
		보통	뒷산	● 밤 8시경 박원칠 주도로 주민 10여 명 참가	
		양화	아월산	● 양화리, 진의리, 월산리, 송담리의 연합 만세운동으로 진의리의 김봉식, 임영철, 월산리의 박영복, 양화리의 조의순과 임덕문, 이덕민, 임덕화의 주도로 주민 100여 명이 아월산에 올라 봉화만세 → 진의리 마을 산에서 횃불만세 → 송담리로 행진, 송담리 주민들과 합세하여 만세운동 전개	
		진의	뒷산		
		월산			
		송담			
4. 1	남면	송담	서운산	● 임희수, 임숙명, 임만수 주도로 주민 30명이 서운산 위에서 1시간 동안 횃불만세 전개	
		갈운	황우산	● 유시풍 주도로 주민 약 150명이 황우산에서 봉화만세 전개	
4. 2	금남면		대평리 시장	● 장날에 군중 약 300여 명이 만세를 부르며 행진	일경에 의해 8명 검거

일제 강점기의 송룡리 사람들

현재 송룡리 사람들 중에 식민지를 경험하였던 분들의 수는 점차 줄어들고 있다. 또한 그들의 기억은 대체로 1930년대 후반 국가총동원체제 시기에 그치고 있다. 송룡리 사람들의 기억의 조각을 이어 일제 강점기 송룡리의 생활상과 식민지 경험을 엮어볼 수밖에 없다.

일제는 초기에 지방사회를 식민지 질서로 재편하는 과정에서 전통 혹은 아래로부터의 조직을 흡수하고 이용하여, 조합과 회(會) 등과 같은 관제조직을 설치하였다. 그러나 '자연부락(구동리)'의 '부락관념'은 강하게 남아 있었고 자치적 공동체 운영도 어느 정도 확보되어 있어 동계나 동약은 일제에 의해 적극적으로 재편, 이용되었다.[1] 이 시기의 송룡리도 결성 장씨 종족마을로서 어떠한 일에나 단결하고 자훈자계를 하여 마을의 사업은 점점 진보하고 상호자치를 만들어냈다고 한다. 그리고 1915년에 진흥회를 조직한 이래 회원 일반이 진흥회 실행덕목을 준수하고 상당한 성적을 올렸다고 한다.

일제는 면 아래를 동리(洞里) – 구(區) – 촌락(村落)으로 편제하였고, 구는 촌락을

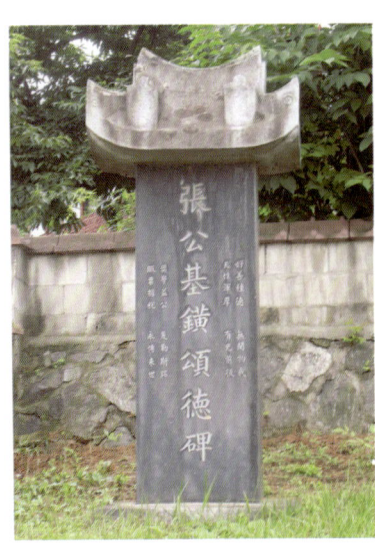

장기황 송덕비

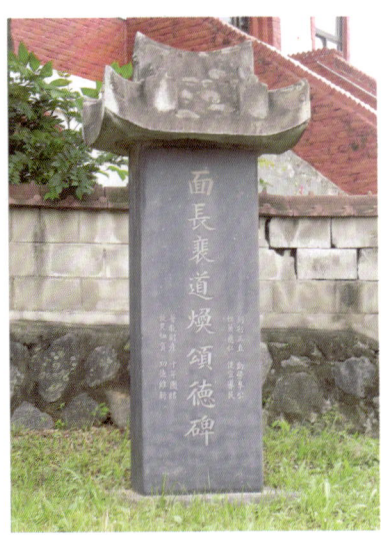

배도환 송덕비

기초로 설정하여 종래 실생활과 유리된 면제와 촌락을 연결하는 역할을 담당하도록 하였다. 동리와 구의 장(長)인 구장(區長)은 산업장려·납세독려·민풍개선 등과 같은 면의 행정 보조적 역할, 호적작성 등 민을 대신하여 면사무소에 출입하는 면과 민의 중간자 역할을 하였다. 즉 촌락에서 관의 통제력이 미치지 않는 부문을 지원하는 관치보조 역할을 수행하였다고 볼 수 있어 일제 강점기 행정적 지배경로는 대체로 구장을 통하여 이루어졌다고 할 수 있다. 구장의 역할은 1930년대에 면 이하에 대한 관의 지배력이 강화되면서 확대되어 농촌진흥회 회장을 맡거나 농촌진흥회 활동을 측면에서 보조하는 위치에 있었다.

당시의 송룡리는 분구(分區)가 되지 않은 시기라서 송룡리 전체의 진흥회장은 임진우였다. 그는 각 자연마을마다 '소음(심부름꾼)'을 두고 마을을 운영하였다고 한다. 송룡리 이장은 임진우가 1941년까지 맡아 하다가 그 다음 장기황의 생질인 송재찬이 3~4년 하였고, 해방 이후에는 장기하가 7~8년간 이장 일을 보았다고 한다.

일제는 1928년에 공제조합(후에 금융조합으로 바뀜)을 설치하여 자작농 창정사업을 진행하였다. 이 사업은 금융조합의 지원을 받으면서 진행되었는데, 금융조합

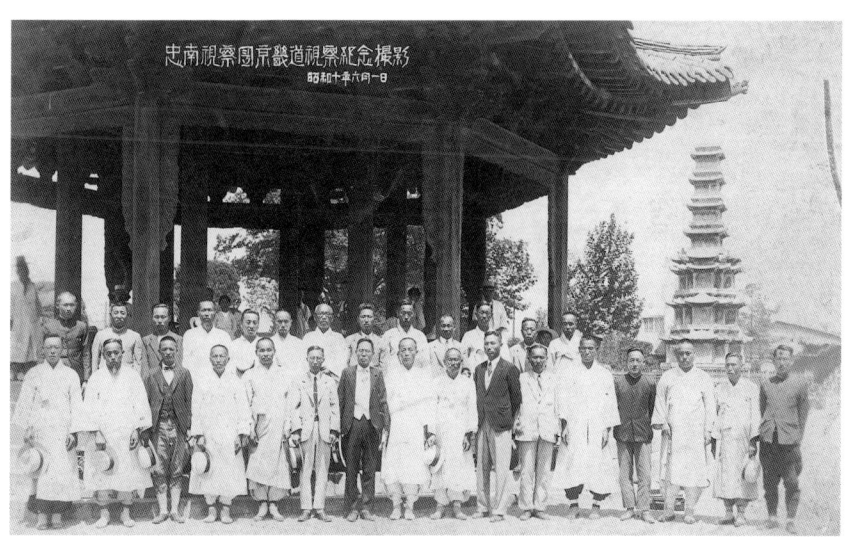

충남 시찰단 경기도 시찰 기념 사진(1935. 6. 1) 송룡리 이장 임진우 참가

장이었던 장기황은 당국의 독려로 땅을 내놓았다. 이를 송룡리의 소작인 중에 형편이 어려운 사람 4명에게 한 사람당 4~5마지기 정도를 15년간 연불(年拂)로 상환하는 조건으로 불하하였다. 그리하여 동면에서는 1932년에 장기황이 소농가의 생활안정을 도모한 공로를 기리기 위하여 '장기황 송덕비'를 세웠고, 이듬해에는 동면장 배도환의 송덕비까지 세워 지금도 두 사람의 송덕비가 나란히 서 있다.

이처럼 일제 강점기에 송룡리는 총독부의 정책에 적극 협조하여 '문화부락'이라는 칭송을 듣게 되었고, 임진우는 충남의 우수 구장(각 군에서 2명 선정)으로 선정되어 서울 시찰을 다녀왔으며 금융조합상까지 탔다고 한다.

한편 총동원체제 시기에 송룡리 사람들 역시 강제 공출, 강제 동원될 수밖에 없었다. 송룡리 사람들의 총동원체제 경험이라는 것은 현재 연세 많은 몇몇 분에 불과하다. 이들의 증언에 의하면 공출은 주로 벼에 집중되었고, 이를 모면하기 위하여 땅속 등에 숨겨놓고 몰래 꺼내 먹었다고 한다. 그리고 보국대에 끌려가 대전비행장 건설에 강제 노역을 당하기도 하였다. 보국대는 한 마을에서 3명씩 차출되었고 교대로 6개월간 일하였다고 한다. 송룡리에서 징용 간 사람은 모두 6~7명 정도이다. 이 중에서 한 분은 1944년 작은아버지가 사는 청진에 갔다가 거기서 9월에 징용에 차출되었다. 그는 일본 우노(宇野) 지방의 배 만드는 군수공장에서 일하였고, 당시 월급은 170원이었다고 한다. 그후 다시 오카야마(岡山)로 옮겨 일하다가 해방을 맞이하고 그해 음력 10월 11일에 집으로 돌아왔다고 한다.

또한 일제는 기존의 계 형태의 마을 자치조직들을 대신하여 수방단, 소방단, 애호단 등을 마을 내에도 조직하여 농촌질서를 지배하고자 하였다. 송룡리는 경부선 철도역(내판역), 면사무소와 경찰주재소가 가까이에 있어 다른 마을보다 일제의 영향력을 더 많이 받는 지리적 위치에 있었다. 그리하여 송룡리 사람들은 수방단, 의용소방단, 애호단 등 결성하는 데 내판역과 주재소가 가깝다는 이유로 참여하여야 했다. 수방단은 제방이 축조되기 전에 장마가 심하여 미호천이 범람하기 때문에 동네까지 물이 들어오지 않도록 마을 주민을 동원하여 막는 일을 하였다.

의용소방대는 면지소, 철도 가까이 사는 젊은이 30명으로 구성되었고 마을의 도로 정비와 화재시 소방하는 임무를 수행하였다. 소방대는 대장 1명, 부대장 1명, 반장 3명, 계장 3명 그리고 대원으로 조직되었다. 그리고 애호단은 장마 때 철롯둑을 보호하고 시찰하는 역할을 담당하였고, 수방단 대장이 애호단 대장을 겸직하였다 한다. 애호단은 철도의 둑이 무너지거나 문제가 발생하였을 때 수리하는 조직으로 대전에서 파견된 두 명의 헌병이 송룡리 15명, 내판리 15명의 청년 대원을 뽑아 역전 마당에서 훈련시켰다고 한다. 대체로 이들 관변단체들은 한국전쟁기 해체되었다고 한다.

이처럼 송룡리는 총독부 정책에 적극 협조하여 문화부락이라는 칭송을 받게 되었지만, 그보다 전통적인 마을 운영 자치조직인 동계(洞契)가 있어 역사적 전환기를 순탄하게 겪으면서 오늘에 이르렀다. 동계는 마을의 총회 성격을 가지고 있어 매년 음력 12월 25일경에 개최하여 1년 결산을 하였고 이장을 선출하기도 하였다. 마을에서 총회 외에 중요한 사안이 있으면 공회당에서 징을 쳐서 마을 사람들을 모이게 하였고, 이러한 임시 회의를 통하여 사안을 처리하기도 하였다. 그리고 연반계가 있어 상을 당하였을 때 상부상조하는 전통이 있었다. 그러나 연반계는 1960년대 초반에 해체되었고, 동계에 통합되어 운영되고 있다.

문중 서당에서 공립보통학교로

일제 강점기에는 초등교육의 주체가 재래의 한문서당에서 보통학교로 전환되었다. 그러나 당시 조선인의 교육열에 비하여 보통학교에서 수용할 수 있는 학생은 턱없이 모자라 기존의 한문서당을 개량하여 근대교육을 실시하였다. 서당개량운동은 조선인이 주체가 되어 당시에 사회운동으로까지 발전하여 많은 성과를 올렸다. 송룡리에서는 결성 장씨 문중에서 육영재를 개량하여 육영의숙을 개설하였다.

육영의숙은 1922년에 장기주, 장성휘, 장기풍, 장기항, 장기만, 장기황 등이 발기하여 강당을 신교실로 이용하고 전임교사를 초빙하여 영어, 산술, 천문, 측량기술과 같은 근대교육을 실시하였다. 육영의숙의 학생수는 본과가 남녀 60여 명이었고, 노동야학생은 20여 명이었다. 학생수는 많고 교실이 협소해짐에 따라 교사를 증축하기도 하였다.

이렇게 근대교육기관으로 변신한 육영의숙은 3년 남짓 교육을 실시하다가 연동

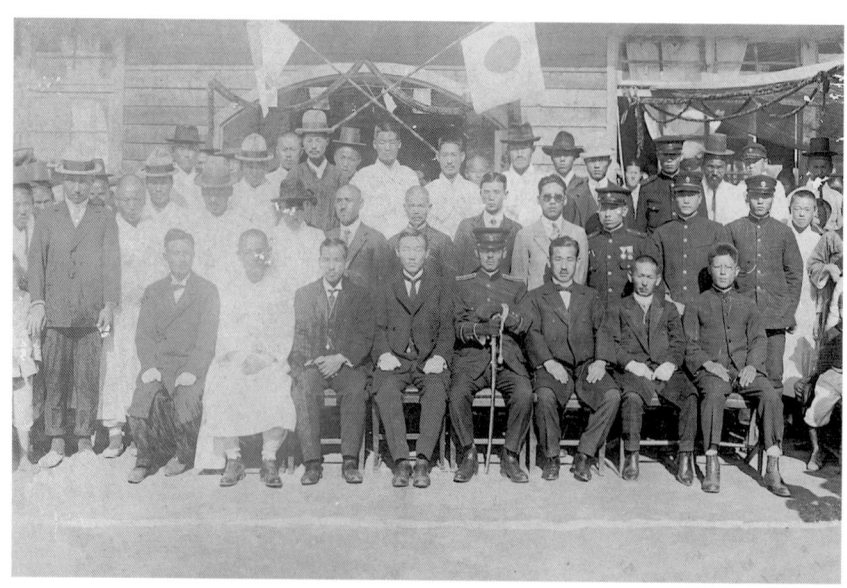

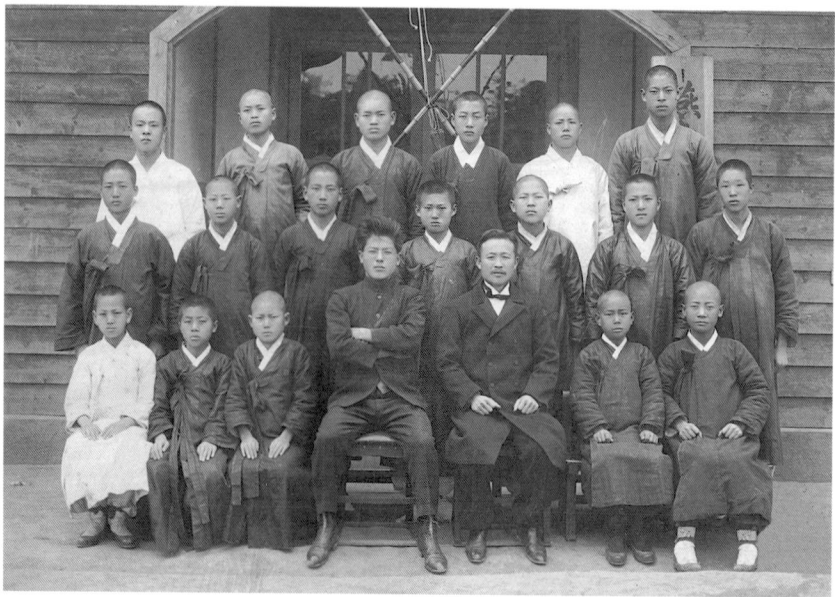

연동공립보통학교 낙성기념 운동회(1925년 11월 1일, 위)
연동공립보통학교 제 1회 졸업식(아래)

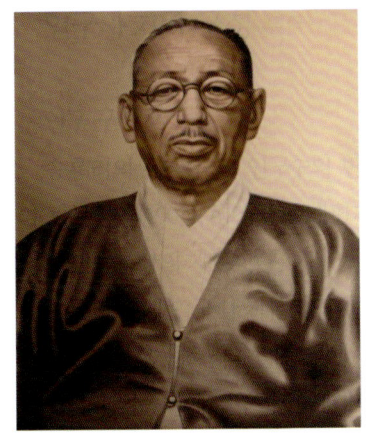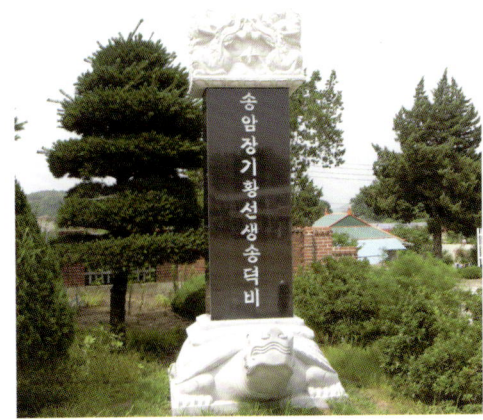

장기황 초상화(왼쪽)와 장기황 선생 송덕비(오른쪽)

공립보통학교가 설립되면서 학생들을 인계하고, 교육기능을 상실하였다. 당시 육영의숙에 다녔던 학생들의 거주지를 보면 동면 전체에 해당된다. 이것은 연동공립보통학교의 학구역과 같다.

　연동공립보통학교는 1925년 3월 1일 설립인가를 받고, 5월 18일 수업 연한 4년의 학교로 육영의숙에서 개교하였다. 같은 해 11월 1일 연동보통학교 낙성식과 낙성기념 운동회를 하고 지금의 연동초등학교 위치로 이전하게 되었다. 연동보통학교는 동면의 유일한 보통학교로서 학구역이 동면 전체에 이르렀지만, 1949년 연흥국민학교가 독립 분리되면서 송룡리, 노송리, 예양리, 내판리, 응암리로 축소되었다. 개교 당시 학급 수는 2학급에 107명이었다. 1926년에는 2학급 121명, 1927년에는 2학급 143명, 1928년에는 3학급 178명이었다.

　연동보통학교의 설립에 가장 큰 공헌을 한 사람은 바로 송룡리 지주이자 유지인 장기황 씨이다. 장기황은 토지 4,000여 평을 학교 부지로 기증하였으며, 그 외 전답 8,000여 평도 학교 운영을 위하여 기증한 바 있다. 이러한 그의 공적을 기리기 위하여 연기교육구 교육위원회에서는 1957년에 학교 교정에 '장기황의 교육공적비'를 세웠다. 또한 2005년 6월에 연동초등학교 총동문회에서 개교 80주년을 맞이하여 '송암 장기황 선생 송덕비'를 학교 교정에 세웠다.

해방 이후 마을의 변화

농지개혁과 마을의 변화

1950년부터 시작된 농지개혁은 송룡리 사회·경제 질서를 근본적으로 재편하였다. 대한제국 이후부터 꾸준히 성장하던 대지주와 일본인 식민지 지주들이 사라지게 되었고 마을 주민들은 자작농으로 성장하게 되었다. 송룡리에서 전개된 농지개혁의 규모를 보면 아래 표와 같다.

표 2−2. 송룡리 주민들의 수배농지 현황 (평)

농지면적	인원	인원비율	면적합계	면적비율
0~500	22	18	6,530	4
500~1000	40	32.8	28,465	18
1000~1500	20	16.4	23,661	15
1500~2000	17	13.9	28,991	18
2000~2500	10	8.2	22,450	14
2500~3000	7	5.7	18,952	12
3000~3500	2	1.7	6,536	4
3500~4000	2	1.7	7,569	5
4000~4500	1	1	4,107	3
4500 이상	1	1	13,115	8
계	122	100	160,376	100

주민들이 받은 농경지 면적은 전체 약 16만 평으로 송룡리 전체 경지에 비교하면 약 70.8퍼센트이다. 그러나 이는 송룡리 밖에 있는 수배지까지 포함한 면적이므로, 실제 송룡리 소재 분배 총 경지를 계산해보면 모두 12만 7,646평으로 송룡리 전체 경지의 (논+밭: 226,653평) 56.3퍼센트에 달한다. 이는 전국 분배비율인 66퍼센트(귀속농지 포함)보다 약간 적은 수치이다. 이때 송룡리 주민 중 122명이 수혜자이며 가구당 평균 1,315평을 받은 것으로 집계된다. 농지면적 500평을 받은 인원은 약 18퍼센트, 500~1,000평 이하는 32.8퍼센트, 1,000~1,500평은 16.4퍼센트로, 전체 81퍼센트의 피분배자들이 2,000평 이하의 땅을 분배 받은 것으로 나타난다.

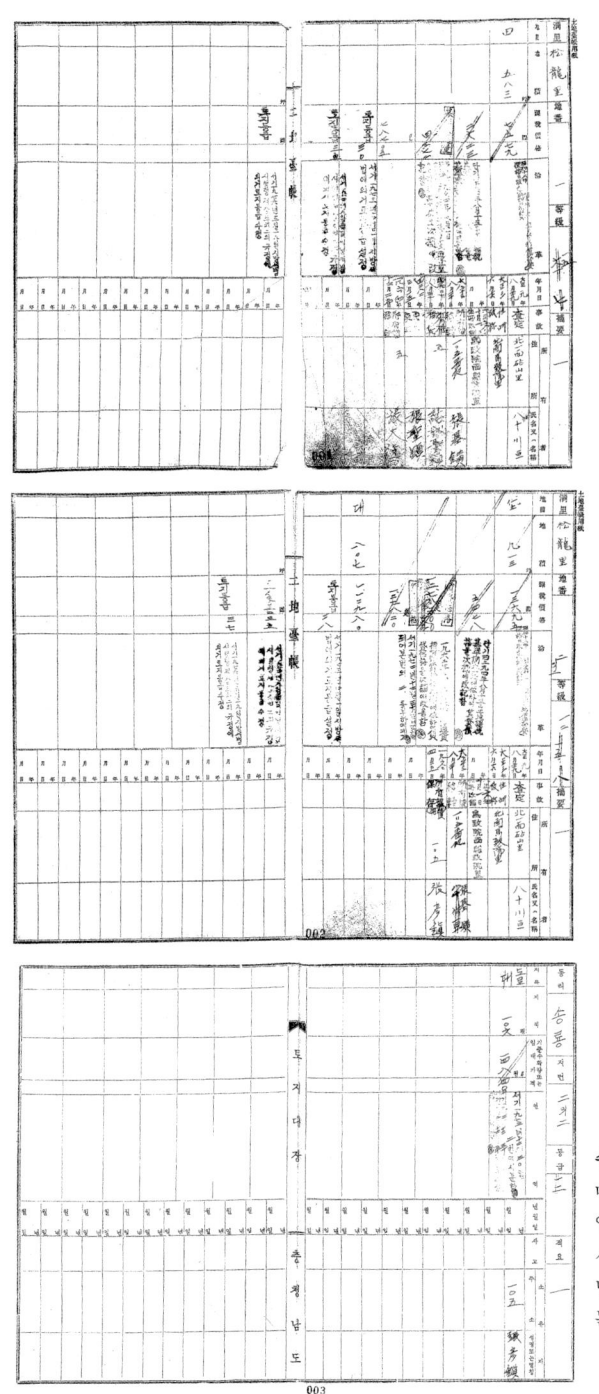

송룡리의 구 토지대장 송룡리 마을 사람들의 토지소유 규모를 알려주는 자료로 특히 식민지 시기와 농지 개혁기 송룡리 주민들의 토지소유 관계를 연구하는 데 중요한 자료이다.

송룡리 마을 주민들이 일본인으로부터 획득한 귀속농지는 송룡리 소재 귀속농지 7만 8,014평과 송룡리 외부 소재 귀속농지 1만 9,183평으로 총 9만 7,197평으로 집계된다. 이 중 조영토지회사의 농지가 5만여 평으로 가장 많은 것으로 나타난다. 몇몇 주민들은 해방 이전에 방매에 나선 일본인 토지를 싼 가격에 구입하기도 하였다.

이렇게 하여 송룡리 주민들은 농지개혁을 통하여 자작농으로 상향 평준화되었고, 이러한 경제적 토대는 새로운 마을 질서를 형성하는 데 기여하였다.

한국전쟁과 마을의 변화

한국전쟁 시기에 송룡리는 큰 피해와 갈등 없이 지나간 편이다. 다만 마을의 이장을 맡아보았던 A씨의 형제 삼남매가 그들의 큰 매형(남로당 간부)의 영향으로 좌익 성향을 보였다고 한다. A씨의 형제들은 서울에서 경찰관을 지내거나 연동소학교 교사를 하고 있었다. 그러나 이들의 좌익활동이란 주로 밤에 부역하는 정도에 그쳤다. 그렇기 때문에 이들은 한국전쟁 이후에 부역활동을 자수하였고 장기황 씨의 도움으로 살아나서 마을을 떠났다고 한다.

한국전쟁 시기에 송룡리에서 일어났던 최대의 사건은 바로 장기황의 인민재판 사건이다. 이 일은 지금도 마을 사람들에게 회자되고 있다. 인공 치하에서 장기황은 인민군에게 붙잡혀 그의 집 안마당에서 인민재판을 받았다고 한다. 당시 인민재판은 면 출신 남로당 대원 결사대가 조직되어 그들에 의해 이루어졌는데, 동면의 민청위원장은 응암 2리에 사는 K씨였다. 인민재판 과정에서 민청위원장인 K씨가, 장기황은 선조에게서 물려받은 재산을 가지고 면사무소나 학교부지로 땅을 희사하였고 가난한 자들을 구제하였다고 변론하면서 살려줄 것을 강력히 주장하였다고 한다. 이에 K씨의 주장이 받아들여져 장기황 씨는 무사할 수가 있었다.

그 후 전세가 역전되어 국군과 유엔군이 북진할 때 K씨는 부산으로 피난 가서 현지 자원입대하였다. 그러나 그가 특무대 신원조회에서 민청위원장의 이력이 밝혀져 청주교도소에 수감되자, 그의 부친의 청탁을 받은 장기황 씨가 신원보증을 해주어 풀려나올 수 있었다고 한다. 이처럼 송룡리는 마을 사람들 간에 이념갈등이나 신분 갈등으로 인한 보복조치 없이 조용히 한국전쟁 시기를 보냈다.

마을의 유물과 유적

마애불

마애불은 동면 송룡리에 있는 석불로 불상의 수인(手印)으로 보아 아미타여래로 추정된다. 아미타여래는 영원한 수명과 무한한 광명을 보장해주는 부처로서 어떤 중생이라도 착한 일을 하고 아미타불을 지극 정성으로 부르면 서방극락의 아름다운 정토로 맞아간다고 한다. 이 불상은 화강암으로 이루어져 있고 몸 전체를 둘러싼 배 모양의 광배(光背)가 구비된 입불(立佛)이며 제작 시기는 고려 중기로 추정된다.

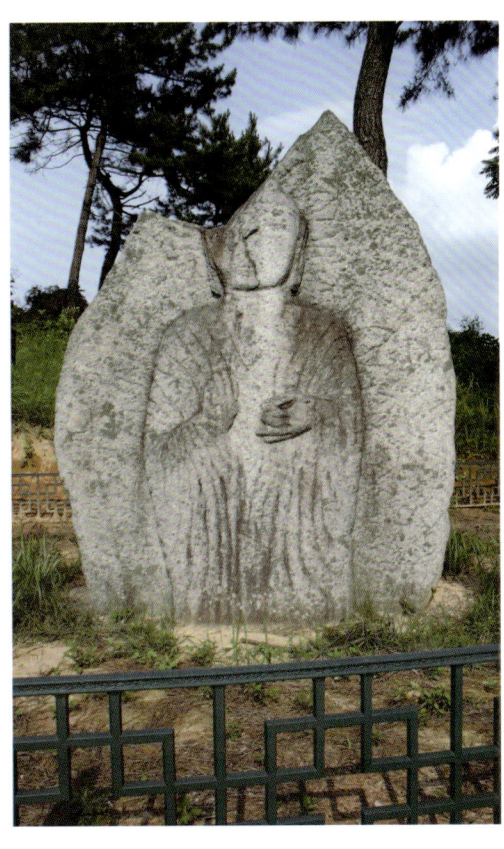

현재 마애불의 상부는 좌측 머리 부분을 포함하여 파손되었고, 다만 육계의 흔적이 있고 희미하지만 눈, 코, 입의 윤곽을 볼 수 있다. 전해오는 이야기에 의하면 1880년경 큰 뱀 한 마리가 불상 위에 올라앉아 있는 것을 맑은 하늘에서 벼락이 때려 뱀을 죽이면서 떨어져 나간 것이라고 한다.

이 마애불은 원래 내판리에 방치되어 있던 것을 1940년경 송룡리 주민들이 보존할 가치가 있다고 판단하여 지금의 위치로 옮겨놓고, 그때부터 마을 사람들이 불공을 드리고 있다. 이 마애불은 1984년 5월 17일에 충청남도 문화재자료 제43호로 지정되었다.

마애불

고인돌

현재 송룡리의 고인돌은 솔올 (송룡리) 고갯마루에서 남쪽으로 약 150미터 떨어진 곳에 하나가 있다. 원래는 2개의 지석묘로 남북으로 50미터쯤 떨어져 있었는데 길을 넓히고 고개를 낮추는 과정에서 지표면에 드러나, 어떤 사람이 석재로 쓰고자 조각내어 가

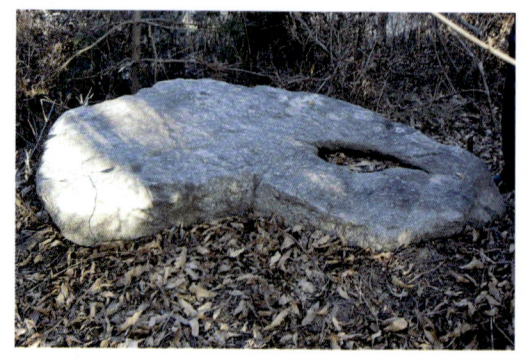

고인돌

져갔다고 한다. 그 고인돌 밑에서 정교하게 검은 돌을 깎아 만든 화살촉 4개가 출토되었고 지금은 국립공주박물관에 소장되어 있다.

언양 김씨 정려

이 정려는 결성 장씨 송룡리의 입향조인 훈의 증손 응헌의 아내인 언양 김씨의 열행을 포장하는 정려로서 동면 송룡리 나분마루 산 102번지에 위치하고 있다. 언양 김씨는 시부모를 정성으로 봉양하였으며 남편에게 공대하고 대소 모든 절차에 예의가 바른 사람이었다. 전해오는 이야기에 의하면, 병자호란이 일어나자 김씨는 늙은 시아버지와 함께 어린아이들을 거느리고 피난을 가려고 했으나 갑자기 오랑캐들이 쳐들어왔다. 김씨는 가족들을 뒷문으로 피신하게 하고 자신은 앞문으로 나갔다. 이에 오랑캐들은 젊은 김씨의 미모에 매혹되어 다른 가족은 쫓지 않고 김씨만을 따르니 다른 가족들은 무사히 난을 피할 수 있었다고 한다. 김씨는 계속 강가로 달아나다가 결국 오랑캐에게 붙잡히게 되자 두 눈을 부릅뜨고 큰 소리로 오랑캐를 꾸짖고는 황단이나루(진목나루 또는 주목나루로 지금의 동면 예양리 북쪽 미호천 중류)의 푸르고 깊은 강물로 뛰어들어 자결하니 모두 김씨의 열행에 감동하였다고 한다. 이를 본 청나라 장수가 그녀의 정절을 의롭게 생각하여 시신을 거두어 묘를 쓰고 표목을 세워주고 돌아갔으며, 이후에 다시 쳐들어온 청의 군사들도 그 표목의 글씨를 보고 그 마을에는 침입하지 않아 온 마을 사람들이 화를 면할 수 있었다 한다. 전란이 끝

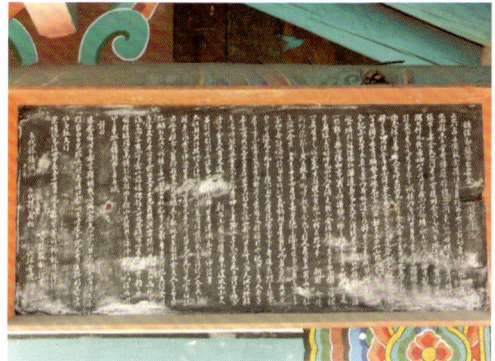

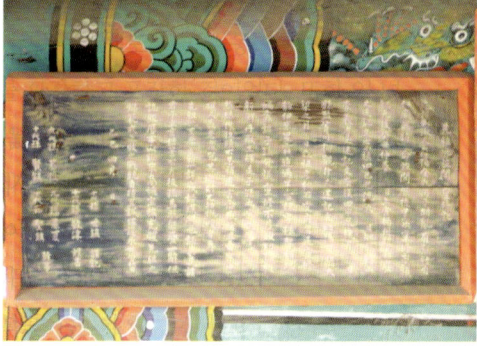

언양 김씨 정려 중수기(1844년)　　　　　　　언양 김씨 정려 중수기(1965년)

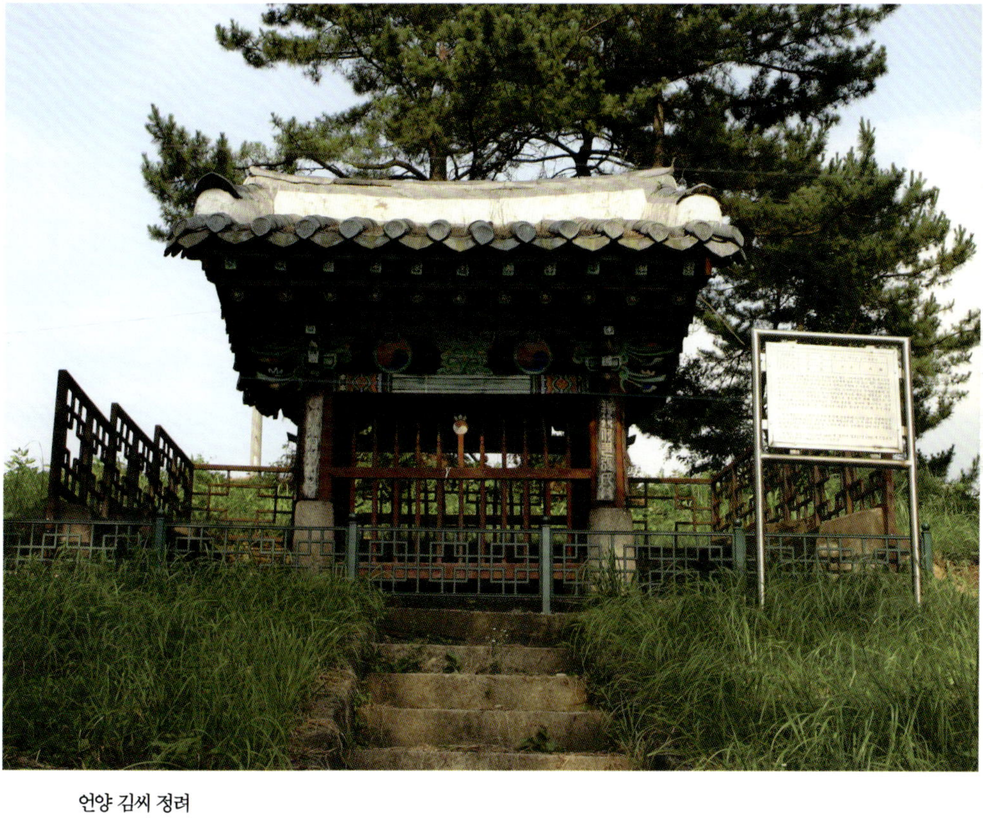

언양 김씨 정려

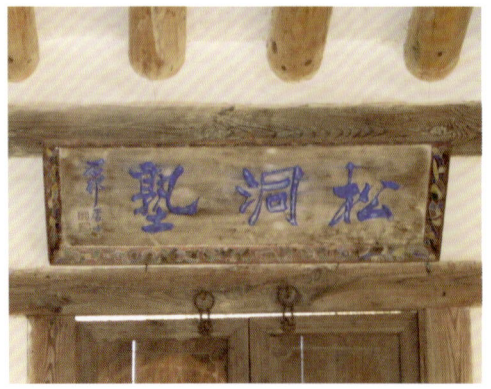

송동숙 현판

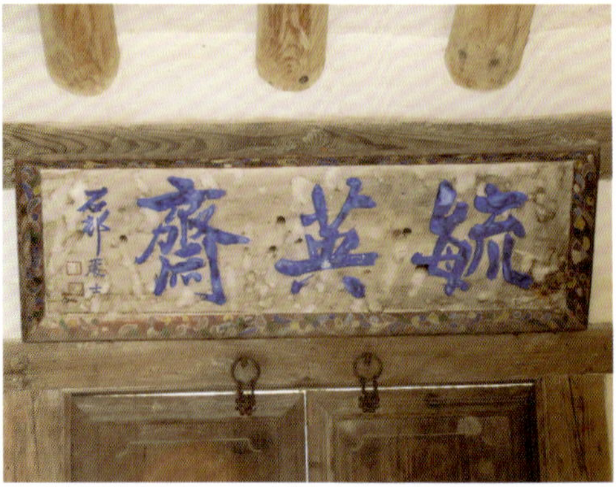

육영재 현판

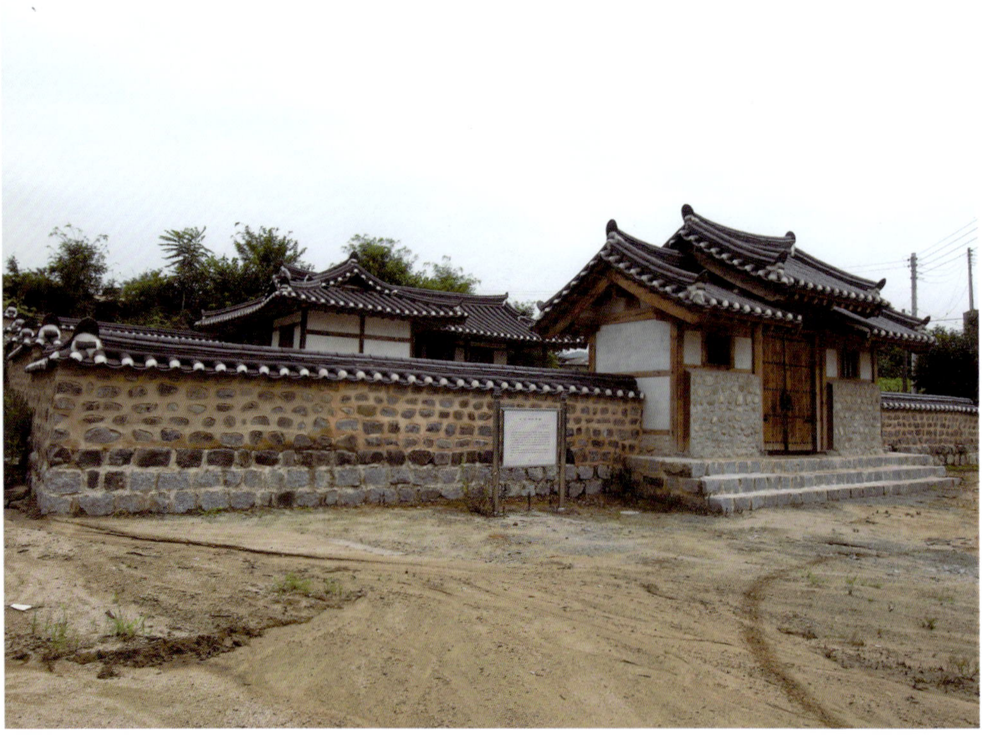

육영재 전경

나자 남편 장응헌은 의식을 갖추어 부인의 장례를 다시 잘 지내주었다고 한다.

이러한 그녀의 열행은 조정에 알려져 인조는 1638년에 정려를 내려주었다. 그 후 세 차례에 걸쳐 정려 중수가 이루어져 오늘날에 이르고 있다.

육영재

육영재는 결성 장씨의 문중 서당으로 '송동숙', '송동서숙', '송남서당'의 명칭으로 불리기도 하였다. 육영재는 기록에 의하면 네 차례의 이건이 있었다고 하나 정확한 위치와 이건 연도는 알려지지 않고 있다. 다만 1876년에 송룡리 254-1번지(지금 동면 농협창고가 있는 위쪽)에서 현재의 위치(송룡리 7-1)로 이건한 사실만 정확하게 알 수 있다. 육영재는 재래의 한문서당이었으나 1922년에 신식교육을 도입하여 기성학교를 개설하여 신학문을 가르쳤다. 그 후 일제에 의해 1926년 연동보통학교가 육영재에서 개교하였고, 그해 11월 연동보통학교가 신축되면서 현재의 위치로 이전함에 따라 학생을 그곳으로 인계한 후 폐교하였다. 현재 육영재는 2001년 연기군 향토유적 제30호로 지정되어 있다.

결성 장씨 고문서

결성 장씨 고문서는 결성 장씨 연기파 종회장과 육영재 옆에 살던 장래철 전(前) 군의원 댁에서 소장하고 있었다. 종회장 댁의 고문서는 주로 결성 장씨 연기파 종중 문서로 나무궤짝에 넣어 보관하고 있다. 나무궤짝 속에 들어 있던 고문서는 대체로 문중계 문서와 토지 매매 명문과 소지류 그리고 결성군 신도비, 분묘 관련 상서, 통문류이다. 그러나 문서 보존상태가 매우 열악하여 작성시기를 정확하게 알기 힘들다. 다만 현재로서는 계책 속의 인물로 시기를 추정할 방법밖에 없다.

장래철 군의원 댁에서 소장하고 있던 고서는 장덕환의 문집인 『송석집』과 육영재의

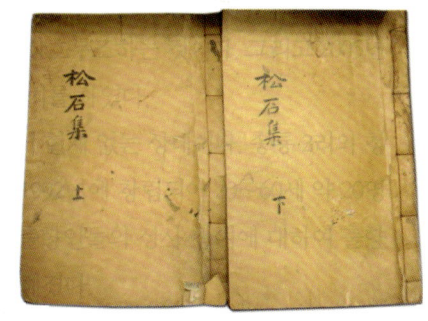

송석 장덕환(1833~1908년)의 문집

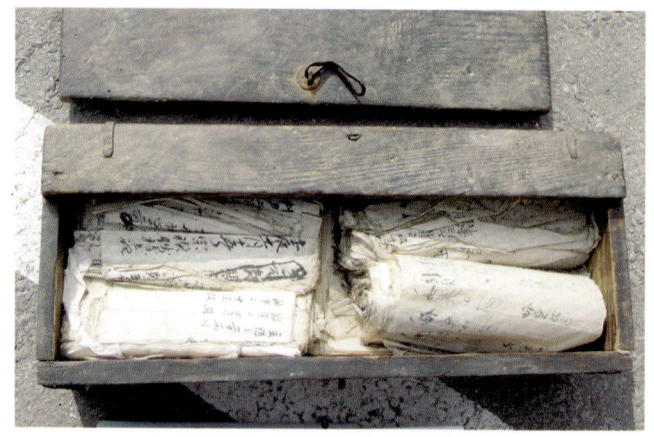

결성 장씨 고문서가 보관되
어 있는 궤짝

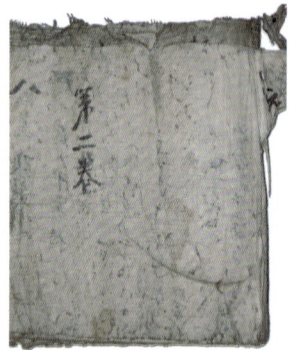

결성 장씨 대문계 문서

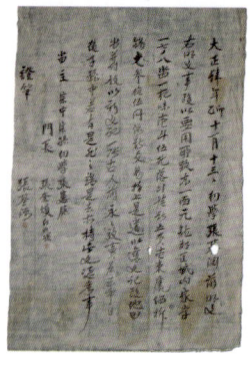

대정 4년(1915)의 명문

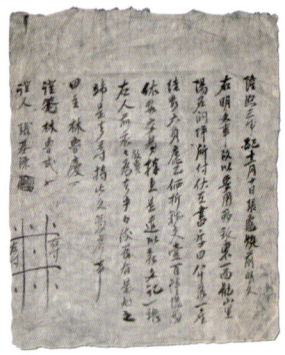

융희 3년(1909)의 명문

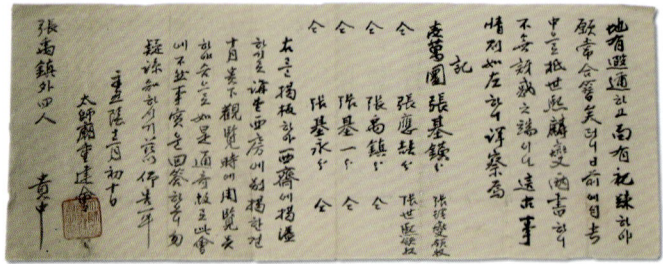

결성 장씨 종중 관련 문서―태사묘 중건 문제

교재로 쓰였던 사서삼경과 통감류의 책들이다. 주요 목록은 다음과 같다.

〈고문서 목록〉

1. 「大門契 捧上記」   5. 책(書) - 종중 관련

2. 명문(明文) 11건의 여러 편   6. 통문류(通文類)

3. 결성 평장사 분묘 관련 상서(上書)   7. 기타

4. 결성군 신도비 관련 건

고서목록(육영재 교재)

番號	種目	卷數	番號	種目	卷數
1	詩傳	21	11	中庸	1
2	周易	20	12	小學	1
3	繫辭	2	13	禮記	10
4	彙語	20	14	世說	6
5	叢寶	8	15	左傳	10
6	春秋	10	16	濂語	2
7	書傳	27	17	唐詩	4
8	鴻史	15	18	綱目	76
9	論語	8	19	通鑑	6
10	孟子	19	20	史王(玉)璧	4
			21	漢書	10

(이연숙)

주(註)

* 송룡리 마을지 역사 편은 김경수, 「결성 장씨 종족마을권의 형성과 문중운영」; 이연숙, 「종족마을의 문중서당 설립과 운영-연기군 결성 장씨의 경우--」; 김현숙, 「식민지시대 종족마을의 토지소유관계와 지주경영」(이상 「충남지역 마을공동체의 생애와 정체성」, 충남대학교 마을연구단 1차년도 심포지엄 발표요지문)과 김진호, 「충남지역의 3·1운동」(충남대학교 박사학위논문)을 부분 참조하였다.

1) 김영희, 『일제시대 농촌통제정책 연구』, 경인문화사, 2003.

미작농업 마을 솔올

곡창지대의 면모를 갖추기까지

미호천을 끼고 있는 솔올마을은 예전부터 비옥한 토질을 가진 이름난 곡창지대 중 하나였다. 또한 미호천 변에 위치한 연기군 동면 송룡리, 노송리, 예양리 일대는 결성 장씨 종족마을이다. 이 마을 경제생활의 원천인 동진들이 마을의 서쪽에 펼쳐져 있고 평야를 만든 미호천이 동진들의 서북쪽 외곽을 휘감고 있다.

동진들 일대의 미호천 제방 축조는 1930년대부터 시작되었다. 1931년부터 시작된 제방 축조와 1941년, 1952년 두 차례에 걸친 수리시설 공사의 덕택으로 송룡리는 동면에서 가장 경지가 많은 마을이 되었으며(약 450정보) 현재까지도 연기군의 미곡지대로 기능할 수 있는 터전을 갖추게 되었다. 동진들의 개간으로 일제 강점기부터 송룡리에 많은 일본인들과 조영토지회사 등이 진출하여 지주경영을 하고 있었고, 해방 이후에는 일본인의 퇴출과 농지개혁으로 지주가 사라지게 되었고 대다수의 마을 주민들이 자작농이 될 수 있었다.

1905년에 경부선이 개통되고, 1911년에는 연기군 군청 소재지가 '연기리'에서 '조치원'으로 이전하였고 동시에 면 소재지가 솔올마을 인근에 위치한 동면 '내판'으로 이전되었고, 내판역도 개설되었다. 이에 따라 송룡리는 외부 세계와의 신속하고 편리한 문물 교류체계를 갖추게 되어 마을이 발전할 수 있는 계기를 얻게 되었다. 그러나 1970년대에 고속도로 시대가 개막되면서 교통수송체계는 철도에서 도로로 이동하였고, 도시화와 산업화에 따라 농촌마을이 본격적인 쇠퇴 국면으로 접어들면

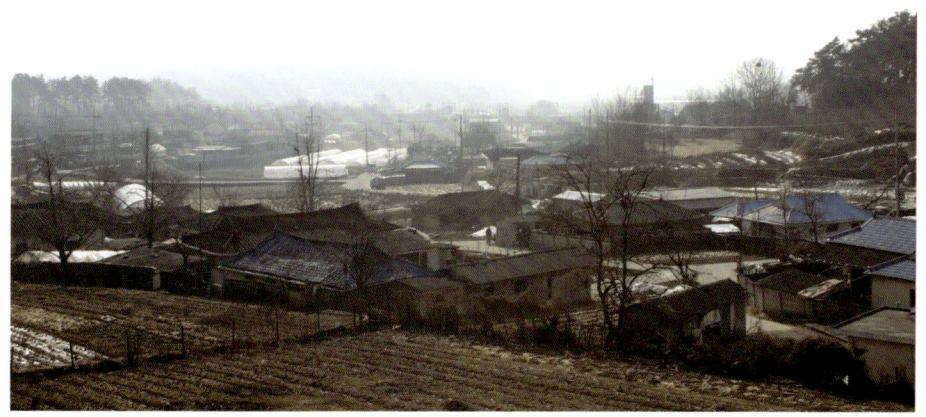

송룡리 마을 전경

서 미작지대인 송룡리 역시 정책적 개발의 지평에서 멀어지게 되었다.

솔올마을은 도시 인근에 위치해 있는 지정학적 특성 때문에 일찍부터 교통이 발달하고 현재에는 인근에 농공단지가 들어서는 마을이 되었으나 주민의 대다수는 벼농사를 주업으로 하는 전형적인 농촌마을의 특성을 지니고 있다. 이처럼 생업의 단조로움과 도시와 가깝다는 점은 마을의 젊은 인구층으로 하여금 마을을 떠나게 하는 요인이 되었다. 이에 따라 지속적으로 이농이 이루어지면서 인구의 급격한 감소와 고령화가 진행되어왔다.

송룡리의 전체 가구 수는 2005년 현재, 송룡 1리에 109가구(인구 268여 명), 2리에 84가구가 거주하고 있다. 국민기초생활수급권자는 총 34가구로 동면에서 가장 많은 상태이다.

마을의 주요한 생산활동은 농업으로 주로 미작농업이 주류를 이루고 있고, 부분적으로 과수 농가와 시설 재배 농가가 있다. 시설 재배는 마을의 몇몇 젊은 계층에 의해 이루어지고 있다. 1980년대 중반 무렵, 이 마을 인근에 '응암공업단지'가 입주

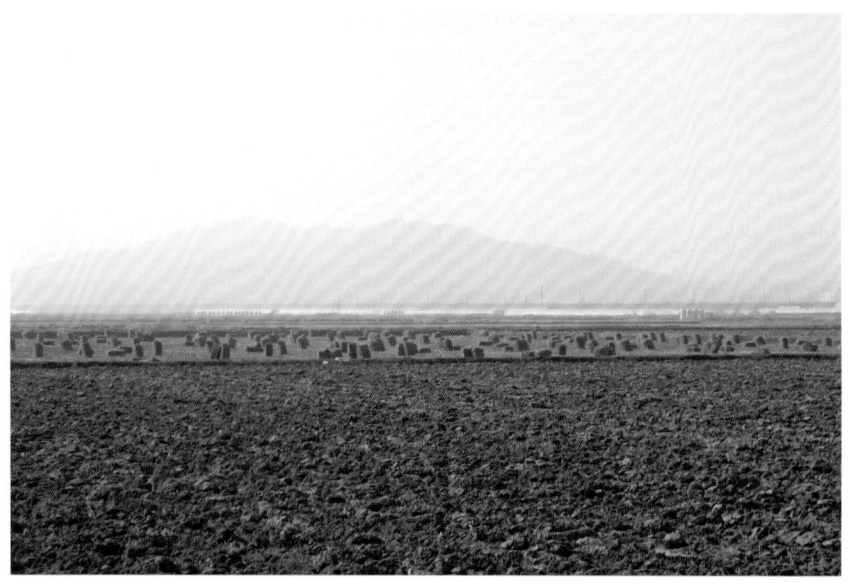

동진들 전경

했고[1], 이 밖에 대한교과서, 삼성전자, 미건의료기 등 굴지의 기업들이 입주해 있다. 그러나 마을에서 기업(공장)에 취업한 임금노동자는 총 12명에 불과하여 이들 기업의 입주가 마을 주민들의 고용창출에 크게 기여하지는 못하고 있는 실정이다. 이밖에 마을 인근의 농가에서 노동력을 팔거나 마을의 공사 등에 동원되는 한시적인 임금노동자가 소수 있고(3가구), 소점포를 운영하는 영세상인이 일부 있다(8가구).

농업생산과 노동

마을에서 이루어지는 중요한 생산활동은 농업으로, 특히 미작농업이 중심을 이루고 있다. 송룡 1리는 2리에 비해 과수 및 시설 재배를 동시에 하는 가구가 많은 반면, 2리에서는 대부분의 가구가 벼농사에 생계를 의존하고 있고 1가구만이 시설 재배를 하고 있다.

마을 주민의 농지 소유 현황을 농지원부에 의거하여 살펴보면, 마을에서 최근까지 농지를 소유하고 있는 가구는 총 68가구이다. 이 중 1,000평 미만의 농지를 소유한 가구는 19가구, 1,000~3,000평 미만의 농지를 소유한 가구는 32가구, 3,000~5,000평 미만의 농지를 소유한 가구는 11가구, 5,000평 이상의 농지를 소유한 가구는 6가구이다. 가장 많은 농지를 소유한 가구의 농지 규모는 8,800평 수준이다.(〈표 1〉 참조) 반면 최근 소유했던 농지를 매매한 가구는 9가구가 있다.[2]

표 1. 가구별 농지 규모

토지 소유규모	무소유	1,000평 미만	1,000~3,000평 미만	3,000~5,000평 미만	5,000평 이상	합계
수	9	19	32	11	6	77

* 자료 : 동면사무소 농지원부(조사용)

농지 소유자 중 6가구는 임차지를 경작하고 있고, 소유 농지를 직접 경작하지 않고 임대한 경우는 13가구이나 이 중 2가구만이 소유한 농지 전체를 임대한 상태이고, 11가구는 소유한 토지 중 일부만을 임대하고 있다.

임차지를 경작하는 가구는 총 13가구인데, 이 중 7가구는 자신이 소유한 토지 외로 임차지를 경작하고 있는데, 임차지는 대개 결성 장씨의 종중토나 외지에 거주하는 부재지주의 토지이다.

마을 주민들이 소유하고 있는 농지의 소재지를 살펴보면 마을과 인접해 있는 노송리와 예양리, 내판리 등이 많으나 서면과 남면, 충북 지역에 토지를 소유하고 있는 가구도 일부 있다.

벼농사

경작 현황　이 마을 사람들의 대다수가 논농사에 종사하고 있다. 최근의 다른 농촌마을과 달리 이 마을은 여전히 논농사의 비중이 큰 편이다. 가구별 평균 경작 규모는 1,400평(7마지기) 수준으로 대다수가 영세농이다.

임차지는 대개 장씨의 종중터나 부재지주의 토지로, 종중토의 비율이 높은 편이다. 마을 내에 장씨의 종중터가 많은 이유는 토지개혁 때 논은 경작자에게 분배되었지만 대지나 삼림은 토지개혁 대상에서 제외되어 이들 토지에 대해서는 소유권을 유지할 수 있었기 때문이다. 2리는 1리에 비해 종토가 좀더 많은 편이다. 이들 임차지에 대한 임차료는 200평당 벼 90~140킬로그램 수준으로 부재지주 토지의 임차료에 비해 저렴한 편이다.

농촌인구의 감소와 고령화, 그리고 농업의 기계화로 이 마을에서도 벼농사는 위탁경작이 지배적인 추세이다. 소규모 경작을 하는 가구일수록 위탁경작을 하고 있으며 송룡리에서 벼농사를 하는 전체 가구 중 약 80퍼센트가 위탁을 통해 경작을 하고 있다. 소규모 경작농가일수록 위탁을 맡기는 비율이 높은 이유는 대규모 영농을 할 경우에 값비싼 농기계를 구입해도 소위 단가가 맞으나 1만 평 이하 규모의 경작을 하는 농가에서는 농기계를 구입하여 영농을 하는 것이 효율적이지 않기 때문이다. 주민들은 경작지의 위치에 따라 현지에 거주하는 농가에게 위탁경작을 맡긴다.

가구별 농기계 보유 수준, 경작 규모, 경작자의 연령에 따라 위탁경작에 의존하는 정도는 다소 차이를 보이고 있으나 논 갈기, 모 키우기, 모 심기, 수확 등 단계별로 위탁을 주문한다. 위탁경작에 소요되는 비용은 작업 내용에 따라 평당 단가가 형성되어 있다. 이렇게 위탁경작을 맡기고 있는 가구에서는 물관리, 비료주기, 방제(소독), 제초작업 정도만을 하면 되기 때문에 부부 혹은 노인여성 혼자서도 벼농사가 가능하다.

한편, 농기계를 소유한 농가에 벼농사를 위탁하는 방식이 일반화됨에 따라 일반농가의 전체 수확고에서 비용이 증가했다. 벼 경작에 필요한 작업과정은 크게 세 과정으로 구분할 수 있는데 첫째는 볍씨를 침종해 못자리 키우기, 둘째는 모내기(모의 이앙), 셋째는 추수이다. 두 번째 과정까지 위탁을 주는 경우 비용은 200평당 10만 원이 드나 추수까지 위탁하면 16만 원이 소요된다. 이 밖에 거름, 비료, 농약 등의 비용을 합하면 소요비용은 200평당 20만 원에 이른다고 한다.

위탁경작을 전문적으로 맡아하는 가구는 대개 마을 및 마을 인근에 거주하는 농기계를 소유한 젊은 계층이다. 이들은 다양한 농기계―트랙터, 콤바인, 일괄파종기, 이앙기, 건조기, 싹틔우는 기계, 첨단하우스(모자리용), 소독기 등―를 소유하고 있

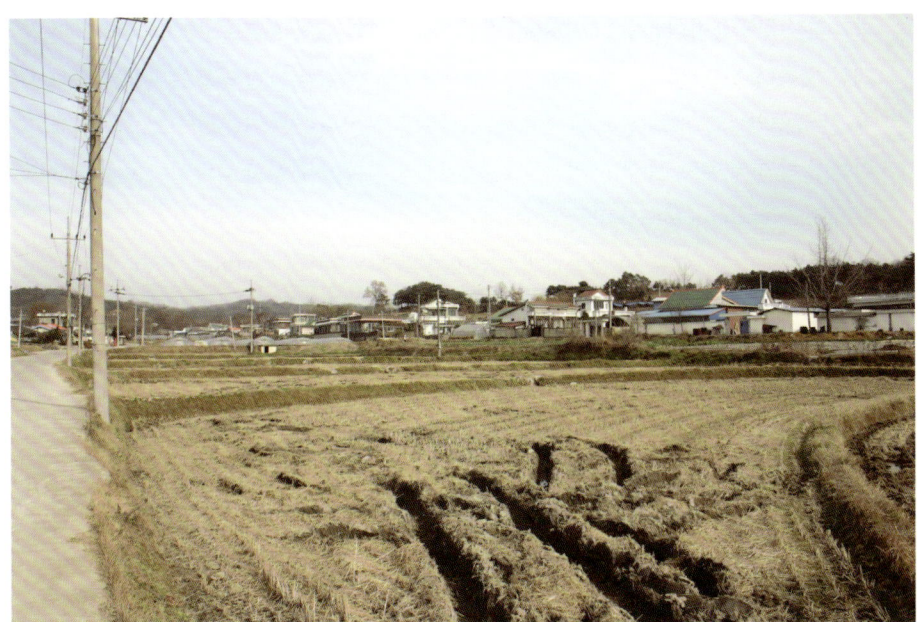

송룡 1리 논

다. 이들은 자신이 소유한 논을 경작하면서 부업으로 위탁경작을 맡아하는데, 1리에는 3가구, 2리에는 2가구가 전문적으로 위탁경작을 한다.[3] 이들은 마을 사람들의 논을 위탁 받아 경작하면서 일정한 소득을 얻지만 과도한 농기계의 사용은 농기계의 보수 및 새로운 기계를 구입하는 데 드는 비용을 크게 하기 때문에 위탁경작이 그리 큰 이득이 되는 것은 아니라고 한다.

1리에 거주하는 L씨의 경우 3~4년 전까지만 해도 농기계를 활용하여 마을 사람들의 벼농사를 위탁 받아 경작했으나 자신이 소유한 농기계가 마모됨에 따라 점차 위탁경작을 줄이다가 현재는 아예 그만두었다. 농기계가 마모되면서 고장이 잦아 기계를 수리하는 비용부담이 커졌기 때문이다. 더욱이 최근 농기계를 구입하는 농가에 대한 정부지원이 감소하였기 때문에 새로이 농기계를 구입하기는 엄두가 나질 않아 L씨는 벼농사 규모를 줄이는 대신 시설 재배를 확대하고 있다.

2리에 거주하는 A씨 또한 최근 농기계 구입비용에 대한 지원이 급격히 줄어들어

농기계를 구입하는 데 따른 어려움을 호소하고 있다. 그에 따르면 1990년대에 국가에서 정책적으로 장려한 '농기계구입지원' 혜택은 3,000만 원 상당의 농기계를 구입할 시 총액의 10∼20퍼센트를 자부담하고 나머지는 융자해주었지만 "2005년 현재 이앙기 가격은 총 2,350만 원인데, 이 중 1,000만 원만이 융자되고 나머지는 자부담해야 하는 상황"이라는 것이다.

미작농가의 소득수준　미작농가의 평균소출은 200평 기준 12가마로, 이를 통해 산출되는 소득은 200평당 50만 원 수준이다. 여기서 사용된 비용을 제외하고 나면 30만 원 정도가 순소득이 되는 셈이다. 평균 1,400평의 논을 경작한다고 할 때 이들의 연간소득은 210만 원이 된다. 이에 더하여 논 경작자들은 현재 농협을 통해 직불제와 이에 따른 비료 및 퇴비에 대한 지원을 받고 있으나, 지원수준이 미미해 미작농가의 연간소득에는 큰 영향을 미치지 못하는 실정이다. 농산물 수입이 개방되면서 미곡가(米穀價)는 현재보다 더 떨어질 가능성이 있고 이에 따라 미작농가의 소득은 악화될 가능성이 높다. 2005년부터는 정부의 추곡수매가 없어질 예정이기 때문에 향후 미작농가는 농협수매를 해야 하는 상황이다. 2,000평 미만 규모의 논을 경작하는 주민들의 경우 생산한 쌀 중 일부는 자급하고 남는 쌀을 매상하는데, 농협수매가는 정부수매가에 비해 저렴하여[4] 향후 농협수매를 한다면 이들의 생계는 더욱 곤궁해질 가능성이 있다.

마을 주민 C씨(52세)는 벼농사 소득은 불안정하고 대규모 경작이 이루어지지 않을 경우에는 현재의 소득유지가 매우 어렵다고 호소한다. 쌀값이 떨어지면서 대규모로 미작농업을 하는 사람이 아니면 벼농사로 생계를 유지하기 어렵다는 것이다. 그에 따르면 "…… 벼농사는 풍년과 흉년 간의 소득격차가 1,000만 원 정도 된다. 2만 평 이상 경작해야 안정적인 소득을 얻을 수 있다. 경작규모가 작으면 농기계나 위탁경작의 비용이 비싸서 소득을 얻기 어렵다. 하지만 이 마을의 대부분 농가는 당장 땅을 구입하여 규모화를 꾀할 만한 여력이 없다……"고 한다.

최근 신행정수도 이전지로 연기군이 포함되면서 이 마을의 지가가 껑충 뛰었다. 치솟아버린 땅값은 외곽으로 나서도 마찬가지다. 이로 인해 농지 규모를 늘리기는 더욱 어려운 상황이 되어가고 있는 것 같다.

시설 재배

1970년대의 참외 재배

1960년대에 장록진 씨의 권유로 이 마을에 참외가 경작되기 시작하였다고 한다. 그 당시에는 밭이 아니라 '논'에 참외를 심는 방식이 일반적이었다. 논에 참외를 경작하면 가뭄으로 인한 해가 적어, 밭 경작에 비해 수확량과 상품성이 높았다고 한다.

이 당시는 노지(露地)와 비닐하우스에서 참외를 재배하는 농가가 많았다. 참외 재배농가는 수확한 참외를 통근열차에 싣고 영등포와 서울로 가서 직접 단골가게(상회)에 경매를 하였는데, 참외가격이 좋아 참외 한 개당 보리쌀 1되, 잘 받으면 쌀 1되 값에 팔 수 있었다고 한다. 이러한 이유로 이때 참외를 경작하던 농가는 부유하게 지낼 수 있었다.

고속도로 시대가 열리기 전까지 마을에서 참외 재배를 많이 했으나 10여 년 전부터는 참외 재배를 하지 않는다. 참외 재배를 그만둔 중요한 이유로 주민들은 지력(地力)의 문제와 지베린(호르몬제) 처리의 문제를 지적한다. 이러한 문제들로 마을에서 생산되는 참외의 상품성이 다른 지역에서 생산되는 참외에 비해 떨어졌기 때문이라는 것이다. 이는 전국적인 고속도로 망이 형성되면서 송룡리가 갖추고 있었던 유통체계에서의 상대적인 유리함이 상쇄되었기 때문에 나타난 결과로 해석된다. 고속도로 시대가 개막되면서 교통수송체계는 철도에서 도로로 이동하고 있었던 것이다. 이에 따라 1980년대 후반부터는 참외 대신 수박을 경작하고 있다.

수박 재배 현황

경작 과정과 노동 수박을 재배하는 시설 재배 농가는 1리에 8가구, 2리에 1가구가 있다. 수박만을 재배하는 농가는 없고 대개의 농가는 논농사와 더불어 수박, 오이, 파 등 시설 재배를 병행하는 복합영농을 하고 있다. 이들 농가는 벼농사보다는 수박 재배를 통한 소득이 높기 때문에 시설 재배(수박)를 주업으로 벼농사를 부업으로 생각하고 있으며, 점차 수박 재배 규모를 늘리거나 연간 수박 출하 횟수를 늘리는 데 관심을 두고 있다.

가구별 수박 재배 규모를 구체적으로 살펴보면, 비닐하우스 4~8동을 경작하는 가구는 6가구, 11동, 17동을 경작하는 가구가 각각 1가구씩이다. 이처럼 마을의 시설재배 농가와 재배 규모 모두 다른 농촌마을과 비교해볼 때 적은 편이다. 이는 아마도 이 마을에 거주하는 주민들의 고령화(高齡化) 수준과 관련이 있을 것으로 추측된다.

수박은 연간 3회를 파종하고 수확할 수 있다. 가구별로 다소 차이가 있으나 대개 수박의 생산주기는 3월 10일~6월 10일(1회), 6월 15일~8월 20일(2회), 8월 20일~11월 10일(3회)이다. 그러나 대부분의 농가에서 수박은 1~2회 파종하고 수확한다. 이들이 연간 가능한 최대 3회를 모두 수확하지 않는 이유는 대개 지력 때문인데, 수박을 계속해서 연작(連作)하는 경우 수박의 상품성이 떨어지기 때문이다. 이는 계속해서 수박을 파종하고 수확할 경우 땅이 산성화되어 수박의 당도 및 상품성이 하락하는 문제를 말한다. 따라서 연간 1~2회로 수확을 제한하고, 남는 기간에는 다른 작목—파, 오이—을 경작한다.

수박을 연간 3회 재배하는 농가의 경우 연작으로 인한 문제에 대응하기 위해 비료로 거름을 쓰지 않고 퇴비를 쓰다가, 정식(파종)을 한 후 비료를 주는 형태로 영농을 하기도 한다. 또는 4~5년간 수박을 재배한 후 땅을 바꾸어 재배하는 방식을 활용하기도 한다.

수박 재배 과정을 보면, 1~2월에는 하우스 손질과 토질을 관리하는 작업들이 이루어진다. 하우스 비닐을 씌우고 땅을 갈고 이랑을 만들어 거름을 하는 일들이 이루어진다. 수박을 비닐하우스에 파종하기 전에는 자가육묘(수박 묘 기르기) 과정이 필요하며 묘를 기르는 데 소요되는 시간은 계절에 따라 조금 차이가 있어 겨울철에는 45일, 여름철에는 25~30일 정도가 소요된다.

다음은 수박 묘와 박을 접붙이는 과정이 필요하다. 이렇게 접붙인 묘를 비닐하우스에 파종하고(정식), 그 다음에는 순을 솎는 작업이 이루어진다. 이러한 작업과정에서 대개 부부가 작업을 수행하지만 접붙이는 작업, 정식, 순을 솎는 작업 과정에서는 다른 노동력이 동원되며, 대개 동네 인근에 사는 여성노동력 4~5명, 경우에 따라서는 6~7명을 동원하여 작업을 한다. 이들 여성노동력의 임금은 2004년 기준으로 하루 3만 원 수준이다.

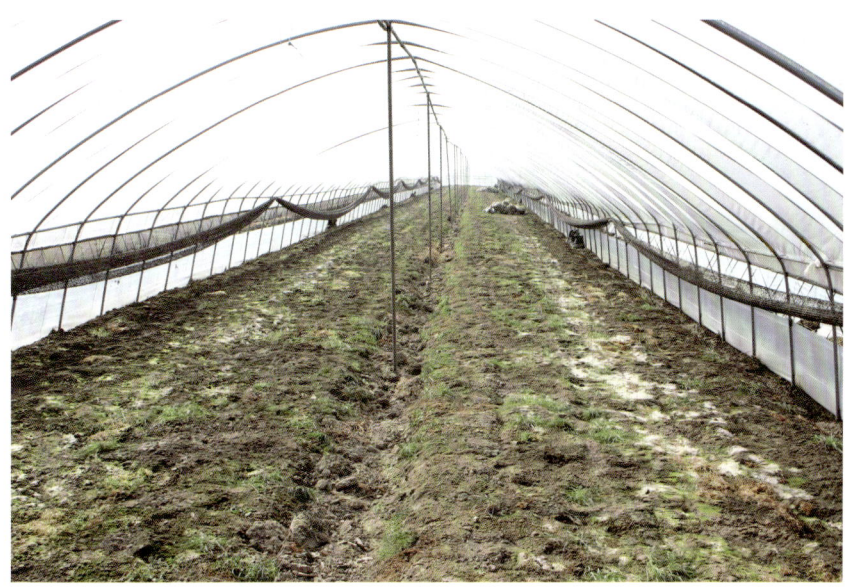

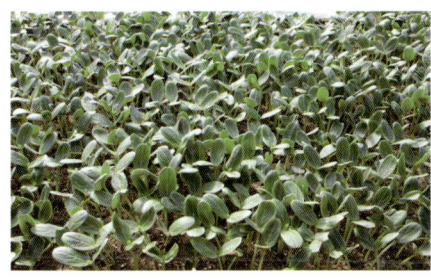

비닐하우스 준비작업(위)
박을 접붙인 묘(아래)

　　수박 판매와 소득　이 마을에서 생산된 수박은 대개 포전매매(일명 밭떼기) 방식으로 판매된다. 이는 수박하우스 1동 전체의 수확물에 대해 가격을 매겨 상인에게 넘기는 방식으로, 최종적인 상품화 작업은 상인의 몫이 된다. 이러한 판매 방식은 수박을 직접 상품화하여 판매하는 방식에 비해 일손을 더는 장점이 있지만 한꺼번에 팔기 때문에 저가에 판매할 가능성이 높고, 최종 수확물을 치우는 작업이 지체되어 다음 해의 경작에 지장을 초래하는 경우가 발생하기도 한다.

　　포전매매는 수박을 재배하는 다른 마을에서도 보편적인 판매 방식이나 최근 다른 마을에서는 농가소득을 극대화하기 위한 다양한 판로가 모색되고 있다. 예컨대, 군

(郡) 차원의 연합마케팅이 그것이다. 이 마을에서도 일부 농가는 2004년 이후 연기군 3개 농협의 협약 하에 '공동출하반'을 구성하고 백화점이나 대형마트 등에 직거래를 하고 있다. 그러나 수박농가가 적고 경작 규모도 크지 않아 판로 모색을 위한 적극적인 노력을 기울이는 것 같지는 않다.

한편, 수박 경작 비용을 살펴보면 씨앗, 농약, 비료, 거름, 농기구, 하우스 설치 등 영농자재를 구입하는 데 드는 비용과 인건비가 있다. 이 밖에, 토지를 임차하였을 경우 1동(200평)당 연간 50~100만 원 정도의 임대료가 있다. 대부분의 시설 농가에서는 1년 혹은 2년마다 비닐을 갈아준다. 비닐을 바꾸어주지 않을 경우 자외선 투과율이 감소하고 방제를 해도 효율이 떨어져 병충해가 발생할 가능성이 높기 때문이다. 전체 비용은 보통 수박 1동당 조수입의 30~40퍼센트 수준이다. 수박의 판매가격은 2004년[5]에 1동당 400만 원(조수입) 수준이었다고 한다.

연기군 동면에 수박작목반이 구성되어 있고, 현재 회원 수가 80명에 이른다고 한다. 이 조직은 20여 년 동안 지속되고 있는데 이 중 송룡리의 마을 주민은 7명에 불과하다. 회원들은 작목반을 통해 농자재(씨, 비닐 등)를 공동구입하고 있으며, 최근 공동 소득 향상을 위한 다양한 판로를 모색하고 있다.

대체작목: 파, 오이 파는 수박 연작 피해를 줄일 수 있는 대체작목으로, 수박에 비해 일손이 덜 요구되는 작목이며 수박농가에서 선호되는 작목 중 하나이다. '파'는 땅의 염기를 흡수하여 연작에서 나타나는 피해를 줄여준다고 한다.

파의 생산주기는 9개월로 수박에 비하면 1회당 재배기간이 길다. 8월 23일경에 파종해 11월 10일까지 자가 육묘를 하고, 11월 10일쯤 정식을 한다. 그리하여 다음 해 5월경에 수확한다. 3월 중순과 4월 중순경 총 2차례의 소독이 필요하며, 여름에 재배하는 파는 소독을 많이 하지만 겨울철 하우스에서 재배하는 파는 농약을 많이 주지 않는다.

파의 판매가는 2004년 기준으로 1동당 70~100만 원(겨울철) 수준이었다. 씨앗, 퇴비, 비료를 구입하는 데 드는 총 비용은 조수입의 30퍼센트 미만이다. '파'의 판매역시 수박과 마찬가지로 상인에게 주로 포전매매를 한다.

'오이' 역시 수박 연작으로 인한 피해를 감소시키기 위한 대체작목으로 인기 있

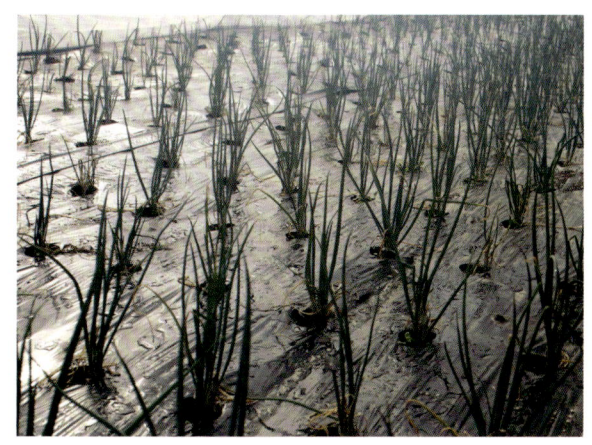
비닐하우스의 파

는 작목 중의 하나이다. 수박을 걷은 후 연 1회 수확할 수 있으며, 상당한 노동력을 필요로 한다는 단점이 있지만 소득은 좋은 편이다.

오이의 생산주기를 살펴보면, 7월부터 20일간의 자가 육묘를 한 후 8월 중순경에 비닐하우스에 정식을 하여 11월 중순경에 수확을 하므로 총 3~4개월이 소요된다. 이 마을의 여느 농가들과 마찬가지로 오이 재배 농가도 대개 부부끼리 일을 하지만 오이는 다른 작목에 비해 특히 시간 엄수가 중요하다. 가령, 수확기에 매일 오이를 따지 않으면 줄기의 위와 아래에 달린 오이의 크기 차이가 커 상품성이 떨어진다. 오이농가에서는 '부모상이 나더라도 일을 챙겨야 할 정도'로 시간을 엄수해서 노동을 해야 한다. 이러한 노동 과정의 어려움으로 기존의 오이농가들은 경작을 중지하고 다른 대체작목을 찾거나 수박 경작을 1회 더 늘리는 데 관심을 갖고 있다. 그러나 오이의 판매소득은 2004년 기준으로 하우스 1동당 200~250만 원 수준으로 좋은 편이다. 수확한 오이는 농협을 통해 위탁판매를 하고 있다.

과수 재배

송룡리의 과수농가는 8~10가구에 이른다. 과수농가의 재배 규모를 살펴보면, 최저 656평에서 최대 2,693평으로, 가구별 평균 규모는 1,210평 수준이다. 송룡리뿐 아니라 마을 인근에 인접해 있는 노송리나 조치원의 봉산리 등에서도 과수 재배를 한다. 가장 많은 과수는 복숭아다.

복숭아 연기군은 이름난 복숭아 산지이다. 복숭아 재배 농가도 복숭아 재배만을 전문적으로 하지 않고 수박과 복숭아, 논농사 및 밭농사(깨, 콩, 고추 등)를 동시에 하는 복합영농을 한다. 복숭아는 노지를 중심으로 재배되고 있다.[6] 이 마을에서 주로 재배되는 복숭아 품종은 '월봉'과 '월미'이다. 그러나 경작자 중 일부는 이미 복숭아 품종을 다양화하였고 품종을 더 늘리는 것에 관심을 두고 있다.

G씨는 네 가지 품종−황도, 가남, 홍백, 천중도−을 재배한다. '가남'은 7월 중순에, '홍백'은 8월 초순에 수확한다. '천중도'는 8월 20~25일경에 수확하며, '황도'는 9월 10~15일경에 수확한다. 이 중 '천중도'는 가장 이득이 많이 남는다고 한다.

K씨는 "……복숭아 품종의 하나인 월봉, 월미(기존 품종) 외에 홍백, 천중도를 늘렸고 향후에도 만생종을 심어 좀더 늦게까지 수확을 하고 싶다……"고 한다. 월봉과 월미 등 기존 품종은 상품성이 떨어져 소득향상을 위해서는 수목 갱신이 요구된다. 복숭아 목(木)은 종류에 따라 차이가 있으나 보통 10년을 기준으로 나무를 바꿔줘야 한다고 한다. 나무가 10년쯤 되면, 열매가 작고 당도도 떨어져 상품성이 떨어지기 때문이다. 연기군에서는 최근 복숭아 재배 농가를 줄이고 수목을 갱신하여 과수 재배 농가의 소득을 향상시키기 위해 복숭아 목을 뽑겠다는 신청자를 선정하여 경제적 지원을 하였다. 2004년에는 신청자가 너무 많아서 모두에게 지원을 할 수 없었는데, 연차적으로 이들 신청자에게 지원을 할 예정이라고 한다. 신청자가 많은 이유는 한 번 나무를 바꾸면 3~4년쯤 후에야 수확을 할 수 있기 때문에 고연령층에 있는 과수 농가는 아예 작목을 바꾸길 원하는 경향이 있다. 이때문에 이 마을의 복숭아 농가는 향후 감소할 가능성이 있다.

복숭아의 재배과정을 살펴보면, 먼저 1~2월에는 전지작업을 한다. 전지작업은 결과지(結果枝)를 남겨놓고 곁가지를 제거해주는 작업이다. 4월 말에서 5월 초에 꽃이 지고 열매가 피면 솎음작업을 해준다(솎음작업의 정확한 시기는 품종에 따라 다양하다). 3월 초와 4월 초 각각 1회의 소독을 해주며, 꽃이 지고 잎이 필 무렵부터 7월 말까지 7일 간격으로 지속적인 소독을 해주어야 한다. 수확기에는 10일 간격으로 소독을 해준다. 그리고 이르게는 6월 초부터 8월 중순까지 수확을 한다. 수확 시기는

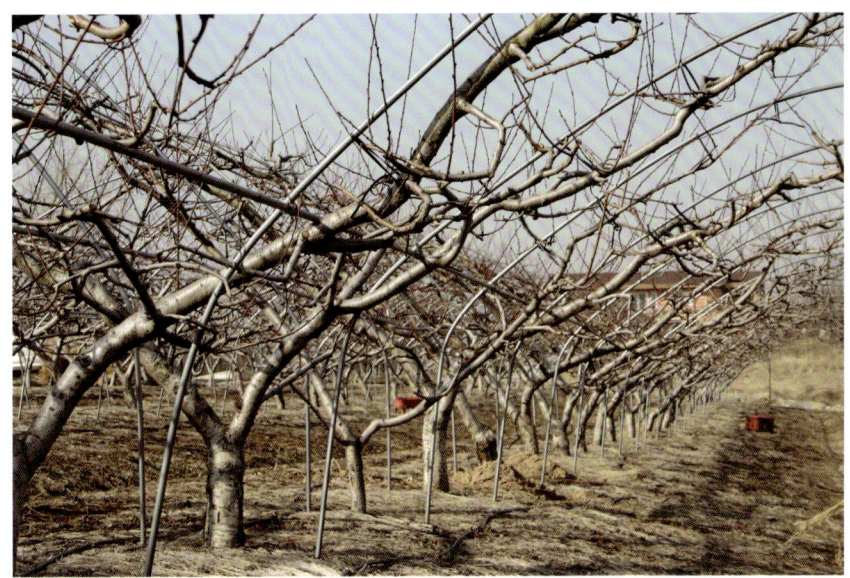

노지의 복숭아 밭

복숭아 품종에 따라 다양하나 수확을 할 때는 일손이 집중적으로 필요하다. 다음, 다음 해의 경작을 위한 준비작업을 한다. 수확이 끝난 10월 하순경 소독을 해주며, 늦겨울에는 다음 해의 병충해를 막기 위해 나무 밑동을 긁어주거나 밭에 거름을 준다.

복숭아를 재배하는 데는 수확작업과 봉지를 싸는('황도'에만 함) 작업을 제외하면 노동력이 그리 많이 필요하지 않다. 복숭아를 재배하는 모든 농가가 다른 노동력을 사지 않고 거의 부부가 작업을 한다. 다만, 열매를 솎을 때와 수확할 때는 자녀 등 가족 노동력을 동원하고, 부분적으로 임금노동자를 동원하는 가구들도 있다.

복숭아농가는 봄과 여름에 비해 겨울철에 한가하다. 농한기를 이용하여 주민들 일부는 농업기술센터에서 실시하는 농업기술교육에 참여하여 소득향상을 제고하고 있다. 기술교육은 농한기에 집중적으로 몰려 있는데, 이러한 교육에 참여하여 영농기술에 대한 정보를 열심히 모으는 주민들은 대개 젊은 계층이다.

수확한 복숭아의 판매는 개인적으로 이루어지고 있다. 조치원 인근의 상인에게 개인적으로 판매하는 농가가 많다. 최근 연기군에서 복숭아축제를 개최하고 있는데 축제기간 중 만난 고객과 직거래 판매 및 인터넷 택배 판매방식도 점차 늘고 있다.

상품의 가격은 품종과 상품성에 따라 차이를 보이나 2004년 기준으로 한 박스에 3만 원이었다고 한다. 비용으로 농약 및 거름, 퇴비, 비료 구입과 상품의 포장비 등이 있고, 전체 비용은 전체 조수입의 약 30퍼센트 수준이다.[7] 9~10년 전에 비하면 현재 판매가는 다소 감소한 것이다. 장기간의 경기 악화로 과수 소비가 감소하고 있고 이에 따라 상품 가격이 하락세를 타고 있다. 그럼에도 불구하고 주민들은 논농사 및 밭농사에 비하면 과수소득이 나은 편이기 때문에 생산을 지속하고 있다.

축산

축산을 하는 농가는 송룡 1리에 1가구, 2리에 1가구로 총 2가구에 불과하다. 1980년대만 해도 축산업을 하는 농가는 약 20여 가구에 달했으나 수차례의 소 파동으로 현재는 대대수가 축산을 그만둔 상태이다.

1리에 거주하는 O씨의 경우 처음에 돼지 3~4마리로 시작하여 현재 20두의 육우를 기르고 있다. 2리에 거주하는 S씨의 경우 염소 8마리를 기르고 있다. 이들 역시 다른 농가와 마찬가지로 복합영농의 차원에서 축산을 하고 있다.[8]

영세상인과 임금노동자

상업에 종사하는 가구는 마을 전체에 약 8가구가 있다. 이 중 2가구는 동면사무소가 소재해있는 '내판리'에서 다방과 식당을 운영하고 있다. 다른 2가구는 마을회관 내에서 구판장(매점), 이발소를 운영하고 있고, 이 밖에 자전거 수리점, 주유소, 방앗간, 정미소 등이 각각 1가구씩 있다. 점포 운영자에 따르면 "……마을에서 인구가 빠져나가고 인구가 고령화되면서 점포의 운영상황은 점차 악화되어 왔다"고 한다. 이에 따라 소점포 운영만으로는 가족의 생계유지가 불가능한 상태이다. 영세상업 종사가구 역시 대부분 농업을 하거나 축산을 하면서, 혹은 다른 가족구성원의 보충적 임금노동을 통해 생계비를 벌충하고 있다.

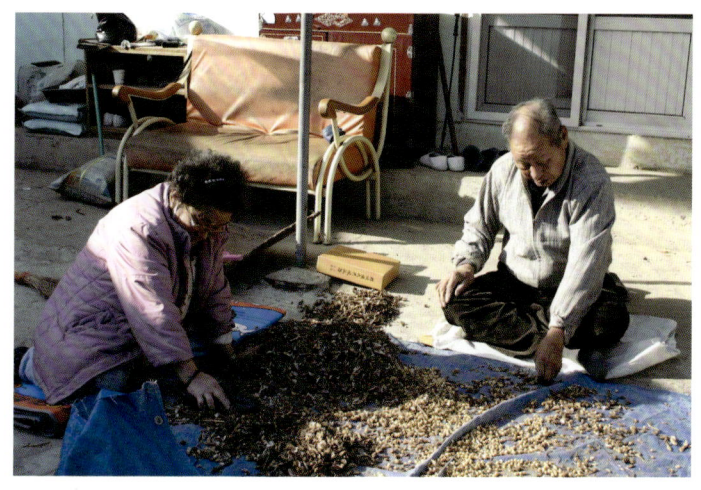

농한기에 콩 가리
기를 하는 노부부

임금노동자는 마을에 약 12명 있다. 이들은 대개 경작지를 소유하지 못한 사람들이다. 임금노동자는 젊은 층이 대부분이나 주부 5~6명이 포함되어 있다. 이들은 생산직 노동자나 인근 공장의 구내식당에서 서비스종사자로 취업해 있다. 또 농한기에 일시적으로 인근 마을 농가에서 노동력을 파는 여성들이 있다. 그러나 마을 내 임금노동의 기회는 거의 없는 편이다.

마을의 경제적 전망

앞에서 살펴본 바와 같이 송룡리 마을 주민은 대부분 영세농이다. 마을 주민의 소득수준은 연령, 경작 형태 및 규모에 따라 차이를 보이지만 이들의 생계는 쌀과 과수의 소득감소로 불안한 상태에 처해 있다. 특히, 미작농업에만 생계를 의지하고 있는 가구의 경우 시설 재배와 과수를 재배하고 있는 농가에 비해 소득수준이 열악한데, 이 마을에는 다른 마을에 비해 미작농가 비율이 매우 높은 편이고, 가구별 경지 규모가 평균 1,000~2,000평에 불과하다는 점을 고려하면 마을 주민들의 경제적 상태는 대체로 열악하다고 할 수 있다.

앞에서 보았듯이, 미작농가의 소득수준은 200평당 약 50만 원(조수입)인데 비용을 제하면 30만 원에 불과하다. 1,400평을 평균 경작 규모로 고려하면 전체 연간소득은 약 210만 원 수준이다. 이 밖에 정부에서 경작 규모에 따라 지원하는 '직불제' 기금이 있으나 이것도 기껏해야 50만 원 미만 수준이다. 경작 규모를 늘려 영농의 규모화를 꿈꾸는 일부 젊은 층 농가도 농기계 구입에 드는 비용이 상승하고, 정부의 추곡수매 제도 폐지, 최근 신행정수도 건설에 따른 연기 지역의 급격한 지가(地價) 상승으로[9] 그들의 바람을 실현하기 어려운 상황이다.

좀더 심각한 문제는 이 마을이 도시에서 가까워 젊은 층의 주거비율이 극히 낮다는 점이다. 다른 농촌마을에서도 젊은층의 절대 수나 상대적 비율은 매우 낮은 것으로 나타나지만 이 마을 주민들의 고령화 수준은 다른 마을에 비해 특히 높은 수준이다. 이는 마을공동체의 수준에서 소득향상을 도모하고자 하는 동기와 추동력을 약화시키고, 동시에 농업생산의 단조로움을 유지시키도록 한 원인이 된 것으로 해석된다. 마을에 거주하는 비교적 젊은 층 농가는 시설 영농을 도입하거나 이에 관심을 가지고 있고, 정부의 전업농 정책의 지원을 받아 대규모로 벼농사를 하고 있는데(2~3가구), 이들이 마을 주민들의 경제적 도전과 변화를 끌어가지는 못하고 있다.

농업생산뿐만 아니라 마을 내의 인구 감소와 주민들의 고령화로 점포의 운영상황도 악화일로에 있으며, 달리 마을에서 노동력을 팔 만한 곳도 없는 실정이어서 자녀들에게 의지하지 않고는 이들의 생계유지도 불안한 상태이다.

미작농업 중심의 생산에서 벗어나 마을을 도시근교형 테마마을로 개발하고 작목 대체를 통해 생산활동을 다양화하려는 모색이 일부 마을 주민들 사이에서 일고 있지만 결실로 이어질 수 있을지는 아직 불투명하다.

비 농민의 농지 소유를 허용하고 5년 이상의 시간경과 후 농지를 개발지로 바꿀 수 있도록 한 농지법개정(2005. 6)을 포함한 현재의 농업정책의 기조 하에서, 향후 마을의 농지가 개발지로 변해갈지, 도시 근교에 위치해 있는 지리적 특성을 활용하여 도시 근교형 특수작물 재배단지로 생존을 지속해갈지는 아직 전망하기 어렵다.

(유보경)

주(註)

1) 응암농공단지 내에는 FM, '좋은식품' 등 7개 회사가 입주해 있다.

2) 연기군 동면사무소의 농지원부(조사용) 자료에 송룡 1, 2리의 농지 소유 상황이 77가구만 포함되어 있다. 농지원부는 농지를 소유한 사람들의 선택적인 신고에 의해 만들어지는 자료로 마을 사람들의 농지 소유와 경작 규모를 파악하는 하나의 참고자료로 활용할 수는 있으나 마을 주민 전체의 토지 소유 및 경지 규모를 파악하는 데는 난점이 있다.

3) 2리에 거주하는 A씨의 경우 위탁 받은 논과 본인소유 경작지를 합해, 전체 2만 평 규모의 논을 경작한다. B씨는 위탁 받은 논의 규모(1만 6,000평), 본인 소유의 경작지를 합해 1만 9,000평을 경작하고 있다. A씨 가구의 소득은 연간 1억 원을 상회한다. A씨 부부는 봄과 가을철에 눈코 뜰 새 없이 분주하다. 부부가 주로 노동을 하고 있으나 봄철 못자리 할 때와 모 심을 때는 상시 노동력을 2개월 정도 고용하고 있다.

4) 2004년 현재 정부수매가는 5만 8,000~ 5만 9,000원이었던 데 비해 농협수매가는 5만 3,000원이었다고 한다.

5) 2004년에는 수박 가격이 다른 해에 비해 매우 좋은 편이었다.

6) 송룡리의 인근에 인접해 있는 노송리의 경우 비닐하우스 시설 내에 복숭아를 재배하는 농가가 있다.

7) 수확한 복숭아를 상품화하기 위해 요구되는 포장의 비용은 전체비용 중 가장 큰 몫을 차지한다.

8) 연기군 동면 소속의 축산농가가 돌아가면서 동면에서 축산자금을 지원받고 있다. 지원금액은 3,000만 원 수준이다.

9) 이 마을의 지가는 최근 매우 상승세를 탔다. 신행정수도 건설과 관련하여 연기군의 경작지는 3~4년 전 평당 4~5만 원 가던 것이 현재 12~13만 원 정도로 뛰었다. 도로 주변의 토지는 20만 원을 상회하기도 한다.

사회생활과 문화

마을 현황

행정구역과 조직

연기군 동면에 속하는 송룡리는 법정리동의 명칭이고, 행정리동으로는 송룡 1리와 송룡 2리로 구분된다. 최근 동진들 건너 미호천 변의 신촌마을을 송룡 3리로 구분하기도 하지만, 본 조사에서는 송룡 3리는 예외로 하고 송룡 1리와 송룡 2리만을 조사대상으로 하였다.

2005년 현재 송룡 1리와 송룡 2리의 반은 총 7개로 송룡 1리가 3개 반, 송룡 2리가 4개 반으로 구분된다. 송룡리의 행정구역과 조직은 〈표 1〉과 같다.

표 1. 송룡리의 행정조직(편임 이장과 반장)

행정구역			면적
법정리동	행정리동(이장)	반(반장)	
송룡리	송룡 1리(신태호)	1반(이기철)	2.91 ㎢
		2반(김영옥)	
		3반(이재선)	
	송룡 2리(이상순)	1반(장혜순)	
		2반(김천영)	
		3반(장기봉)	
		4반(김재덕)	

(2005년도 기준)

송룡 1리 이장은 대동회가 열리는 1월 25일 가구당 1표씩 다수결로 선출하였다. 대동회는 회관을 짓기 이전에는 유사의 집에서 모였으나, 회관을 건립한 이후에는 회관에서 모였다. 이장의 피선거권 자격은 만 60세 미만으로 임기는 2년이며, 보통 2명이 출마하여 1명을 선출한다. 그러나 1994년 한대수 씨가 이장으로 부임할 때에는 사전선거운동의 부정이 있을 수 있다고 하여, 투표를 하지 않고 단독후보로 이장이 되었다.

송룡 1리에서는 매년 벼와 보리의 수확 후 마을의 세대마다 각각 2말씩 거두어서 이장에게 1/2, 그리고 3개 반장에게 나머지 1/2을 분배한다. 그러나 현재는 벼 2말씩만 거두어서 분배한다. 그 밖에도 이장에게는 매달 면에서 20만 원, 농협에서 영농지도자 수당으로 6만 원씩 지급되며, 신태호 현임 이장부터는 마을기금에서 1년에 100만 원씩 추가로 지급된다고 한다.

마을의 큰 변화에 대하여 송룡 1리 주민들의 증언에 따르면 1983~1984년 이규생 씨가 이장을 맡았을 때 마을 진입로를 포장한 것이었고, 1994~1995년 한대수 씨가 이장을 맡았을 때 마을 진입로를 따라 형성되었던 도랑을 복개하면서 도로를 확장한 것이었다고 한다.

송룡 2리에서도 이장이 부임하는 과정은 송룡 1리와 큰 차이가 없다. 이상순 씨가 이장을 맡게 된 1992년 이전까지는 면에서 이장에게 지급되는 이장수당(20만 원) 이외에 마을에서 매년 동민들이 보리와 벼를 수확한 후 1말씩 거두어 6개 반 반장과 이장에게 반씩 나누어 주었다고 한다. 이것을 '이장조(里長條)'라 하는데, 송룡 2리에서는 이상순 씨가 이장을 맡으면서 이것을 폐지하였다고 한다.

일제 강점기부터 1980년대까지 이장을 맡았던 임진우 씨와 임영훈 씨는 부자지간(父子之間)이다. 임진우 씨는 일제 강점기에 약 30년 정도 이장을 맡았다가 광복 1년 후인 1946년 사망하였다. 그리고 임영훈 씨는 한국전쟁 중인 1951년에 입대하였다가 제대한 후 25세 때부터 32년간 이장을 맡았다고 한다.

송룡 2리의 현재 이장은 이상순 씨로, 원래 논산 연산이 고향으로 23년 전 처가가 내판 3리인 것을 계기로 송룡리로 이사하였다. 1992년부터 2년간 이장을 맡았고, 다시 2004년부터 맡기 시작하였다.

송룡 1리와 2리의 역대 이장은 다음 〈표 2〉와 같다.

표 2. 송룡리의 역대 이장

송룡 1리		송룡 2리	
1960년대	장녹진	일제 강점기 약 30년 정도	임진우
1970~1982년	장달순	1951~1983년(약 32년간 재임)	임영훈
	김영통		
	장호순	1984~1991년	임광수
1983~1984년	이규생	1992~1994년	이상순
1985~1993년	장화진		장기성
1994~1995년	한대수		
1996~2003년	배갑환		임광수
2004년~현재	신태호	2004년~현재	이상순

마을 명칭과 유래

송룡리는 본래 연기군 동이면 소속이었다. 1914년 행정구역 폐합으로 송산리, 용곡리와 외송리 일부를 병합하면서 '송산리(松山里)'와 '용곡리(龍谷里)'의 이름을 따서 '송룡리(松龍里)'라 하여 동면에 편입되었다.

표 3. 송룡리 마을의 토착 명칭

토착 명칭	한자 표기	유 래	현재
윗솔올	松山	송룡리에서 가장 큰 마을로 마을 뒷산에 솔이 무성하다 하여 '송산'이라 불렸다고 한다.	송룡 1리
서당말	書堂里	육영재가 최초로 건립되었던 장소이다.	
도룡골	龍谷	지형이 도룡농과 같이 생겼다 하여 붙어진 이름으로, '회룡동(回龍洞)' 또는 '아랫소골'이라고도 한다. 결성 장씨들이 많이 살고 있다.	송룡 2리
나분말	羅洞	지형이 나비가 춤추는 형국이라 하여 '나비마을'이라 부르다가 '나분말'이라 되었다고 한다. 오래된 석불이 있어서 '불가동'이라고도 한다.	
신촌	新村	일제 강점기 중엽 동진들 미호천 변에 일본인 농장이 형성되면서 마을이 형성되었다.	송룡 3리

인구와 가족 구성

인구 구성

송룡리의 세대수 및 인구수의 변화를 확인할 수 있는 자료는 『연기읍지』(1824년)와 광무양안(1903), 행정구획 개편자료(1914), 동면지(1996), 그리고 2005년 7월 현재의 주민등록상의 자료이다.

송룡리 전체 인구의 기본적인 현황은 다음 〈표 4〉와 같다. 송룡리는 『연기읍지』의 명칭으로는 송산소리와 외송리에 해당한다. 『연기읍지』를 편찬했던 1824년 당시 송산소리와 외송리에 거주하던 세대와 인구는 58세대 268명으로 확인된다. 그 후 90년 후인 1914년 행정구획 개편시에는 191세대 1,191명으로, 1824년보다 세대는 3배, 인구는 4배 이상으로 증가하였다.

표 4. 송룡리의 인구 변화

시기		세대	인구			세대당 평균인구수
			남	녀	계	
1824 (연기읍지)	송산소리	14	31	30	61	4.35
	외송리	44	104	103	207	4.70
	계	58(30%)	135	133	268(58%)	4.62
1903(광무양안)		103	·	·	·	
1914(행정구획 개편자료)		191(98%)	608	583	1,191(258%)	6.23
1996(동면지)		199(103%)	297	293	590(128%)	2.96
2005년 7월 현재	송룡 1리	109	138	130	268	2.46
	송룡 2리	84	96	96	192	2.29
	계	193(100%)	234	226	460(100%)	2.38

그러나 우리나라 농촌에서 일반적으로 나타나는 현상과 마찬가지로 경제활동의 변화와 교육문제 등으로 이농 현상이 나타나면서 송룡리의 인구는 감소하기 시작하였다. 2005년 7월 동면사무소의 주민등록상에 나타난 송룡리의 세대수와 인구는 1리와 2리를 합하여 193세대 460명이다. 2005년을 기준으로 송룡리의 인구는 1824년에는 58퍼센트에 불과했다. 그러나 1914년에는 세대는 현재와 비슷했으나 인구는 258

퍼센트에까지 이르렀다. 이러한 인구의 변화는 세대당 평균 인구수에서도 현재의 2.38명보다 2.6배가 많은 6.23명이었다.

현재 송룡 1리와 2리를 비교하면 송룡 1리가 2리보다 25세대 76명이 더 많다. 그러나 세대당 평균 인구수에서는 2.46명과 2.29명으로 거의 비슷하게 나타났다.

한편 송룡 1리와 2리 인구를 5년 단위 연령별로 본 인구 분포는 아래 〈표 5〉와 같다. 5년 단위 연령으로 인구수를 구분하였을 때, 송룡 1리의 경우 268명의 인구 중 25명 이상을 나타낸 연령은 20~24세의 28명, 70~74세의 27명, 50~54세의 26명이고

표 5. 송룡리의 연령별 인구

연령 구분	인구수				비고
	송룡 1리		송룡 2리		
95 이상	0	68 (25%)	1	54 (28%)	* 송룡 2리 인구는 192명이나 3명이 주민등록상으로 연령 구분이 곤란하여 189명으로 통계 처리하였다.
90~94	1		1		
85~89	0		4		
80~84	9		5		
75~79	10		16		
70~74	27		18		
65~69	21		9		
60~64	15	179 (67%)	3	111 (59%)	
55~59	16		16		
50~54	26		8		
45~49	19		23		
40~44	14		12		
35~39	10		8		
30~34	19		10		
25~29	22		13		
20~24	28		7		
15~19	10		11		
10~14	4	21 (8%)	13	24 (13%)	
5~9	9		8		
0~4	8		3		
계	268		189		

25~29세와 65~69세도 20명 이상으로 나타났다.

28명으로 나타난 20~24세와 22명으로 나타난 25~29세는 부모로부터 분가하기 직전의 연령대로, 대개 주민등록지를 송룡 1리에 두고 있으나 실제 거주는 송룡 1리를 떠나 도시에서 생활하는 직장인이나 학생층의 세대이다. 따라서 20대에 해당하는 50명의 실제 생활근거지는 유동적이라고 할 수 있다. 그러나 50~54세의 26명과 70~79세의 37명(27+10)은 농촌 지역인 송룡 1리에서 주로 농업에 종사하며 생활을 영위하는 세대와 노인층에 해당하는 세대이다. 이러한 연령별 분포는 현재 우리나라 농촌에서 나타나는 전형적인 모습이라고 할 수 있다.

송룡 2리는 45~49세의 23명이 가장 많았고, 다음이 70~74세의 18명이었다. 45~49세가 23명으로 가장 많은 이유는 면소재지가 인접하여 있고 관공서와 웅암리를 비롯한 인근에 농공단지가 있고, 경부선과 591번 지방도가 지나는 교통의 편의성으로 직장인들과 상업에 종사하는 사람들이 현지에 거주하고 있기 때문으로 생각된다.

송룡 1리와 2리의 전체적인 인구 분포를 근로인구를 기준으로 구분하면, 송룡 1리는 15~64세까지의 근로인구가 67퍼센트로 집중되어 있고, 65~94세의 노령인구가 25퍼센트, 0~14세의 유년이 8퍼센트로 나타났다. 반면 송룡 2리는 근로인구가 59퍼센트, 노령인구가 28퍼센트, 유년인구가 13퍼센트로 송룡 1리보다 인구의 연령이 폭넓게 분포되었음을 볼 수 있다.

이러한 현상은 송룡 1리는 농업의 비중이 높은 반면, 송룡 2리는 농업 이외의 다양한 경제활동과 관련이 있을 것으로 생각된다.

다음으로 가족 구성의 유형별 세대수를 살펴보자. 송룡 2리의 연령대에 따른 가족 유형을 부부, 부부 및 자녀, 3세대, 그리고 편부 및 자녀 또는 편모 및 자녀의 경우로 구분하면 〈표 6〉과 같다.

〈표 6〉에서 보면 가족 구성에서 부부로 구성된 세대는 82세대 중 14세대(17퍼센트)이고, 부부 및 자녀로 구성된 세대는 22세대(27퍼센트), 3세대 이상 세대는 3세대(4퍼센트), 편부 및 자녀로 구성된 세대와 편모 및 자녀로 구성된 세대는 각각 5세대(6퍼센트), 1인 세대는 33가구(40퍼센트)의 분포로 나타났다.

부부만으로 구성된 가정은 주로 70대의 연령에 집중되어 있다. 이 경우는 자식들

표 6. 송룡 2리의 가족구성 유형별 세대수 및 구성인원

유형 / 연령	부부	부부+자녀		3세대 이상					편부+자녀		편모+자녀		1인세대	
		세대	자녀	세대	부	모	자	녀	세대	자녀	세대	자녀	남	녀
90														1
80	2					1								6
70	10					1		2			2			7
60	1	2		1	1				1		1			2
50	1	7		1					1			2		
40		10		1					1	1	1	1	7	2
30		3	2						1	2	1	1	2	1
20		6	4				1	1	1				2	1
10		6	8				1	1	2		1			
10세이하		4	4								1		1	1
미상		2	1								1			
계 인구	28	81		13					13		11		13	20
													33	
계 82세대 (100%)	14 (17%)	22 (27%)		3 (4%)					5 (6%)		5 (6%)		33 (40%)	

* 본래 송룡 2리의 세대수는 84세대이나 주민등록상 연령 구분 곤란으로 82세대를 기준으로 하였다.

표 7. 송룡리의 성씨 및 본관별 세대수(2세대 이상)

성씨	본관	세대	비율(%)	성씨	본관	세대	비율(%)
姜	晋州	17	10.4	李	全州	12	7.3
權	安東	11	6.7		延安	2	1.2
金	慶州	12	7.3	林	扶安	6	3.7
	醴安	5	3.0	張	結城	43	26.3
	光山	3	1.8	鄭	慶州	3	1.8
朴	密陽	4	2.5	趙	豊壤	3	1.8
	潘南	2	1.2	車	延安	2	1.2
申	고령	4	2.5	崔	慶州	2	1.2
愼	巨昌	2	1.2	洪	南陽	5	3.0
吳	보성	7	4.2				

이 분가하면서 도시로 이주하여 노인 부부만 거주하는 가정이다. 그리고 부부 및 자녀로 구성된 경우는 30~60대에 걸쳐 다양한 분포를 보여주고 있다. 이 경우 2세대에서 각각 87세와 79세의 어머니를 모시고 거주하고 있다.

그러나 독신이나 가장 혼자 자녀를 거느리게 된 1인 세대가 33세대이다. 필요에 따라서 주민등록지만 옮겨놓고 함께 사는 경우를 어느 정도 감안하더라도, 송룡 2리는 가족 구성에서 1인 세대가 상당한 비중을 차지하고 있다. 특히 독신의 경우 여자는 70~80대의 연령에 집중되었고, 남자는 40~50대의 연령에 집중되었다.

성씨별 통계

송룡리 주민 193세대의 성씨는 모두 25개였고, 본관은 37개였다. 이들 중 2세대 이상의 성씨는 15성씨 19본관이었다. 이들의 성씨를 다시 본관별로 구분하여 〈표 7〉로 정리하였다.

193세대 중 결성 장씨가 43세대로 26.3퍼센트를 차지하였고, 진주 강씨가 17세대로 10.4퍼센트, 경주 김씨와 전주 이씨가 각각 12세대로 7.3퍼센트를 차지하였다. 따라서 송룡리는 다른 성씨보다 결성 장씨가 압도적으로 다수임을 알 수 있다.

송룡리에서 가장 많은 인원을 가진 성씨인 결성 장씨의 입향과 문중에 대해서는 송룡리의 역사 부분에서 구체적으로 언급하였다.

마을 조직과 운영

연반계와 동계

송룡 1리에는 과거에 연반계가 있었으나 1990년대 초에 동계에 흡수되면서 소멸되었다. 이 연반계는 상가에서 내놓은 돈을 적립하여 운영되었다. 한편, 이 마을에서는 7~8년 전까지 나무상여를 사용하였다. 지금도 상여막에 당시 사용하던 나무상여가 보관되어 있다.

송룡 2리에도 연반계가 있었으나, 송룡 1리와 마찬가지로 대략 1978년 동계에 흡수되었다. 동계는 동네 주민 전체가 1년에 한 차례 모여서 1년간의 마을 살림을 보고하고 협의한다. 동계는 매년 1월 13~15일에 열리는데, 2005년에는 13일에 계가 있었다. 동계의 역할은 매년 5월 1일 경로잔치를 열고, 동네 주민의 상사(喪事) 때 계원들이 협력하여 상여를 메는 일이다.

이상순 씨가 2004년 이장을 맡은 뒤 경로잔치를 베풀면서 마을기금이 형성된 이후, 상사를 치른 후 상주의 기부금이나 출향인 및 주민들의 찬조금 등으로 계속 운영되고 있다. 여기에 구 마을회관 건물의 임대료(회의실 10만 원, 방 6만 원)도 마을기금에 보탬이 되고 있다. 그러나 주민의 연령이 점차 고령화되면서 상여꾼 문제가 발생하기도 한다.

반상회

하나의 단위마을인 법정리는 마을의 규모에 따라 몇 개의 행정리로 구분되어 있다. 송룡리의 경우 크게 송룡 1리와 송룡 2리로 나뉘어 있다. 이들 행정리는 다시 마을의 규모에 따라 몇 개의 반으로 나누어진다. 구체적으로 송룡 1리는 3개의 반으로 나뉘어 있으며 송룡 2리는 4개의 반으로 나뉘어져 있다.

송룡 1리의 반장은 1반 이기철(남, 65), 2반 김영옥(여, 44), 3반 이재선(남, 58)이다. 2리의 반장은 1반 김천영(남 74), 2반 장기봉(남, 79), 3반 장해순(남, 74), 5반 장순

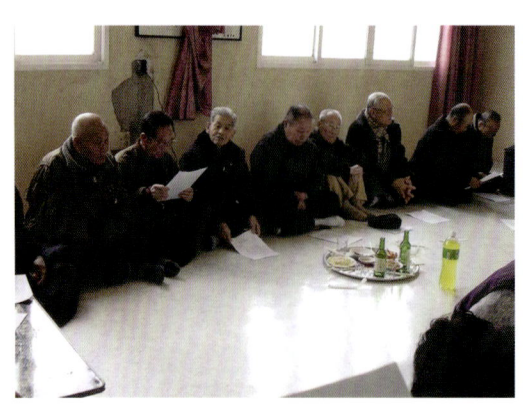

송룡 2리 동계 모습(2004. 12.)

자(여, 56)이다. 송룡 2리는 4개 반임에도 네 번째 반을 5반이라 하는데, 이것은 숫자 4의 소리가 사(死)와 같은 데에서 이를 기피하기 위한 것이라고 한다.

이들 반장의 역할은 무엇보다 이장의 지시사항을 직접 수행하는 것이다. 곧, 이장이 면이나 농협 등으로부터 부여받은 업무를 맡아 현장에서 이행하는 것이 이

들 반장의 역할이다. 아울러 이들 반장은 반 주민을 대상으로 반상회를 갖기도 한다.

작목반

송룡리는 북동쪽으로 미호천과의 사이에 넓은 동진들을 끼고 있으며 중간과 남쪽으로 낮은 동산과 이웃해 있다. 따라서 들에서는 벼농사나 수박, 참외, 딸기와 같은 특수작물이 재배되고 낮은 산지에서는 복숭아 재배가 이루어진다.

송룡리에는 이웃마을과 연합하여 몇 개의 작목반이 활동하고 있다. 작목반의 대표적인 작물은 수박과 복숭아이다. 수박과 복숭아는 이 일대에서 쉽게 찾아볼 수 있는 특수작물이다. 먼저 수박 작목반에는 송룡 1리에서 김용근(남, 57), 이교훈(남, 55), 유종만(남, 53), 이민원(남, 58) 등과 2리에서 이영필이 가입해 있다. 복숭아 작목반에는 송룡 1리에서 고기명(남, 68), 이민원(남, 58), 신희석(남, 73) 등이 가입해 활동하고 있다. 연기군 복숭아 작목반의 이름은 '영구회'이다.

이들 작목반에는 반장과 총무가 있으며 나름의 기금을 조성하여 두기도 한다. 아울러 활동 내용은 동일 작물을 재배함에 있어서 발생하는 여러 농사법에 관한 정보를 교환하는 것이다.

부녀회

부녀회는 회장, 부회장, 총무, 회원으로 구성된다. 송룡 1리의 경우 회원 40여 명이고, 2리는 45명의 회원을 두고 있다. 회원 자격은 결혼한 여성으로 노소의 구분을 두지 않는다. 부녀회 회원은 50명 정도이나 연령이 고령화되었고, 50세 미만의 회원 15명이 대부분 직장생활을 하고 있다.

부녀회 회장은 송룡 1리는 초대회장으로 이정님이 약 15년을 역임한 이후, 이금자를 거쳐 현재는 김영옥(남, 50)이 맡고 있다. 송룡 2리는 최태분(여, 49)이다. 최태분은 현임이장 이상순 씨의 아내로서 이미 1987년부터 1992년까지 회장을 역임하였는데, 부녀회를 비롯한 마을 일에 매우 적극적이다. 그러나 1992년에 최태분의 남편인 이상순이 이장을 맡으면서 김태님(소방대장 김근희 씨, 자전거포집의 처)이 8년간 맡았고, 다시 2000년도에 최태분이 회장을 맡은 이후 현재까지 계속 맡고 있다.

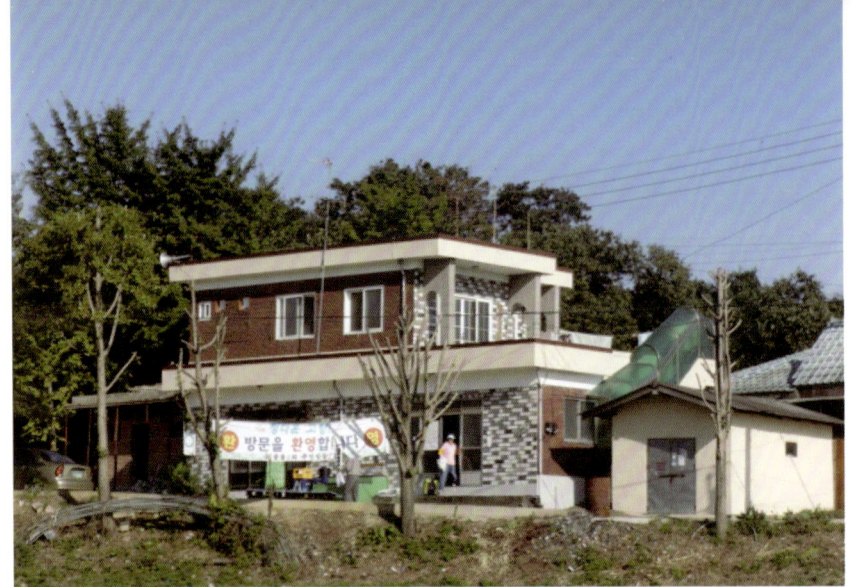

송룡 1리 마을회관

　이들 부녀회는 마을회관에 근거를 두고 있으며 회장을 중심으로 활동한다. 매년 1회(2005년에는 2월 28일 10시) 마을회관에서 1년의 결산보고, 식사, 윷놀이 등의 행사를 거행하였다. 부녀회의 활동 가운데 주목할 만한 것은 노인들을 모시고 잔치를 벌이거나 관광을 다녀오는 것이다. 송룡 1리의 경우 해마다 경로잔치를 베풀었고, 2리의 경우는 연 1회 온천을 다녀왔다. 2리의 경우 최근 2년 사이에 도고와 온양온천을 다녀왔다. 온천을 다녀오는 데 소용되는 경비가 현재 기준으로 100만 원 정도라고 한다.

　이러한 행사를 위해 부녀회에서는 기금을 조성한다. 일반적인 기금조성 방법은 관에서 주도하는 사업을 대행하는 것이다. 그 가운데 하나가 마을 꽃길 조성에 참여하는 것이다. 꽃길 조성에 참여하여 행정기관에서 얼마간의 금액을 수령한다. 이외에 농협에서 판매하는 물품을 대행 판매하여 여기서 나온 이익금의 일부를 부녀회 기금으로 적립하는 것이다. 이러한 일은 일종의 위탁판매라 할 수 있다. 구체적으로 연탄, 소금, 젓갈, 보리쌀과 같은 물품을 마을 사람을 대상으로 판매하고 이에 대한 이익금 일부를 수령하는 것이다. 또, 설이나 추석 제수 물품을 판매하고 이익금의 일부를 수령하기도 한다.

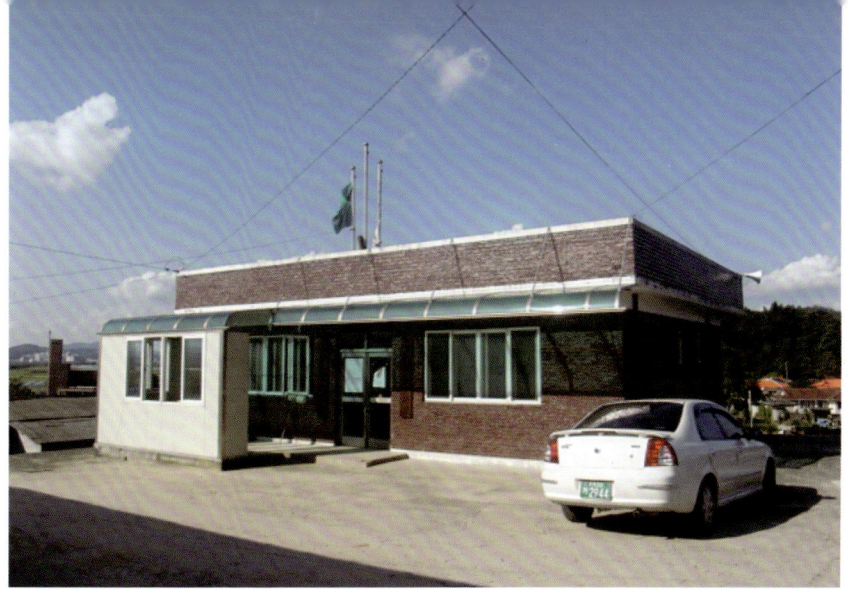

송룡 2리 마을회관

청년회

청년회는 마을에 거주하는 60세 미만의 사람들로 조직된다. 임원으로는 회장, 부회장, 총무 각 1인이다. 송룡 1리의 경우 2004년에 처음 청년회가 조직되었다. 이전에는 청송회가 있어 계조직처럼 운영되어왔다. 청송계에는 마을 주민 22명이 가입하여 활동하다가 2004년 청년회가 조직되면서 청년회 쪽으로 흡수되었다고 한다. 새로이 창설된 청년회 회장은 장억순(남, 53)이다. 회장을 중심으로 마을의 각 가정을 대표하는 60세 미만의 사람 40여 명이 청년회에 가입되어 있다. 처음 가입할 때 가입비로 3만 원을 받았다.

청년회의 활동은 마을의 애경사나 대소사에 상호부조하는 것이다. 그리고 2005년의 경우 어버이날 마을 어른들을 모시고 동네잔치를 하였다.

송룡 2리의 경우는 청년회가 동계에 흡수되어 현재 없는 상태이다. 송룡 2리의 청년회는 본래 이상순 씨가 이장을 맡았을 때인 1992년에 창립되어 20∼60세 약 20명의 회원으로 5년 정도 존속되었으나, 상사 때 출향인들의 상사 참여에 대하여 출향인 부모들의 불만이 노출되면서 점차 유명무실해졌다.

청년회가 유지되었을 당시에는 마을에 상사가 있을 때 적극 참여하여 일을 하였고, 상가에 막걸리 10말 값을 주었다. 이외에도 마을 노인들을 대상으로 여행을 시켜주기도 하였다.

노인회

노인회는 60세부터 65세 이상의 노인들로 구성된다. 임원으로 회장, 부회장, 총무 각 1인이 있다. 먼저 송룡 1리의 경우는 65세 이상이 되어야 노인회에 가입할 수 있다고 한다. 회원 수는 남녀 합하여 50여 명이다. 제보자에 따르면 노인회에서 마을길의 풀을 깎는다든가 청소를 하는 등의 일을 한다고 한다. 또, 자체 조성한 기금으로 여행을 다녀오는 일도 있다. 2005년에는 대청댐에 다녀왔다.

송룡 2리 노인회 역시 회장과 부회장, 총무 각 1인으로 구성된 임원진이 있고 임원의 임기는 2년이다. 현재 회장은 장기봉(남, 79)이다. 노인회의 활동은 국비로 월 6만 원이 지원되고, 이외에 난방비 일부를 보조해주고 있다. 그러나 이 금액으로 겨울을 나기에는 턱없이 부족한 액수라 한다.

송룡 2리의 노인잔치는 2005년 5월 어버이날에 있었다. 그런데 이 마을의 이장 이상순 씨가 노인잔치에 적지 않은 돈을 기부하였고, 잔치 전반을 전적으로 주도하였다. 동시에 이장이 이 마을을 고향으로 두고 있거나, 이 마을에 부모가 있는 출향 인사를 대상으로 마을잔치에 참여토록 독려하였다. 이렇게 참여한 출향인사들은 마을잔치에 각각 약 10만 원 내외의 돈을 내놓았다. 그러면 마을에서는 이들에게 10킬로그램의 쌀 한 포대를 선물로 주었다. 제보자는 이렇게 저렇게 모은 노인회 기금이 400만 원 정도 될 것이라고 하였다.

마을에 노인회관이 있고, 마을이 인접한 면소재지에는 복지회관(회장 : 임영훈 씨, 78세, 송룡리 거주)이 있다. 따라서 송룡리의 노인 중 남자들은 복지회관을 이용하고, 여자들은 주로 노인회관을 이용하고 있다.

청송계

청송계는 1980년 한대수 씨가 주도하여 속칭 '새주택' 마을에 주택을 신축하던 때 형성되었다. 회원은 연령 40세 이하의 24명이 회비 1,000원씩 모아 청년회의 역할로 시작하였다. 원래 모임의 목적은 회원의 애경사 때 막걸리 1말씩 모아서 상호부조하는 것이었다. 그동안 청송계에서는 마을회관에 가스시설을 설비하는 등 마을을 위해 노력하기도 하였다.

청송계가 조직된 이후 15년 전인 1990년까지 중간에 가입과 탈퇴가 계속되었으나, 이후로 지금까지 유지되어 현재 회원은 20명으로 한대수 씨가 회장을 맡고 있다. 현재에는 회원의 애경사 때 막걸리 2말 값에 해당하는 3만 원씩 총 60만 원을 부조한다. 그리고 1년에 한 번 여름에 근교 유원지로 야유회를 가기도 한다. 현재 계금은 400만 원 정도이다.

기타

송룡리에서는 동갑계의 이름으로 몇 개의 모임이 형성되어 있다. 참여회원의 범위는 송룡리 거주자에 국한되지 않고 다른 지역 거주자들까지 포함된 경우가 대부분이다. 이 동갑계의 명칭은 공식적으로 '임신계(72세)', '갑신계' 등으로 불리기도 하지만, 일반적으로 그대로 '동갑계'라고 일컫기도 하고 또는 '친목계'라고도 일컫는다.

또한 '친목계'의 이름으로 구성된 모임이 다수의 조사 응답자로부터 언급되었으나, 어떤 성격의 모임인지 구별하기는 대단히 힘들었다. 그 밖에 '산악회', '성우회'와 같은 모임이 있었다. 산악회는 등산을 위한 모임이고, 성우회는 기독교인의 모임이다. 그리고 소수의 응답자로부터 '한국전쟁 참전 용사의 모임'이 확인되었다.

교육과 종교

교육

연동초등학교는 송룡리와 내판리의 경계에 위치하지만, 공식적으로는 내판리 2번지에 소재하고 있다.

연동초등학교의 연원은 본래 결성 장씨 문중의 육영의숙(毓英義塾)으로부터 비

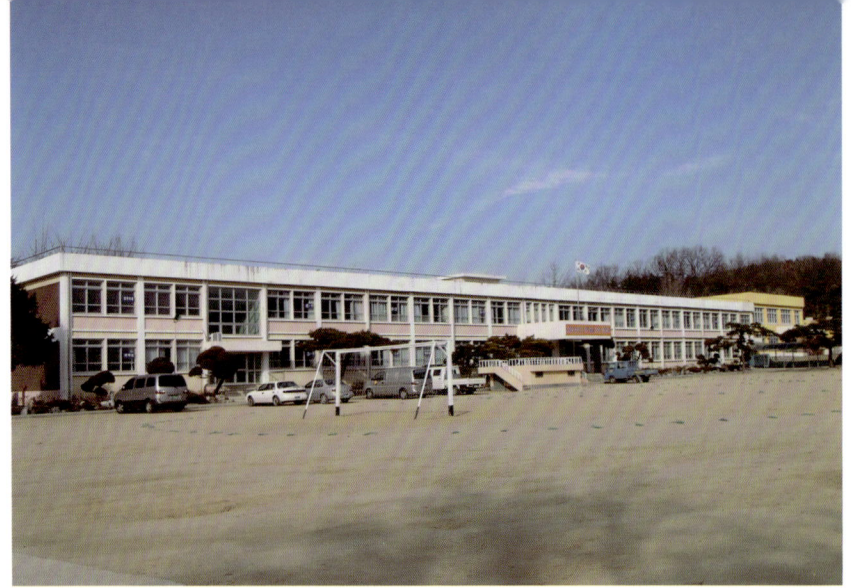

현재의 연동초등학교

표 8. 연동초등학교 연혁

1925. 3. 31.	연동공립보통학교 설립인가
1925. 5. 18.	개교(수업연한 4년) : 육영재에서 현재 학교로 이전
1928. 4. 1.	수업연한 6년으로 연장
1938. 4. 1.	연동공립심상소학교로 개칭
1941. 4.	연동공립국민학교로 개칭
1949. 12. 31.	연동국민학교로 개칭
1971. 3. 1.	용호국민학교 독립 분리(6학급)
1981. 3. 10.	연동유치원 개원(1학급)
1991. 2. 20.	용호초등학교가 본교 분교장으로 됨
1992.	용호·연홍·연동초등학교 통폐합

표 9. 연동초등학교 현황(2005년 현재)

학년	1		2	3	4		5		6		계
반	1	2	1	1	1	2	1	특	1	2	
남	9	8	14	14	13	12	21	3	9	9	118
여	10	11	12	12	9	10	16	2	12	11	102
계	19	19	26	26	22	22	37	5	21	20	220

롯되었다. 100여 년 전 결성 장씨 문중에서 육영의숙을 설립하여 구학문을 가르치다
가 1921년 기성학교로 변경하여 신학문을 가르쳤다. 1925년 5월 연동공립보통학교
가 창립되면서 폐지되었다. 그 이후 현재의 연동초등학교가 있기까지의 연혁은 〈표 8〉
과 같다.

1992년 용호·연흥·연동초등학교를 통폐합하면서 그 학군도 송룡·문주·용호·
합강·명학·예양·노송·응암 등 동면 전체로 확대되었다. 2005년 현재 연동초등학
교에 재직하고 있는 교원의 수는 15명이고, 전체 학생수는 220명이다. 현재 연동초
등학교의 반별 인원 현황은 〈표 9〉와 같다.

현재 연동초등학교에서는 컴퓨터가 없는 학생들을 위해 교육청에서 컴퓨터를 무
료로 보급하여 전교생이 컴퓨터를 소유하고 학교에서 컴퓨터 교육을 실시하고 있
다. 그리고 전학생에게 무료로 급식을 제공하고 있고, 16명의 생활보호대상자에게
는 방학기간에도 급식을 배달하고 있다. 그러나 전체 학생 중 약 30명 정도(15퍼센
트)가 편부 또는 편모의 자녀로서 조부모의 보호를 받고 있다. 이러한 송룡리의 모습
은 〈표 6〉 송룡리 가족 구성의 유형에서도 찾아볼 수 있다.

종교

내판성결교회는 현재 송룡 1리 204번지에 소재하고 있으나, 명칭은 '기독교 대한
성결교회 내판교회' 로서 공식명칭에 '내판' 이라는 마을 이름이 사용되었다.

내판성결교회는 1973년 노송리 성결교회에서 분가되면서 송룡리에 건립되었고,
1991년 현재의 교회를 준공하게 되었다. 교회의 대지는 364평, 건평 217평이고 내부
는 예배실, 식당, 목사관으로 구분된다. 교회의 신자 수는 약 140명(어른 120명, 중고
등학생 20명, 초등학생 25명) 정도이고, 1대 목사 박요한(1973. 7. 31.~1974. 1.) 이후
2대 사수기(1974. 1.~1978. 6.), 3대 안병권(1978. 6.~현재)으로 이어져 주임목사로
봉직하고 있다.

수요일과 일요일 두 번 예배를 드리며, 매일 아침에 새벽기도를 올린다. 주일에는
약 50여 명의 신자가 모이고, 새벽 기도에는 10여 명 정도의 신자가 참여한다. 신자
들은 동면 전체에 걸쳐 거주하지만, 송룡리 주민은 24명(대학생 이상) 정도이다.

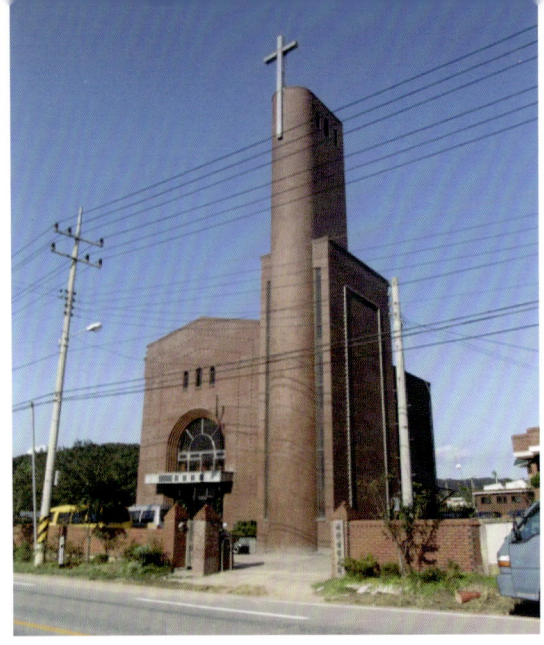

내판성결교회

　내판성결교회의 여전도회에서는 1년에 1~2번씩 노인들을 대상으로 봉사활동을 한다. 그러나 점차 노인들의 인구가 많아지면서 봉사활동은 매우 미미하게 나타나고 있다.

　동면 전체에는 7개의 교회가 있으나 다른 교회와의 유대관계는 별로 없다. 그 밖에 송룡리 안에는 없으나 주변 지역에 사찰이 많이 있으므로 마을 주민의 상당수가 불교를 신봉하는 편이다. 과거에는 1년 한 번 정도 가을에 할머니들 모시고 관광을 다녔으나, 요즈음에는 재정이 매우 취약하여 제대로 시행되지 못하고 있다. 그리고 주민들과의 긴밀한 관계가 없으므로 주민과 동떨어진 느낌을 주고 있다.

마을의 숙원사업

　송룡리는 과거에 결성 장씨 종족마을이라는 명성을 가지고 있었지만, 산업화에 따른 이농과 노령화가 진행되면서 종족마을로서의 정체성이 퇴색하고 있으며 마을 공동체가 해체될지도 모르는 기로에 서 있다. 특히 송룡리는 인근 지역인 연기군 남면 일대에 행정중심복합도시를 건설하고 있기 때문에, 최근에는 투기성 자본의 유입과 지가 상승으로 인해 주민들의 삶의 터전이 위협받게 되었다.

이에 송룡리 주민들은 마을의 급격한 변화를 우려하고, 마을 공동체를 유지하면서도 시대적 조류에 맞출 수 있는 방향으로 변신을 시도하고 있다. 최근 대두된 송룡리의 미래에 대한 하나의 대안은 송룡리 출신인 장욱진 화백을 테마로 한 '문화마을' 로서의 정체성 재확립 방안이다.

장욱진 화백(1917~1990년)은 송룡리 나분말에서 태어난 인물로, 서울대학교 미술대학 교수를 역임하였으며, 독특한 화풍으로 현대 한국 화단에 한 획을 그은 화가이다. 그는 1957년부터 1990년 세상을 떠날 때까지 국내외에서 10여 차례의 미술전을 개최하였고 여러 권의 저서를 남겼으며, 2004년 11월에는 문화관광부로부터 '이달의 문화인물' 로 선정되기도 하였다. 현재 송룡리에는 그의 묘소가 있고, 묘소에는 독특한 형태의 비석이 서 있다.

송룡리에서는 이미 장욱진 화백 선양사업추진위원회가 결성되어, 일련의 사업을 계획하고 있다. 구체적인 사업 내용에는 송룡리에 장욱진 화백 기념관을 건립하고 생가를 복원하며 기념 꽃동산을 건립하는 것 등이 포함되어 있다. 선양사업추진위원회에서는 이를 통해 송룡리를 문화마을로 변화시키고, 나아가서는 장욱진 화백을 동면 전체의 상징으로까지 삼으려 하고 있다. 이러한 사업 구상에 대해서는 연기군 차원에서도 관심을 보이고 있지만, 사업은 현재 재정 문제에 봉착하여 주춤하고 있는 상태이다. 그러나 이러한 꿈이 실현된다면, 송룡리는 새로운 모습으로 다시 태어나게 될 것이다.

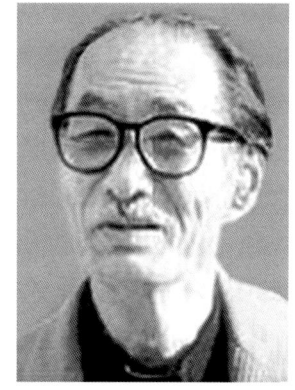

장욱진 화백

이밖에 주민들의 숙원사업으로는 다음 두 가지를 들 수 있다. 송룡리는 마을 앞으로 경부선 철도가 통과하고 있고, 부강과 조치원을 연결하는 591번 지방도가 통과하는 지역이다. 마을 앞 철도와 도로를 고속으로 왕래하는 기차 및 대형 트럭들과 자동차들은 주민들에게 교통사고의 위험과 소음 공해를 유발하고 있다. 특히 곡선으로 굽은 도로와 인가(人家)가 인접한 상황에서 이미 여러 차례 교통사고로 인한 인명 피해가 발생하였고 주민들의 걱정과 두려움도 가중되었지만, 교통안전을 위한 시설물은 없는 상태이다. 이미 안전시설물의 설치를 요구하는 민원을 수차례 제기하였으나, 아직 시정되지 않고 있다.

또 하나의 마을 숙원사업으로는 송룡 1리 마을회관의 재건축 또는 보수사업을 들 수 있다. 현재 마을회관은 2층으로 되어 있으나, 올라가는 계단의 경사가 급할 뿐더러 난간이 설치되어 있지 않기 때문에 노인들이 계단에서 추락하는 사고가 발생하고 있다. 마을 주민들이 결집할 수 있는 공간인 마을회관이 오히려 위험 지역으로 지목된다면 우려할 만한 일이 아닐 수 없다. 건물의 노후화도 문제지만 회관을 사용하는 주 연령대가 노인층임을 감안해 볼 때, 이들이 좀더 쉽게 이용할 수 있도록 재건축하거나 최소한의 경우 추락을 방지하는 시설물이라도 설치하는 것이 필수적이라 하겠다.

사실 이러한 주민들의 숙원은 어제 오늘의 일이 아니다. 앞으로 마을이 나름의 정체성을 유지하고 더욱 발전해 나가기 위해서는 '문화마을' 구상과 같은 크고 새로운 계획도 중요하지만, 일상적 수준의 문제점과 주민들의 고충을 해소하려는 노력 또한 매우 중요하다고 할 수 있다. 특히 송룡리와 같이 도시 근교마을의 성격을 강화해가고 있는 마을에서는 새로운 인구 유입이 불가피하고, 또 그들에게도 좀더 편하고 안전한 생활여건을 마련해주어야 한다는 점을 생각할 때 주민들의 숙원 해소는 더욱 시급한 일이라고 할 수 있다.

(곽호제)

근대적 변화와 일상생활

교통체계의 변화와 근대 문물의 유입

송룡리는 신석기시대부터 우리 할머니, 할아버지들의 보금자리 터였다. 동네 어른들이 정성을 다해 산신제를 모신 곳이 바로 아미산 고인돌이었고, 삼국시대에 백제와 고구려 군의 말발굽 현장이 바로 송룡리 일대였다. 또한 조선시대 충청도 관찰사와 현감들이 잠시 쉬어 시원한 냉수 한 그릇 청해 마시던 길가 마을이 송룡리였다. 이렇게 천년의 세월을 간직한 송룡리는 경부선의 개통으로 다른 마을에 비해 근대 문물이 빨리 유입되었고, 의식도 많이 변화하였다. 본 장에서는 130여 년 전 중앙에서 시작되었던 근대화의 물결이 어느 시기에, 어떤 형태로 송룡리에 밀려들어왔으며, 그것이 마을 사람들의 일상생활을 어떻게 변화시켰는지 마을 사람들의 증언을 토대로 추적하고자 한다.

관찰사가 내왕했던 길가 마을에서 철로변 마을로

송룡리는 서·남·북의 삼면이 금강과 미호천으로 둘러싸이고, 동쪽만이 유일하게 육지인 청원군 강내면과 접하고 있는 마을이다. 따라서 금강과 미호천은 교통로이자 지형적 장벽으로 존재하였다. 다행히 송룡리는 충청 감영이 있던 공주에서 청주까지 현감들과 관찰사들이 왕래했던 길목에 위치해 있었다. 즉, 공주 → 남면 연기리 → 금강변 → 내판역, 연동초등학교 → 산길 → 충북 단곡리 →재산 → 청주로 이어지는 남동쪽의 길이 있었기 때문에 송룡리는 오지 마을은 아니었다.

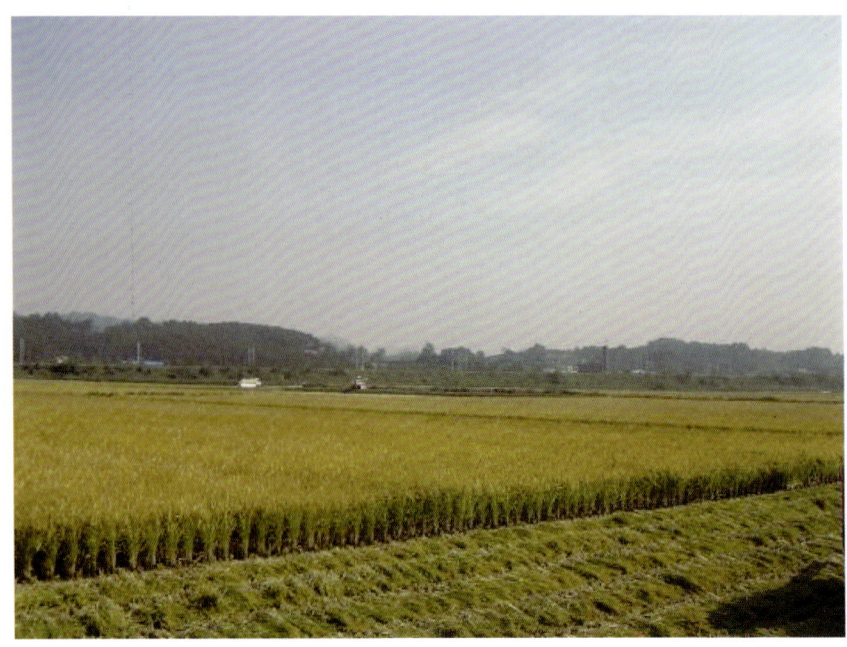

동진들의 가을 풍경 1930년대 미호천변의 제방 축조를 통해 상습 침수지대가 안정적인 수리답으로 변모하였
다. 동진들은 송룡리 마을인들의 삶의 터전이 되었고 연기군 최고의 부자 장기황 가의 성장의 기틀이 되었다.

　한편, 현대 송룡리 마을 경관의 특징인 드넓은 동진들은 현재와 같은 모습이 아니
었다. 동진들은 1930년대 미호천 제방공사 완공 전까지는 습지와 하천답으로 구성된
상습 침수 지대였다. 범람하는 황토빛의 금강 물은 농민들이 애써 가꾼 보리, 조, 수
수 등 농작물을 휩쓸고 지나가, 마을의 저지대 가옥까지 침수 피해를 입었다. 이때
젊은이들은 범람한 강물 위로 작은 배를 띄워 홍수 피해를 입은 주민들을 구조하거
나 발 노릇을 하였다. 계속되는 침수 피해로 인해 수백 년 동안 살고 있던 중화 양씨
들은 급기야 다른 지역으로 이주하였고, 다른 주민들도 심각하게 이전을 고려하였
다. 이에 면사무소에서는 30여 명의 젊은이들을 모아 수방단을 조직하여 철둑과 자
연제방을 살피는 일을 맡겼다.
　마을의 경관과 주민들의 생활에 가장 큰 영향을 끼친 것은 1905년에 개통한 경부
선이다. 마을 한가운데를 가로지르며 곧게 뻗어 있는 경부철도는 마을과 동진들을

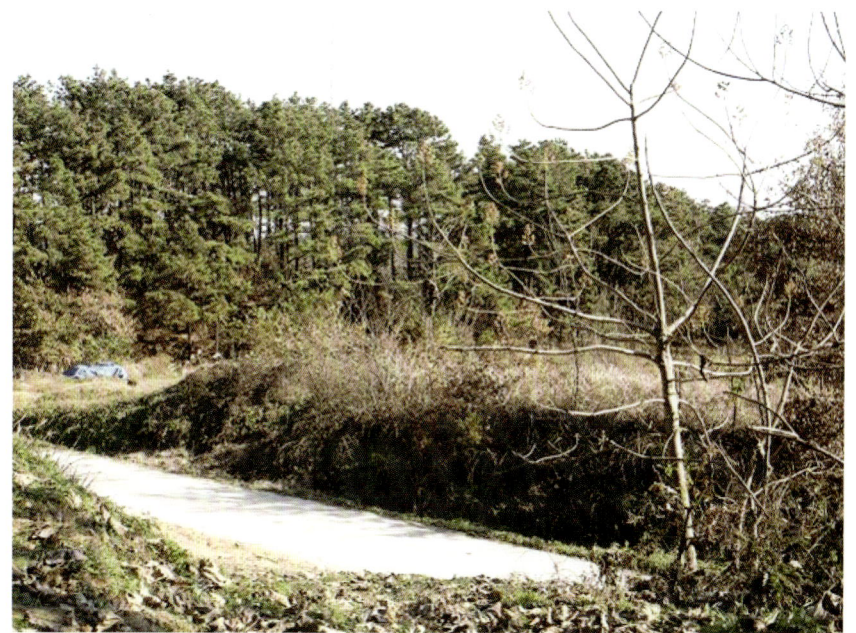

연동초등학교에서 충북 단곡리 쪽으로 가는 산길(위) 조
선시대 관찰사들이 왕래했던 주요 도로였으나 현재는 거
의 이용되지 않고 있다.

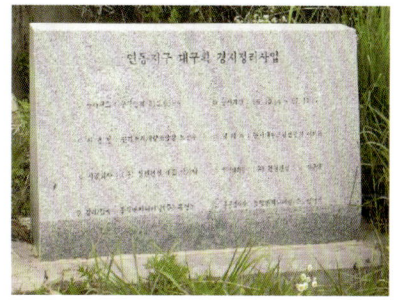

연동지구 대구획 경지정리사업비(오른쪽) 1997년도에
동진들의 경지들이 모두 구획정리되었다.

갈라놓았지만, 송룡리에서 도보로 5분 거리에 내판역(연지역)을 개설함으로써 다른
마을들은 경험하지 못하는 근대적인 교통수단의 혜택을 누릴 수 있게 되었다. 또한
1914년 총독부의 대대적인 지방행정개편이 단행됨에 따라, 내판이 동면의 면소재지
가 되면서 이 지역의 정치·경제 중심지 역할을 하게 되었다. 송룡리는 내판에서 도
보로 불과 2분 거리에 위치함으로써 내판권역에 포함되게 되었다. 아울러 천여 년
동안 연기의 중심지였던 남면 연기리에서, 일본인들이 계획적으로 설립한 신흥도시

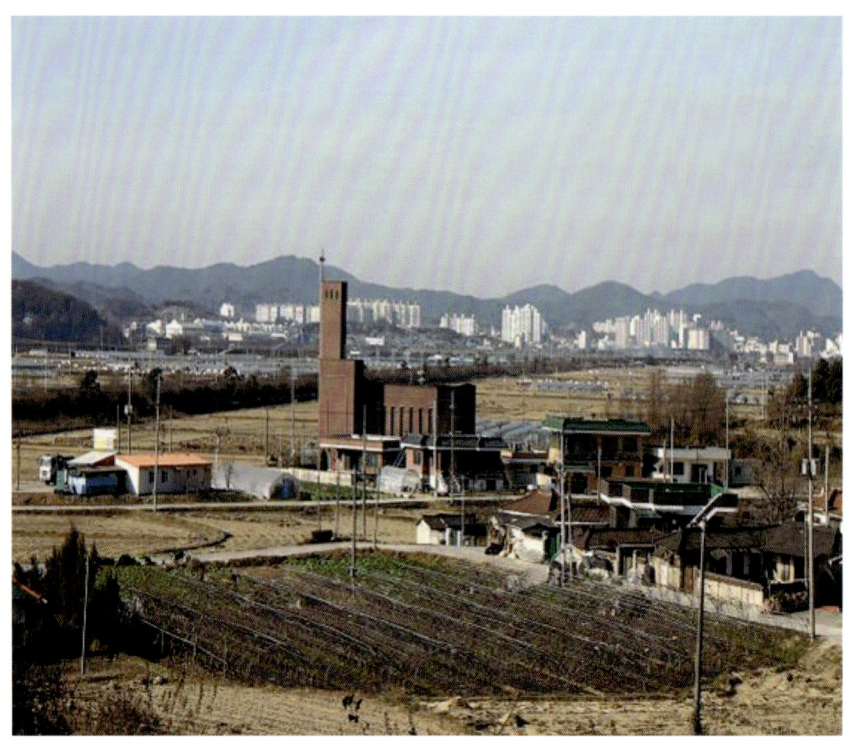

송룡 2리의 모습 교회 상단 좌측의 북쪽으로 송룡 3리가 있으며 동진들판이 넓게 펼쳐져 있다. 교회 뒤쪽으로 보이는 기다란 가로수길이 경부선 철도이다. 그 뒤로 멀리 조치원이 보이며, 우측 하단으로는 송룡 2리 마을이다.

조치원으로 현청이 옮겨지면서, 조치원은 교통과 교역의 중심지 역할을 담당하게 되었다. 조치원에서 불과 4킬로미터 정도 떨어진 송룡리는 광의로는 조치원권역, 협의로는 내판권역에 속하게 되었다. 이제 송룡리 주민들은 교육 및 근대 물품을 구매하기 위해 나룻배로 열두강을 건너 물산이 풍부한 조치원시장을 이용하게 되었다.

경부선 철도를 통해 들어온 식민지 풍광

송룡리에서 지근거리에 위치한 내판역은 1930년대만 하더라도 하루에 상·하행 열차가 4~5편씩 정차하고, 아침저녁으로 대전 혹은 조치원 쪽으로 통학하는 100여 명의 학생들로 매우 북적거리는 곳이었다. 또한 동진들과 동면 농촌지대에서 생산

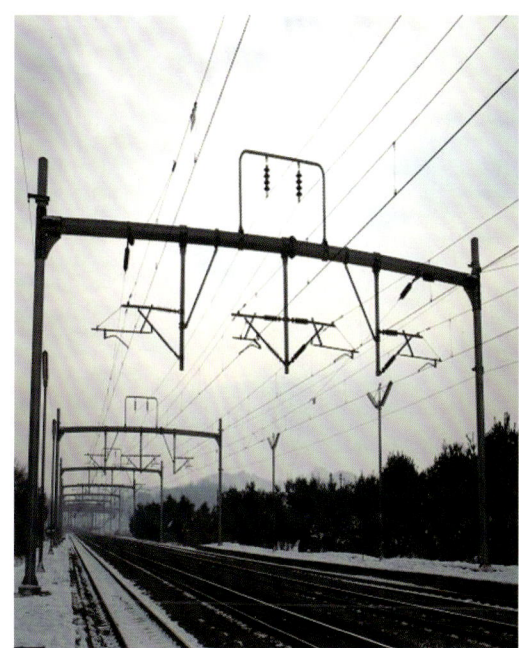

내판역에서 본 철도길(왼쪽) 근대 문물은 철도를 타고 유입되었다. 철도역에서 가장 가까운 마을부터 근대 마을로 변화하였다.
송룡 2리 옆에 위치한 내판역(아래) 최근 리모델링하여 옛 모습을 찾아볼 수 없다.

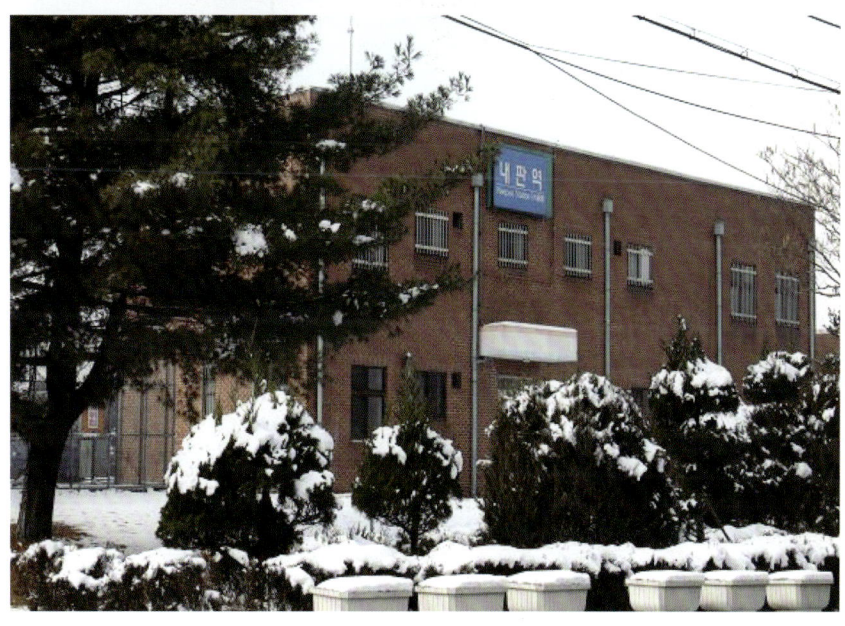

한 수만 가마니의 벼와 보리, 콩, 누에고치 등을 일본으로 실어가는 식민지 수송로로서 큰 기능을 담당하였다. 편리한 교통체계는 송룡리인들로 하여금 외부 세계로 진출하고 싶은 욕망을 불러일으켰다. 넉넉한 집 아이들은 대전으로 통학하거나 서울로 유학을 떠났고, 중절모에 두루마기를 걸친 아버지들은 1년에 한두 차례 서울 나들이를 하였다. 가난한 집 젊은이들은 부를 꿈꾸면서 만주로 혹은 청진에 있는 공장으로 떠났다. 식민지인들과 생산물자의 이동 통로가 철도를 축으로 변화하고 있는 모습이었다.

근대화가 진행되면서 철도 정거장이 있는 면소재지 내판은 새로운 식민지 풍광을 갖추게 되었다. 내판역을 중심으로 'ㄴ' 자로 새롭게 뚫린 신작로 삼거리에 일본인 역장이 있는 신식 벽돌 건물의 내판역, 위풍당당한 순사가 주재하고 있는 경찰 분견소, 근대식 건축물인 동면 면사무소, 그리고 일본인 선생들이 가르치는 근대식 건물

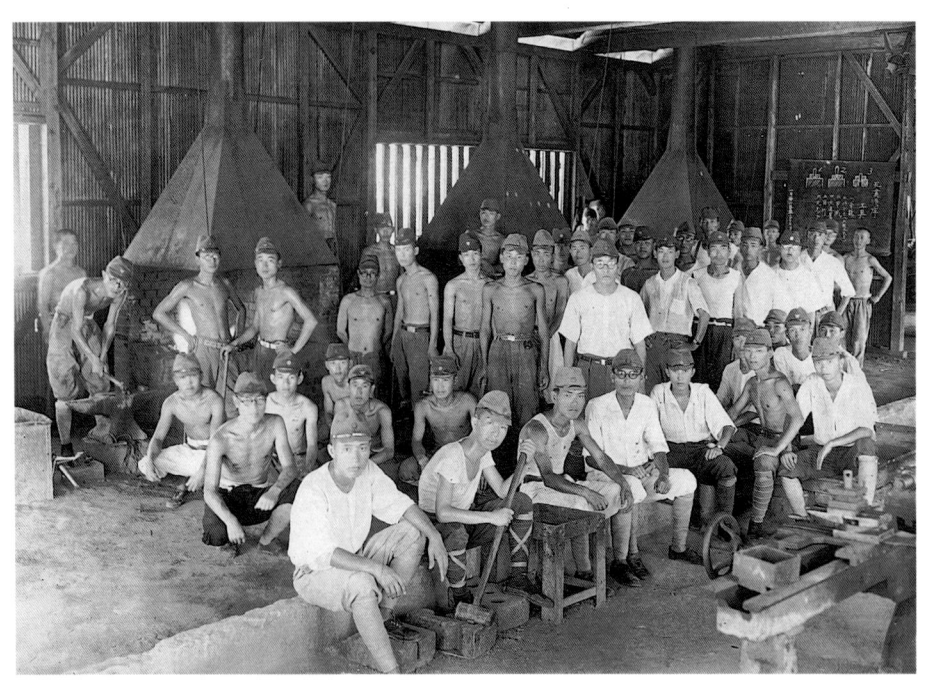

일제 강점기 교원 연수 현장(1943년) 임영달 씨 소장

의 연동보통학교, 학교 뒤편 산 위에서 식민지인들을 굽어보고 있는 신사가 옹기종기 모여 '식민지 면소재지 만들기'가 완성되었다. 이제 식민지 권력의 새로운 권위, 감시와 통제의 시선이 송룡리 주민들의 일상을 포위하고 있었다.

이렇게 근대의 외피를 쓴 일본식 새로운 풍광과 문물이 서서히 송룡리에 침투하자, 거리를 활보하는 일본인들을 흔히 볼 수 있게 되었다. 당시 송룡리와 내판 일대에는 일본인들이 농장을 만들어 조선인 머슴을 부리면서 농사를 짓고 있는 집이 여럿 있었다. 그 중, 아리타 시즈마(入田靜馬)라는 농부는 부인과 함께 송룡 3리 '신촌'에서 우엉과 당근, 토란 농사를 짓고 있다가 해방 전, 전세가 심상치 않게 되자 땅을 팔고 돌아가버렸다. 한편 현 내판교회 자리에 집을 멋들어지게 짓고 동진들에서 농사를 지으며, 대전중학교에 아들을 통학시켰던 이시미(石見) 가족도 있었는데, 이들이 새 집으로 이사 온 후 이름 모를 도깨비가 밤새 집안을 쿵쿵 활보하고 다녀 결국 집을 팔고 조치원으로 되돌아갔다 한다. 아마도 송룡리의 영험한 신이 일본인들을 쫓아낸 듯하다. 이 밖에도 23명의 일본인과 조영토지주식회사(朝永土地株式會社), 중정토지합자회사(中井土地合資會社) 등이 송룡리 대지주로 군림하고 있었고, 대다수의 송룡리인들은 일본인 밑에서 소작을 하고 있었다.

도로운송체계로의 전환과 시장권

1960년대 이후 한국의 육로 교통수단은 서서히 철도에서 도로로 바뀌고 있었다. 일제 강점기 송룡리에는 내판역이 지근거리에 있어 교통이 매우 편리하였지만, 1960년대 이후에는 조치원까지 도로가 연결되지 않았던 터에 상대적으로 교통의 불편함을 느끼고 있었다. 국회의원 선거 당시 후보로 나왔던 김용태 씨가 부강에서 송룡리 마을 앞을 거쳐 조치원까지 도로로 연결하는 미호천과 백천의 다리공사를 선거공약으로 내세웠다. 두 차례의 선거를 치르면서 두 번이나 기공식을 하는 해프닝을 겪었지만, 주민들의 열렬한 기대를 한 몸에 받은 김용태 씨는 제6대와 7대 국회의원으로 피선되는 데 성공하였고, 결국 미호교와 백천교도 1969년에 완성되었다. 다리가 개통되면서 마을 앞 도로도 확장되었다. 이제 부강에서 송룡리를 거쳐 조치원까지 주민들을 실은 버스가 질주하게 되었다.

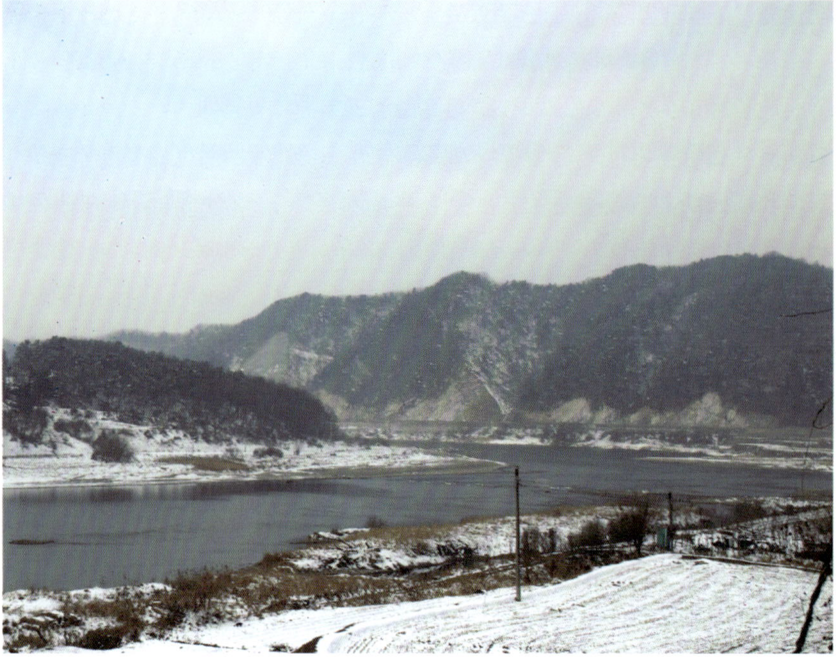

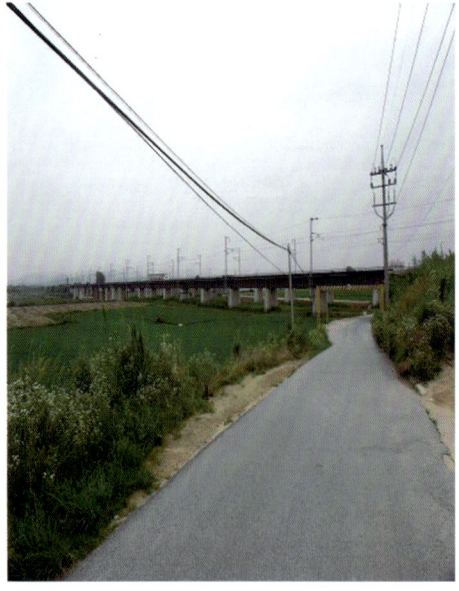

조선시대 새우젓 배가 강경에서 부강까지 다니
던 금강 상류의 뱃길(위)
미호천을 가로지르는 백천(왼쪽) 도로가 말끔
히 포장되어 있다.

    교통체계의 변화와 함께 시장권도 변화하기 시작하였다. 송룡리 주민들은 내륙수운의 요진(要津)으로 일찍이 조선시대부터 발달했던 청원군 부용면 부강장을 이용하였다. 이곳 부강장에서는 강경을 거쳐 들어오는 서해안의 싱싱한 새우젓과 짭짤한 자반, 옹기, 옷감, 소금, 기타 생필품들을 구매할 수 있었다. 한편 종촌이나 남면 연기리에 있는 연기 현청 등지로 왕래할 때는 동진들을 가로질러 미호천 변의 동진나루터에서 배를 타고 다녔다.

    일제 강점기에 들어서면서 마을 주민들은 미호천 변에 우뚝 서 있는 철교를 건너 조치원시장에 가끔 나들이하기도 하였지만, 왠지 동포들이 많이 모이는 시골 장터인 부강장이 마음이 편한 터라 주로 부강장을 이용하였다. 물론 부강장은 조치원시장보다 가깝고 도보로 이용할 수 있는 이점이 있었지만 말이다. 한 달에 한두 차례 지게나 소달구지에 곡물이나 직접 생산한 송룡리표 상품들을 잔뜩 싣고 장에 가서 생필품과 교환하는 것은 남정네들의 일과였다. 연기군 제일의 부자라고 소문난 장기황 씨 집에서는 부강장도 이용하였지만 조치원시장도 많이 애용하였다. 이때부터

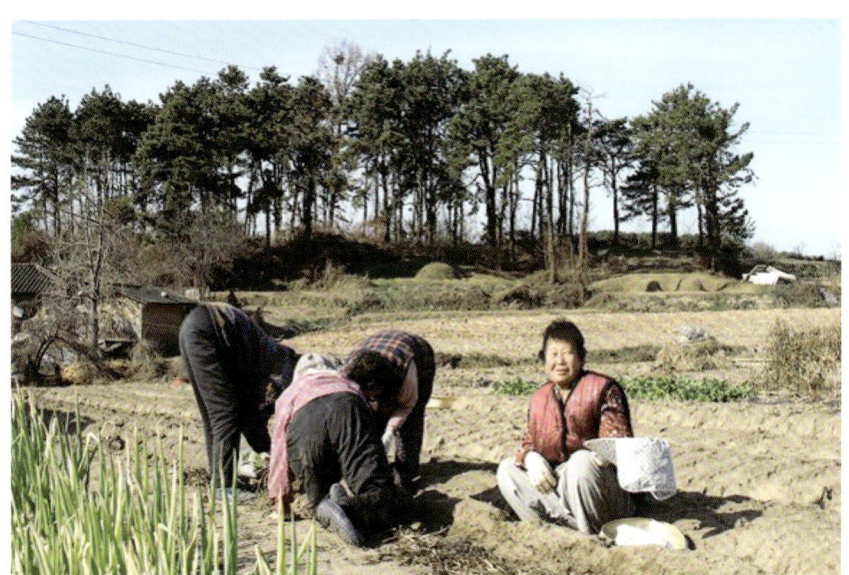

문의, 옥산, 조치원, 신탄진을 돌아다니며 마늘장사를 했다는 이영회 할머니

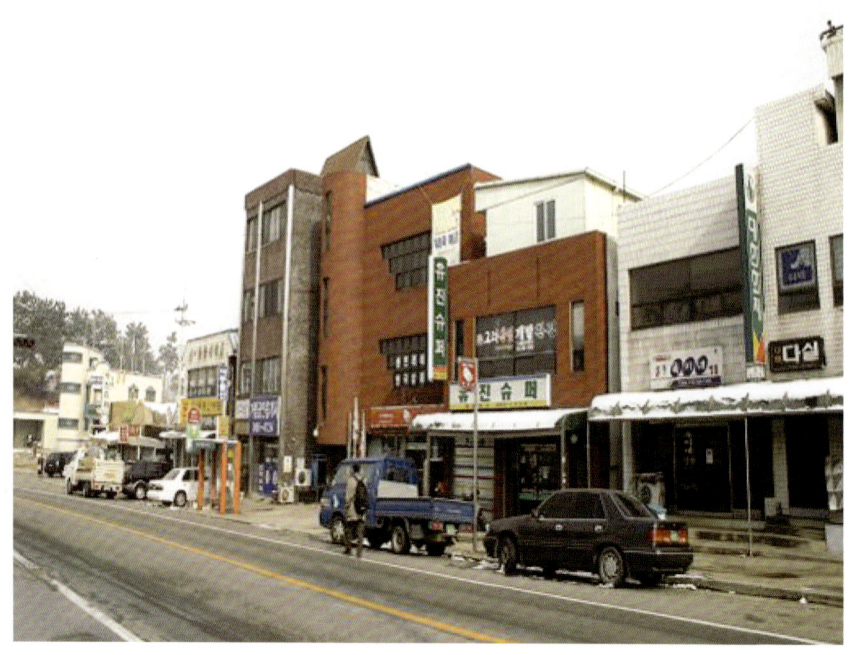

송룡 2리 옆 내판 앞 큰길 각종 슈퍼와 농협, 경찰소, 면사무소, 기차역 등 현대식 면의 풍광으로 바뀌어가고 있다.

조치원 상설 상점에서 소고기, 설탕, 생선 등을 배달 받아 먹었다고 한다. 그 밖에 시계나 라디오, 양복 등 고가품들은 조치원이나 대전시장, 혹은 서울 나들이 때 구입하였다고 한다.

이 시기에 마을 안에는 구판장이 없었고, 대신 부강 등지에서 보따리장수들이 꽁치, 고등어, 새우젓, 옷감, 엿, 성냥, 양초 등을 지게에 지고 마을에 들어왔다. 마을에 거주하는 K할머니도 대전에서 물건을 도매로 가져와 동네에서 판매하기도 하였다. 이들이 펼쳐놓은 향긋한 박가분과 구리무, 비단 등은 마을 처녀들의 마음을 홀리기에 충분했다.

해방 이후 동면의 면사무소가 있는 내판에 가게들이 등장하기 시작하였다. 문방구, 술집, 음식점, 연단 방앗간 등이 잇달아 영업을 시작하였고, 1966년도에는 최초로 중화요릿집이 문을 열어 150원이면 자장면을 시식할 수 있었다. 이국적인 미각을 처음 경험한 송룡리 아이들은 다음 날 온 동네 개구쟁이들에게 광고 방송하느라 바쁜 시간을 보내야만 했다.

1972년경에는 송룡리 아저씨들이 즐겨 찾았던 이백다방도 개점하였다. 처음으로 예쁜 아가씨가 타주는 향긋한 커피 맛에 아저씨들은 문지방이 닳도록 다방 문을 들락거렸다. 30여 년이 지난 지금까지도 이백다방은 송룡리 아저씨들의 휴식처이자 사교무대의 중심지로 사랑을 받고 있다. 현재는 송룡리와 인근 내판 경관에 주유소, 식당, 슈퍼, 오토바이 수리점, 농협, 다방, 학원 등이 영업중이다.

근대 문명의 환희와 의식주의 변화

문명의 이기와의 만남

송룡리는 경부선 철도가 지나가는 철도변 마을이라는 점과 동면의 면소재지가 인근에 있다는 특성 때문에 다른 지역보다 근대 문물이 빨리 보급되는 혜택을 입었다. 물론 소작인들이 대부분이었던 마을 사람 모두가 그런 혜택을 누린 것은 아니었지만, 천석꾼 부자와 그의 친척들인 중소지주들은 서울과 동경 나들이를 통해 신기한 근대 문물의 경이로움과 위압을 경험하고, 이런 문명의 이기들을 송룡리 주민들에게 전파하였다.

근대적 표상 중 하나인 시계는 송룡리 남성들에게는 부의 상징, 개화의 상징이었다. 번쩍거리는 금줄과 금빛의 동그란 뚜껑 속에서 '째깍째깍' 시침과 분침이 어우러져 새로운 근대 시간의 세계를 창조해내는 시계는 문명의 이기였다. 부잣집 장기 황 씨를 필두로 하나씩 둘씩 시계를 구입한 송룡리 주민들은 의식하지도 못한 사이에 오랫동안 함께 살아온 전통적 시간을 버리고, 새로운 시간의 틀에 적응하도록 강제되었다.

여성들의 의복 생산에 혁명적인 기여를 한 재봉틀도 부잣집을 필두로 마을에 유입되기 시작하였다. 당시 가장 유명했던 상표는 이른바 미국산 '싱어미싱'이었다.

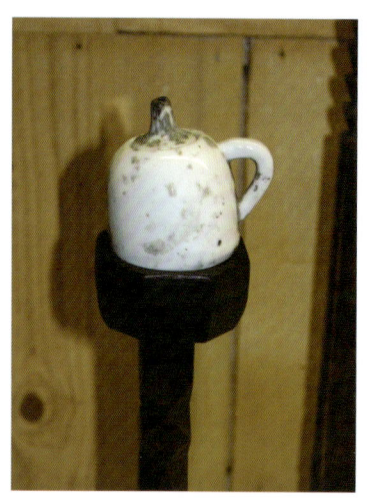

석유 등잔

논 두세 마지기 값을 주고 구매한 재봉틀은 안방의 한 벽면을 자랑스럽게 장식한 재산 목록 1호였다. '달달달' 손잡이를 돌리면 옷감이 척척 박아지는 신기한 기계 앞에서 송룡리 어머니들은 시간 가는 줄 모르고 가족의 설빔과 추석빔을 마련했던 것이다.

그 밖에 송룡리에서는 다른 마을보다 빨리 각종 근대식 농기계들이 많이 도입되었다. 예를 들면, 발털기계와 가마니 짜는 기계들은 송룡리 농부들의 일손을 덜어주었고, 가마니 속에 딱딱하게 굳어 있어 망치로 잘게 부수어 사용해야 하는 유안비료, 흥남비료 등은 농산물 증산에 획기적인 계기가 되었다. 그러나 식민지 권력으로부터 각 마을의 구장을 통해 배급되는 화학비료는 송룡리 농민들을 식민지 지배체제에 일원적으로 포섭시킴과 동시에 산미증식계획과 맞물려 식민지 농정의 일환으로 이용되었다. 한편 장기황 씨나 임영달 씨 등은 동경을 유람하고 귀국하는 길에 생전 듣도 보도 못한 귀한 바나나와 전지분유도 구입하여 식구들의 대환영을 받았다. 이와 같은 근대의 이기들과 이국적인 상품들은 신기함과 동경의 상상력을 자극시켰던 것이다.

도깨비들과 귀신들의 공간이었던 밤의 시간을 송룡리 주민들에게 선사한 석유램프도 다른 지역보다 빨리 보급되었다. 희미한 초롱불이나 들기름 등잔을 썼던 주민들은 개항 이후 미국 스탠다드회사의 석유와 개량된 석유 등잔을 사용했다. 일제 강점기에 들어와서는 남포불로 비약적 발전을 거듭하였고 다시 호야램프가 등장하면서 집안을 더욱 환하게 밝혀주었다. 과학 문명의 총아인 전기 또한 다른 농촌 마을보다 빨리 들어왔다. 1952년 한국전력이 내판에 전기를 보급하기 시작하였는데, 처음에는 제한 전력과 24시간 송전되는 특선 전력이라는 두 종류로 나누어 보급하였다. 마을에 본격적으로 전기가 들어와 방마다 전등이 설치된 것은 1950년대 중반으로 보인다. 처음 전기가 들어오는 날, 송룡리 주민들은 들뜬 마음과 가벼운 흥분 속에서 잠을 이룰 수 없었다. 드디어 도시 아이들처럼 송룡리 학생들도 환한 전깃불 아래에서 마음껏 책을 읽을 수 있게 되었고, 전기를 이용한 각종 문명의 이기들을 사용할 수 있게 되었던 것이다.

정보 전달과 교환의 수단인 전화도 다른 마을보다 빨리 가설되었다. 1960년 장달순 이장 집에 국가와 마을의 보조로 전화가 처음 가설되었는데, 일종의 마을 전화국 역할을 담당하였다. 약 2년이 지난 후부터 부유한 몇몇 집에 전화가 개통되었고 마을 이장의 교환수 역할도 서서히 끝나게 되었다.

정보 전달의 또 하나의 매개체이자 문화 전파의 선구자였던 라디오는 이미 1950년대부터 마을에 들어왔다. 장기황과 장래철 씨 집에서 제일 먼저 구입했다고 하는

내판역 송룡리는 경부선 철도가 지나가는 철도변 마을이라는 점과 동면의 면소재지가 인근에 있다는 특성 때문에 다른 지역보다 근대 문물이 빨리 보급되는 혜택을 입었다.

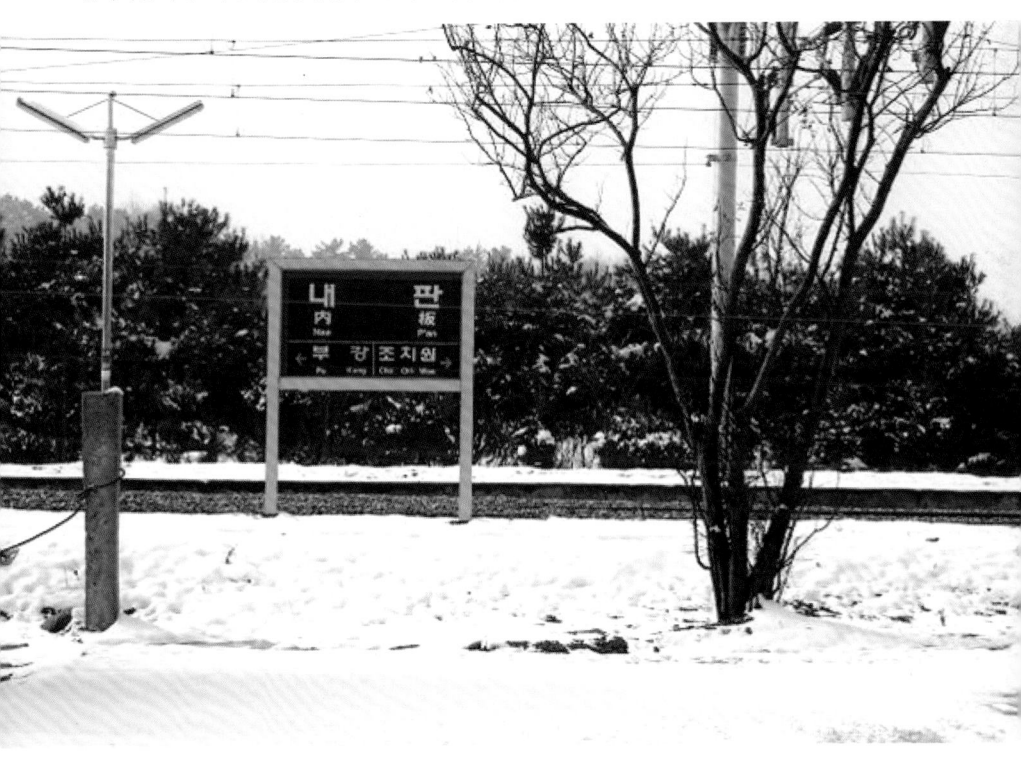

라디오는 당대 유행하던 미국산 제니스 라디오였다. 1967년에 들어서자 강창원이라는 유선방송업자가 앰프시설을 갖춰놓고 집집마다 유선과 스피커를 설치하여 라디오 케이블 방송을 시작하였다. 이 시기 트랜지스터라디오가 농촌 지역에도 많이 보급되었으나 대전에서 송신하는 방송은 잡음이 심해 듣기 힘들었기 때문에, 이 케이블 방송은 대단한 인기를 끌었다. 시청료로 늦봄에 보리 두 말, 늦가을에 쌀 한 말을 주면, 송룡리 주민들은 방 안에서 편안하게 세계 각국의 뉴스와 우리나라 대통령의 동정, 꾀꼬리 같은 가수들의 간드러진 노래, 아주머니들의 애간장을 태우는 드라마 등을 즐길 수 있었다. 이제 문화의 생산지인 서울과 지방과의 간격이 점차 사라지게 되었고, 주민들은 정부의 의도대로 통합되기 시작하였다.

라디오보다 사람들의 환호를 받고 선망의 대상이었던 것은 바로 텔레비전이었다. 마을에 최초로 텔레비전을 들여온 사람은 양원수와 이규생이라고 한다. 월남 파병 용사였던 이들은, 귀국 때 큰 나무상자에 초콜릿, 껌, 통조림 등을 가져와 마을 사람들에게 나누어 주었고, 텔레비전을 가져와 온 마을 사람들의 부러움을 샀다. 잘생긴 신성일과 어여쁜 엄앵란의 연기에 마을의 처녀, 총각들은 입 다물 줄 몰랐고, 구성진 이미자의 노래 가락은 남편살이, 시집살이에 지친 아내와 며느리들의 응어리진 아픔을 풀어주었다. 1960년대 말, 전 국민의 사랑을 받았던 김일과 역도산의 레슬링이 방영될 때면, 텔레비전을 가지고 있는 집들은 간이 영화관으로 변신하였다. 모깃불을 피운 마당에 널따란 멍석을 깔아놓으면, 온 마을 사람들이 하나씩, 둘씩 들어와 시청하곤 했다. 그러나 주민들이 연속극을 보러 매일 밤 수시로 출입하게 되자, 텔레비전은 마루에서 방 안으로 이동하였고, 대문 또한 슬그머니 닫히게 되었다. 그래도 국민들이 열광할 프로가 있을 때면 다시 마당에 멍석이 깔리곤 했다.

마법의 옷감 나일론의 보급

일제 강점기 송룡리 주민들은 총독부의 권고에 의해 양잠업에 종사하였다. 현재 내판성결교회가 있던 자리는 원래 뽕나무 밭이었고, 송룡1·2리 뒷산과 미경동 하천 부지에서 뽕잎을 따다가 누에를 쳤다고 한다. 여기서 생산된 고치들은 일괄 수매하여 조치원 생사공장과 대전 제사공장에 납품하였는데, 마을 사람들의 의복 생산과

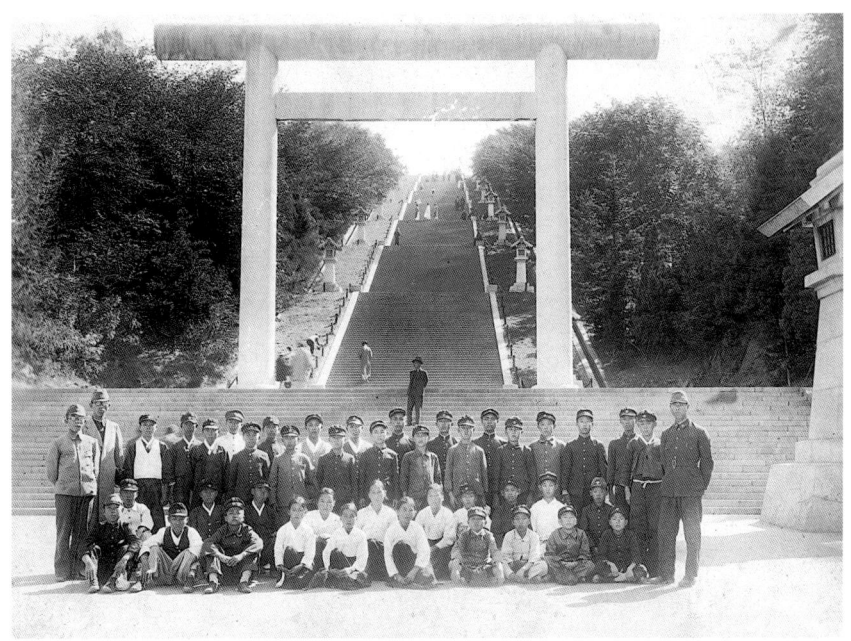

1930년대 후반 연동초등학교 졸업생들의 서울 견학 사진 여학생들은 전통 한복을 착용하고 남학생들은 검은 양복인 학생복을 착용한 것을 볼 수 있다. 남산 신사 앞 촬영.

는 무관한 일이었다. 또한 구한국 농상공부 임시 면화 재배소에서 불하한 면화 품종을 동면 명학리 채종포에서 재배함으로써 이 지역에서 목화 재배가 장려되었다. 따라서 많은 수의 송룡리 사람들은 1950년대 중반까지 직접 삼과 목화를 심어 길쌈을 하여 옷을 해 입거나 상품으로 판매하였다.

1930년대 후반 일제는 국민들이 즐겨 입던 흰옷을 입지 말고, 국민복이나 양장 제복을 입을 것을 권고하였다. 특히 여성들의 노동복이었던 몸뻬를 적극 권장하였다. 그러나 농촌사회의 의복은 다른 부분보다도 훨씬 변화하는 속도가 더디게 나타난다. 학생들은 검은 양복인 학생복을 착용하였고, 여성들은 나이에 관계없이 한복을 즐겨 입었다. 해방 이후 1960년대까지 전통 의상이 더 선호되었다는 사실은, 이 시기 대도시에서 맘보바지와 파마머리에 양장을 하고 하이힐을 신은 신식 여성의 유행이 아직 농촌에는 파급되지 않았음을 뜻한다.

1950년대 양단의 전성기를 맞게 되면서 일제 '비로도' 치마와 양단 저고리가 최고급품으로 취급되었다. 이런 사치품은 부잣집에나 전파되었는데, 외국에서 수입한 옷감인 비로도(벨벳), 노방, 스코사 등을 구입하여 멋을 내거나, 대도시 양복점에서 맞추어 입기도 하였다. 한편 '기적의 옷감' 나일론이 송룡리에 본격적으로 보급되기 시작한 것은 1950년대 후반경으로 산간벽지 마을에 비해 약 6~7년 정도 앞선다. 아마도 교통의 편리성과 1950년 이후 시작된 농지개혁으로 인해 마을 사람들이 자작농으로 상향 이동하여 경제력이 향상되었기 때문으로 풀이된다. 이 나일론은 '올이 거미줄처럼 가볍고 철사처럼 질길 뿐 아니라, 다양하고 화사하고 세련된 색상은 이제까지의 어느 섬유하고도 비교할 수 없는 매혹적인 옷감' 이었다. 조치원시장이나 부강장에서 나일론으로 만들어진 바지와 셔츠, 치마 등을 사 입게 되면서 송룡리 여성들은 수천 년 동안의 의복 생산에서 해방되었다.

부잣집과 가난한 집의 먹을거리 차이

일제 강점기 대부분의 송룡리 사람들은 꽁보리밥이라도 먹고 살 수 있었던 듯싶다. 매해 홍수피해를 입어 보리나 수수밖에 재배하지 못했던 하천부지가 미호천의 제방공사와 연동수리조합의 설치로 인해 기름진 옥토로 변하였다. 물론 이 평야의 주인은 일본인과 조선인 지주 그리고 조영토지주식회사였지만 마을 사람들은 이곳에서 소작지를 얻을 수 있었다. 더욱이 송룡리는 결성 장씨의 종족마을이었으므로 지주 장기황은 친족들에게 상대적으로 낮은 소작료를 부과하였고, 명절이나 출산 때에는 쌀을 보내주고, 흉년에는 빈민들에게 구휼미도 풀었다.

그러나 1930년대 후반 공출이 시작되면서 배고픈 주민들이 속출하였다. 그들은 총독부에서 배급을 주는 밀가루, 콩깻묵 등을 먹었고, 들판에 나는 각종 나물들, 소나무 속껍질 등을 먹었다. 먹는 방법은 아카시아나무의 꽃과 밀가루를 버무려 쪄먹는 방법이 있었고, 콩깻묵 죽을 끓여 허기진 배를 채웠다. 또한 물쑥을 쪄서 콩고물에 찍어 먹기도 하고, 당국에서 주는 밀가루로 새롭게 개발된 수제비나 칼국수도 주요 메뉴였다. 아이들의 간식은 누룽지, 감자, 고구마, 옥수수, 옥수숫대, 칡뿌리 등 무공해 자연 상품들이었고, 설탕 등은 귀해서 어른들 말씀을 잘 들으면 어쩌다 설탕물

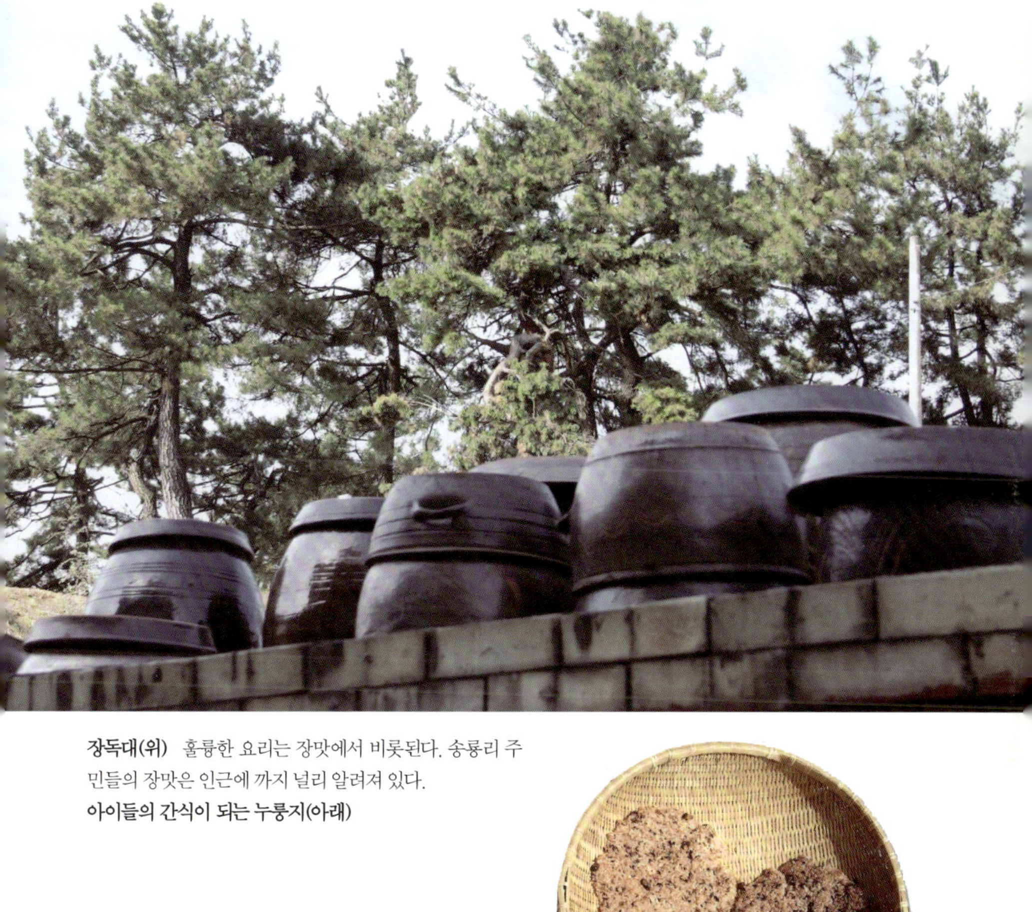

장독대(위) 훌륭한 요리는 장맛에서 비롯된다. 송룡리 주
민들의 장맛은 인근에 까지 널리 알려져 있다.
아이들의 간식이 되는 누룽지(아래)

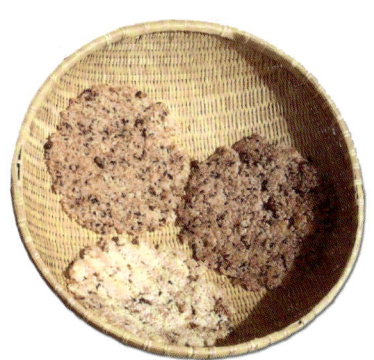

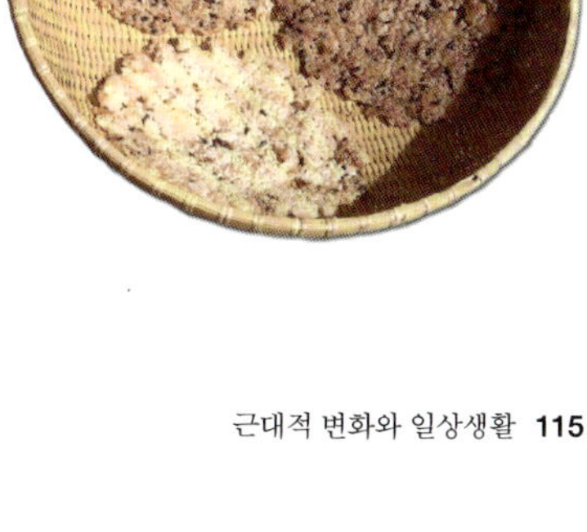

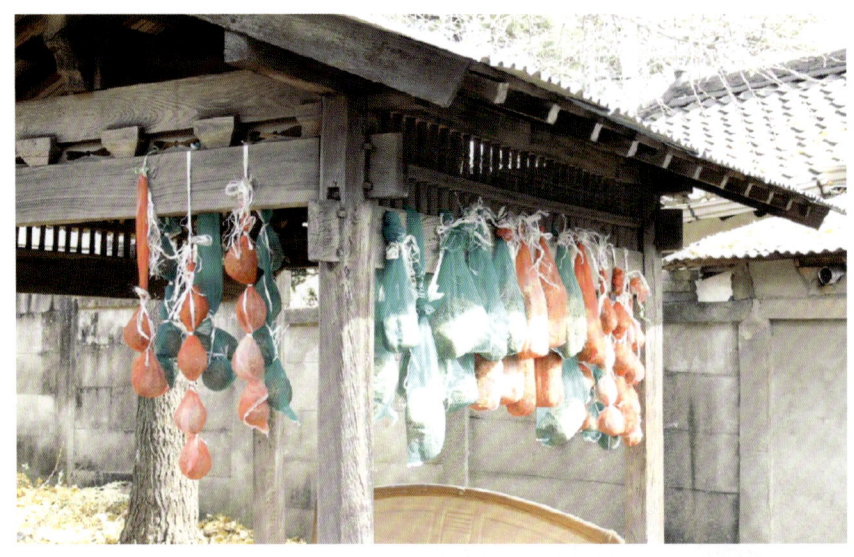

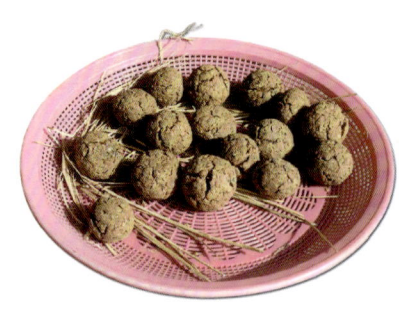
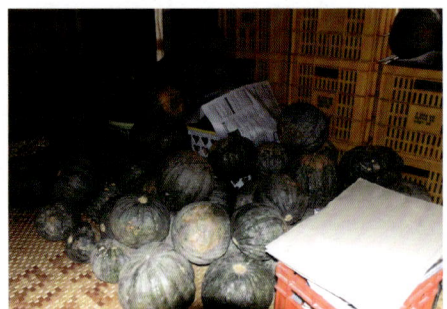

우물가에 옹기종기 매달려 있는 늦가을 메주(위)
가을 햇볕에 노랗게 뜨는 청국장(아래 왼쪽)과 겨우내 먹거리 호박(아래 오른쪽)

한 그릇 얻어먹을 수 있었다고 한다.

송룡리 부자 장기황 씨 집의 형편은 훨씬 나았다. 대부분의 미곡을 공출하는 대신 밀가루나 설탕 등을 두세 포대씩 주었고, 그것을 부용장에 있는 국수집에 가지고 가 국수를 만들어 먹기도 하였다. 아이들 간식으로 밀가루에 식용소다를 넣어 반죽한 후 설탕을 넣은 빵을 만들기도 하였다. 또한 마당 한구석에 사탕수수를 심었는데, 짙은 갈색의 껍질을 쭉 벗겨 씹어 먹으면 달콤한 즙이 입 안에 가득 차는, 그야말로 맛

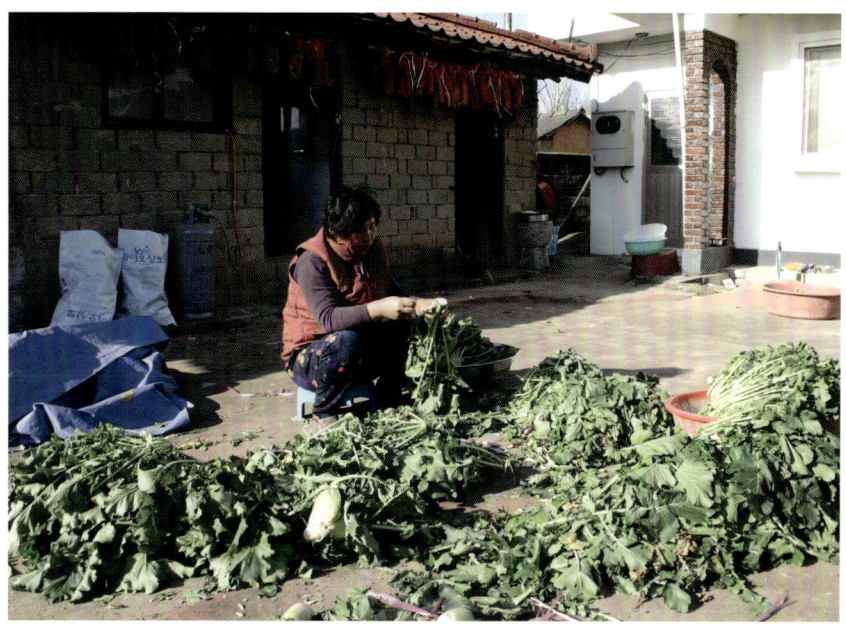

겨울 찬거리를 준비하는 아주머니

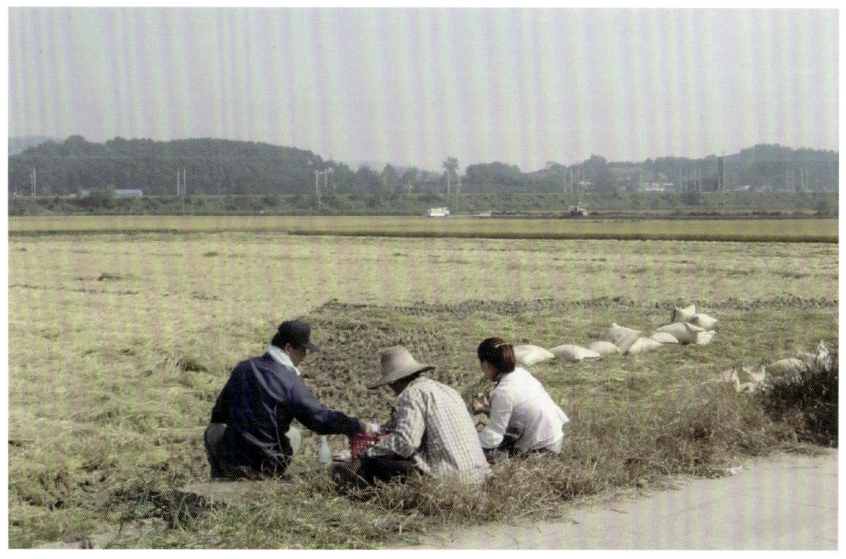

가을 녘 새참을 먹는 송룡리 농부

과 영양이 만점인 간식이었다. 그 밖에도 아이들에게 고구마, 감자, 약식, 식혜, 엿 등을 만들어 먹였다고 한다. 동면 일대의 일본인 손님과 동네 어른들을 수시로 접대했던 이 집에서는 아침식사 때만 쌀 두 말씩 밥을 지었다고 한다. 특별히 신경을 써야 할 빈객이 찾아오면 조치원 정육점에 갈비와 소고기 등을 주문하여 갈비찜, 소고기국 등을 끓여내었고, 육포나 다식, 한과 등을 만들어 손님 접대를 하였다.

해방 이후에도 보릿고개 등으로 우리네 먹을거리가 그다지 풍족하지 못하였다. 그래서 간혹 동네에 12시 이후 불이 환하게 켜 있는 집이 눈에 띄면, 아이들은 밀려오는 잠을 쫓으며 무언가 열심히 기다리곤 했다. 불이 켜 있는 집은 바로 제사지내는 집이었고, 그 날은 '동네 야식' 먹는 날이었기 때문이다.

문화부락에서 모범주택단지로

다음은 송룡리의 주거환경에 대해 살펴보자. 지금부터 100여 년 전 송룡리는 비교적 가난한 마을이었던 듯싶다. 대한제국 시기 정부가 조사한 『광무양안』에 의하면 마을의 총 규모는 약 103호로 대부분이 100평 이하 3칸짜리 초가에 거주하였고, 대지를 소유한 집은 37호밖에 되지 않는다. 나머지 66호는 남의 땅에 집을 짓고 살았었다는 뜻이다. 이 같은 현상은 100여 년이 지난 지금에도 계속되고 있다. 즉 농지개혁으로 지주들의 농지는 모두 소작농들에게 분배되었지만, 임야와 대지는 그대로 남아 있어, 아직도 많은 주민들이 도지를 내며 남의 땅에서 가옥을 짓고 살고 있다. 이것이 송룡리에서 나타나는 특징이라 하겠다. 100여 년 전 마을에 유일한 기와집은 육영재와 장주환 씨 집뿐이었다. 그러던 송룡리에 대지주가 성장하면서 현재 송룡리를 대표하는 고택처럼 된 장기황 씨의 본가가 큰 규모로 세워지게 되었다. 또한 그 옆에 조카 장달진 등의 기와집이 세워지게 되었다.

일제 강점기 총독부의 생활개선정책으로 인해 송룡리에서도 수수로 만든 기존의 울타리를 흙담으로 개조하는 작업이 한창 시행되었다. 나무로 된 네모틀에 진흙을 넣고 발로 꾹꾹 다져 흙벽돌을 만든 뒤 집집마다 담을 쌓았다. 이로 인해 마을 안은 깔끔하게 변모하였고 '문화부락'이라는 칭호를 얻게 되었다. 그 공으로 임진우 구장은 우수 이장으로 뽑혀 서울 시찰도 다녀오게 되었다. 한편 당국의 지시 없이도 마을

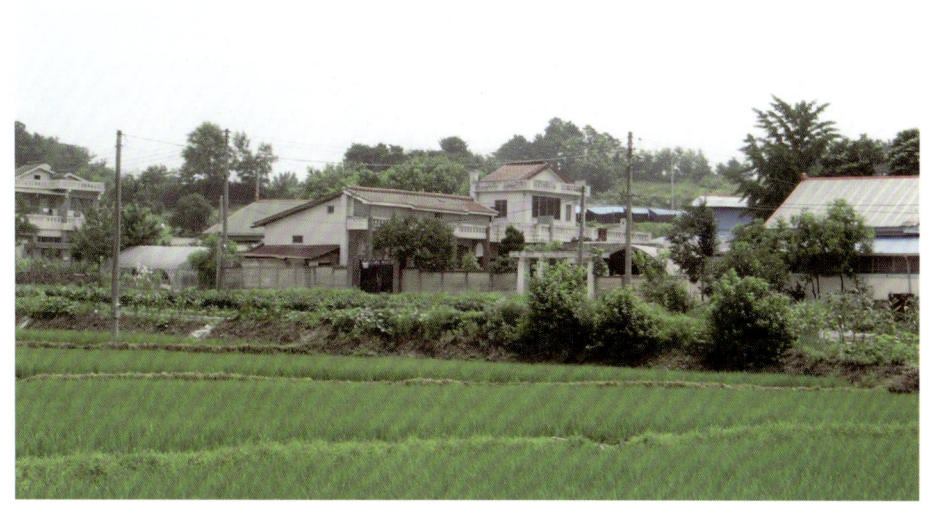

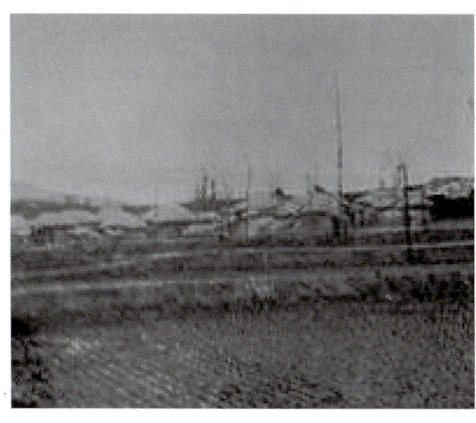

현대 송룡 1리의 전경(위)　마을에 들어서면 오른쪽에 보이는 주택단지가 '신촌'이다.
일제 강점기 송룡리 마을의 모습(왼쪽)

주민들은 자발적으로 돈을 걷어서 자금을 비축하고 공회당을 세웠는데, 이 공회당에서는 겨울밤이면 동네 문맹자를 위한 야학이 개설되었다.

　그 이후, 다시 마을의 경관이 급격하게 달라진 것은 새마을운동 시기였다. 이 시기 마을 이장은 장화진과 장달순, 임영훈 등이었는데, 주요 사업은 다른 마을과 마찬가

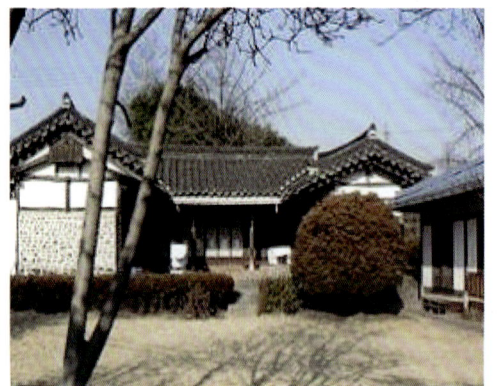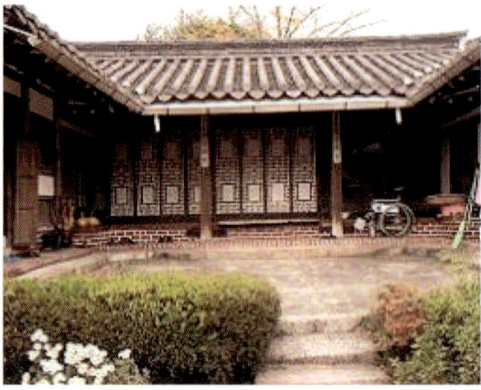

이천석 지주 장기황의 고택 전경(왼쪽)과 내부 이 고택은 건축한 지 약 100여 년 가까이 된 것으로 장욱진 화백
이 출생한 곳이다.

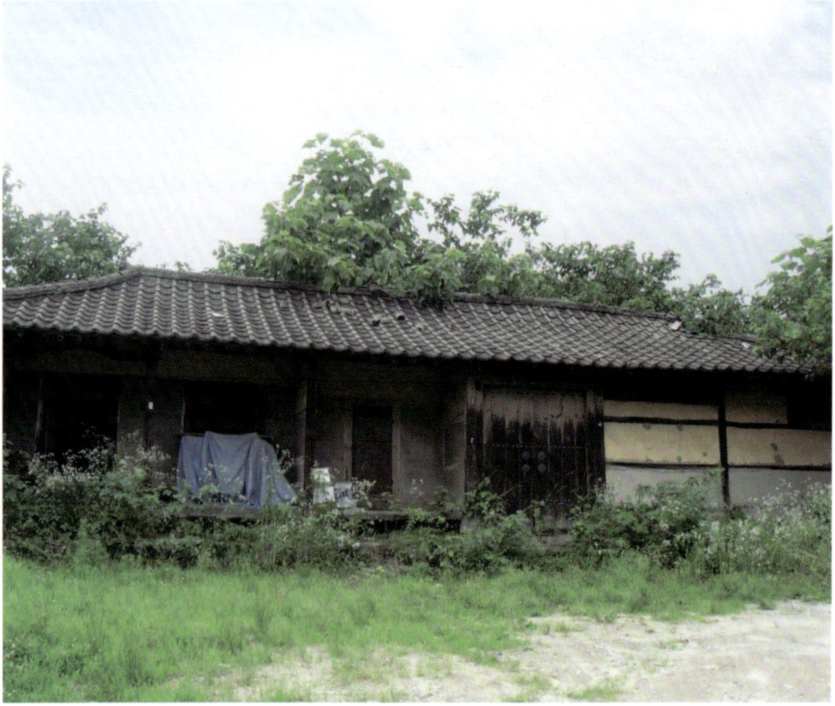

장달진 씨 고택

지로 마을 안길 확장, 소하천 보수, 공동이용시설 확충과 지붕개량 등이 있었다. 마을의 도로는 땅 주인들이 대체로 희사하거나 헐값에 매도하였고, 동리 주민들이 부강 강가로 나가 자갈을 채취하여 직접 도로를 확장하고 포장한 것이었다. 또한 일 년에 한 번씩 갈아야 하는 초가지붕의 번거로움을 없애기 위해 슬레이트나 멋진 함석으로 지붕을 바꾸었고, 다시 기와지붕으로 바뀌었다가 최근에는 조립식 싱글지붕으로 진화하였다. 화장실은 수천 년 동안 밖에서 천대를 받다가 1990년 이후 목욕탕과 함께 집 안으로 들어오게 되었다. 이때 여성들의 근무처인 부엌도 입식부엌으로 개량되면서 집 안으로 들어오는 영광을 얻게 되었다. 이와 함께 나무와 연탄과 같은 기존 연료가 석유와 가스, 심야 전기로 바뀌는 일대 연료 혁명도 연출되었다.

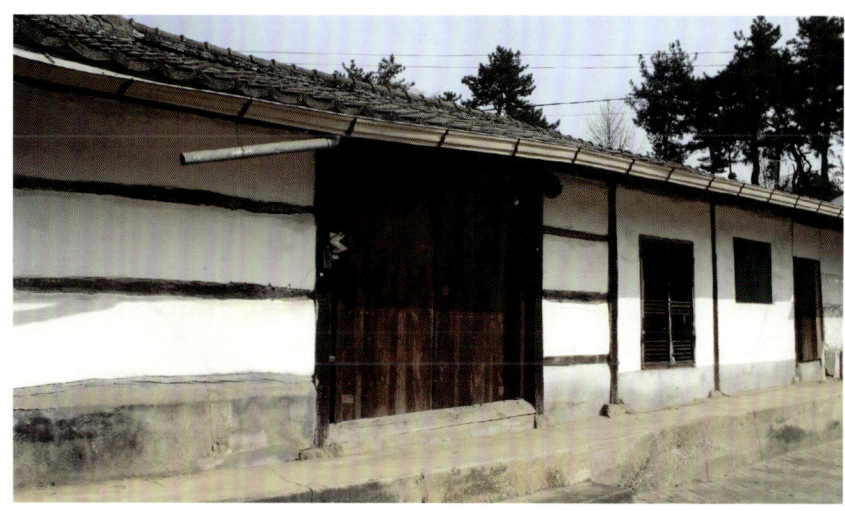

장옥 면장 댁(위) 마을에 들어서면 일제 강점기에 세워진 기와집이 많이 눈에 띈다. 송룡리가 부유한 마을이었음을 보여주는 증거이다.
나무로 불을 때는 재래식 아궁이(장대진 씨 댁, 오른쪽)

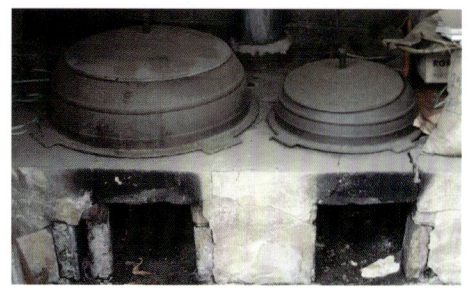

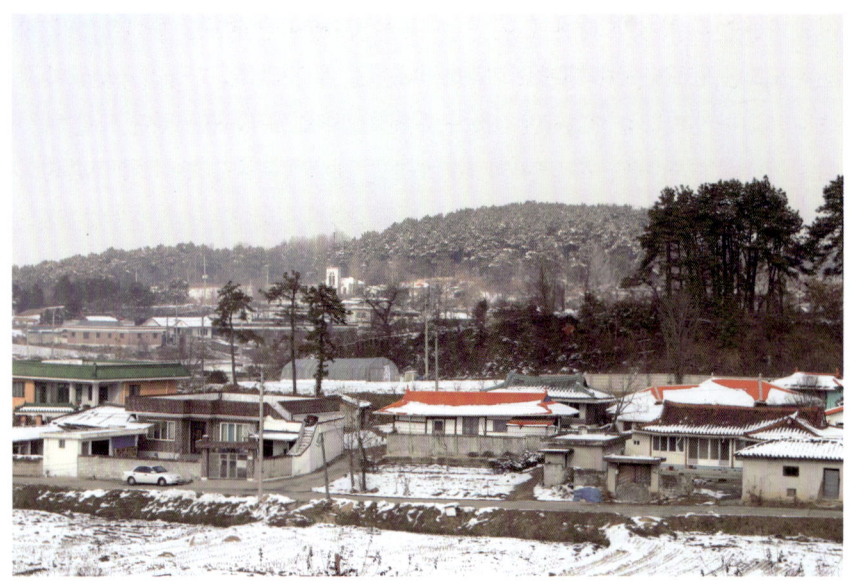

송룡 1리

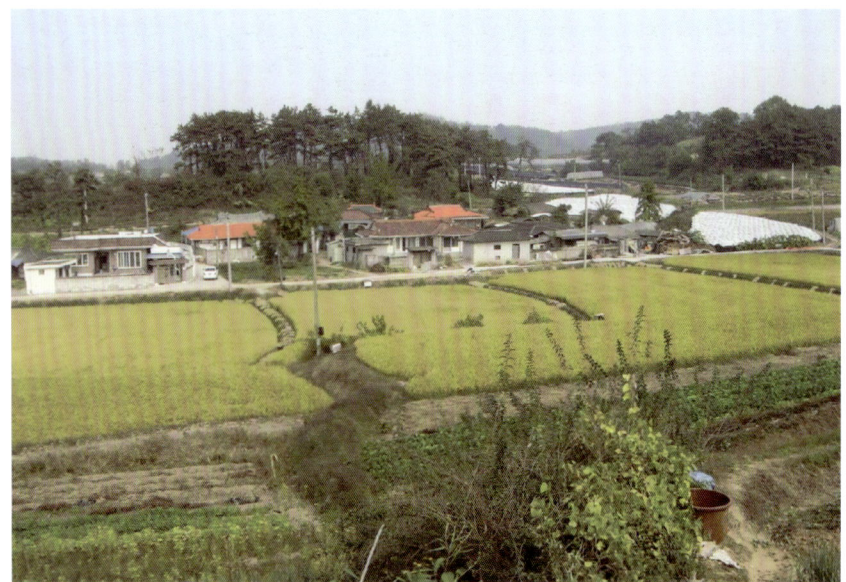

송룡 2리

1979년경 송룡 1리의 이른바 모범주택단지인 신촌의 공사가 시작되어 약 15채의 집이 새로 지어졌다. 당시 주택 융자는 한 채당 400만 원에 20년 상환 조건이었고, 부엌과 화장실이 개량된 신식 주택이었다. 현재 마을에서 볼 수 있는 최신식 주택들은 1990년대부터 개축되기 시작하여 2000년대까지 지어진 집들이다. 이러한 주택단지의 건설과 더불어 1리와 2리에 마을회관이 주민들의 자발적인 노력 봉사와 열정으로 준공되었다. 1980년대에 건축된 송룡 1리의 마을회관은 대지 150평에 건평 40평

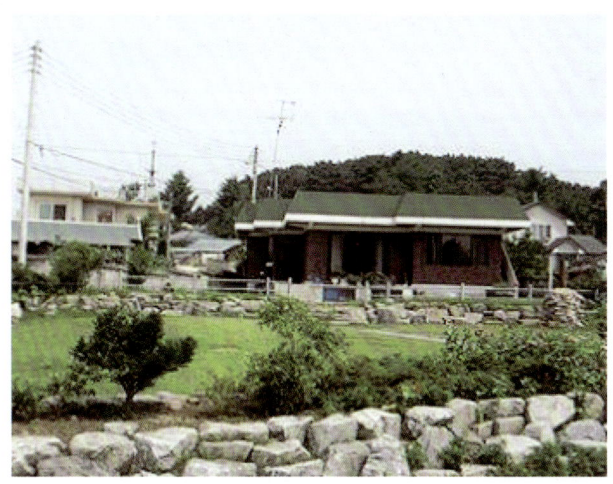

송룡 1리의 최신식 주택　마을 어귀에는 고옥들이 철거된 자리에 최신식 주택들이 등장하고 있다.

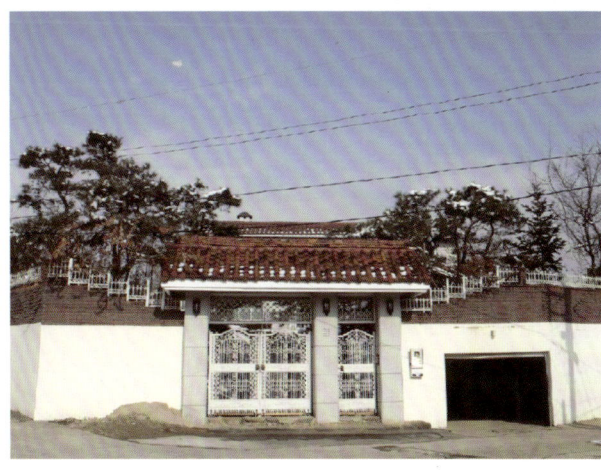

송룡 1리에 있는 대형 주택

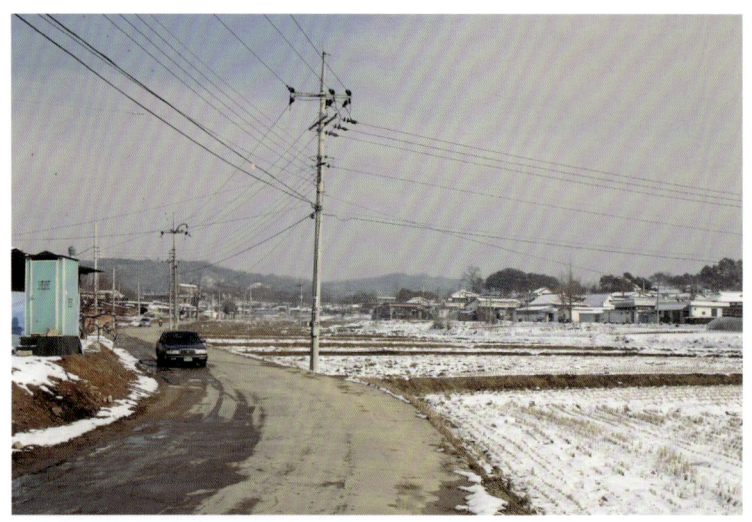

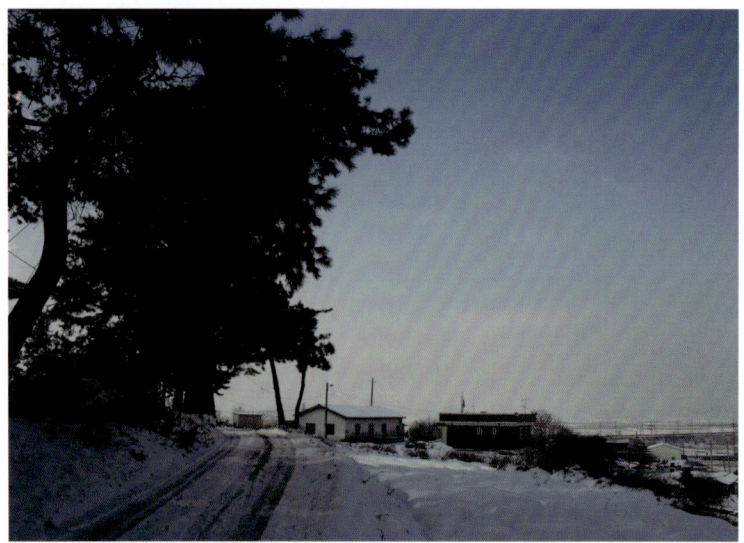

시멘트로 포장된 **송룡 1리 마을길(위)**

송룡 2리 마을 도로(아래) 오른쪽 건물은 마을회관이고 왼쪽 건물은 공동창고이다.

으로, 주민이 대지를 희사하고 정부가 시멘트를 지원하여 주민들이 함께 지은 것이다. 한편 송룡 2리의 마을회관도 주민들이 한 푼 두 푼 모은 기금으로 세워진 것이며, 송룡 2리의 마을 안길을 넓히는 데는 장기황의 후손들이 땅을 희사했다 한다. 이러한 이유로 마을은 우수 마을로 선발되어 상금을 받았다. 이 돈으로 현재 2리 마을회관 앞의 공동작업장인 마을 창고를 지었다.

민간요법과 여가생활

무면허 의사의 눈부신 활약

교통의 편리함 덕택에 마을 주민들은 다른 오지의 농촌 지역보다 의료혜택을 많이 받고 있었다. 마을에 거주하는 장래홍 씨는 무면허였지만 동네의사 역할을 충실히 해주었다. 아마도 그가 동네의 아픈 사람 중 약 50퍼센트 정도를 고쳐주었을 것이라는 제보가 있다. 그는 마을 사람들에게 페니실린 주사를 놓아 주었는데 아이들은 주사를 맞은 후에 얻어 먹는 땅콩 몇 알 때문에 주사의 공포와 고통을 감내했다. 그런가 하면 송룡리의 한의사는 바로 장필순 씨였다고 한다. 팔이 삐거나 허리가 아픈 사람들은 이 분의 침 한 방으로 감쪽같이 나았다고 한다. 하지만 장티푸스나 콜레라 등 전염병이 돌 때는 많은 사람들이 희생되었다. 송룡 2리 뒷산에 병막을 설치하여 환자들을 격리 수용하였지만, 무면허 명의들의 눈부신 활약에도 불구하고 전염병을 막기 힘들었다. 그때 가장 많이 희생된 사람들은 노약자였는데 그 중에서도 아기들의 사망률이 가장 높아 때에 따라서는 약 50퍼센트 정도나 희생되었다고 한다. 아기를 잃은 어머니들은 죽은 아기들이 길 가는 사람들에게 붙어 환생하라는 애끓는 마음으로 아기들을 공주—청주 산길 옆 애기장에다 묻었는데, 전염병이 돌 때는 아기들의 '뽀글뽀글' 한 흙무덤이 '바글바글' 했다고 한다.

이 마을의 민간요법은 다른 마을과 대동소이하다. 그 중 여성들의 생리통을 완화시키는 방법으로, 구절초와 대추, 생강, 조청을 푹 끓여 그 물로 고두밥(된밥)을 쪄서 식혜를 만들고, 다시 식혜 물을 졸여 엿을 만들어 먹었다고 한다. 출산 후에는 수유를 위해 돼지족발과 옻을 함께 고아 마시면 젖도 잘 나오고 부기도 잘 빠졌다고 한다. 속이 냉할 때는 약쑥, 육모초(익모초), 민들레 등을 말렸다가 달여 마시면 좋았고, 옻닭도 효험이 좋았다 한다. 또한 감기에는 생강, 파뿌리, 인동초를 넣고 달여 마시고, 열이 날 때는 박 속과 인동초 넝쿨을 달여 마셨다 한다. 또한 개에 물렸을 때에는 된장을 바르고, 찰과상을 입었을 때는 지혈초를 돌로 찧어 상처 입은 부위에 붙이면 되었다 한다. 발목이나 다른 부위를 삐었을 때는 머위 뿌리를 캐다가 찧어 삔 곳에 붙였고, 경기할 때에는 손가락이나 발가락을 따주거나 간장 종지 속에 쑥을 넣고 불을 붙인 후 뜸을 뜨는 것처럼 배에다 붙이는 것도 효험이 있었다 한다. 소변이 잦을 때에는 씨리비 씨와 옥수수 삶은 물을 마셨다.

수십 년 전까지는 주술적인 요법도 사용되었다. 깨끗한 샘물을 떠다 마시거나, 삼신할머니께 찬물을 떠다가 빌고, 그 물을 먹인 후 배를 쓸어주면 삼신할머니의 영험

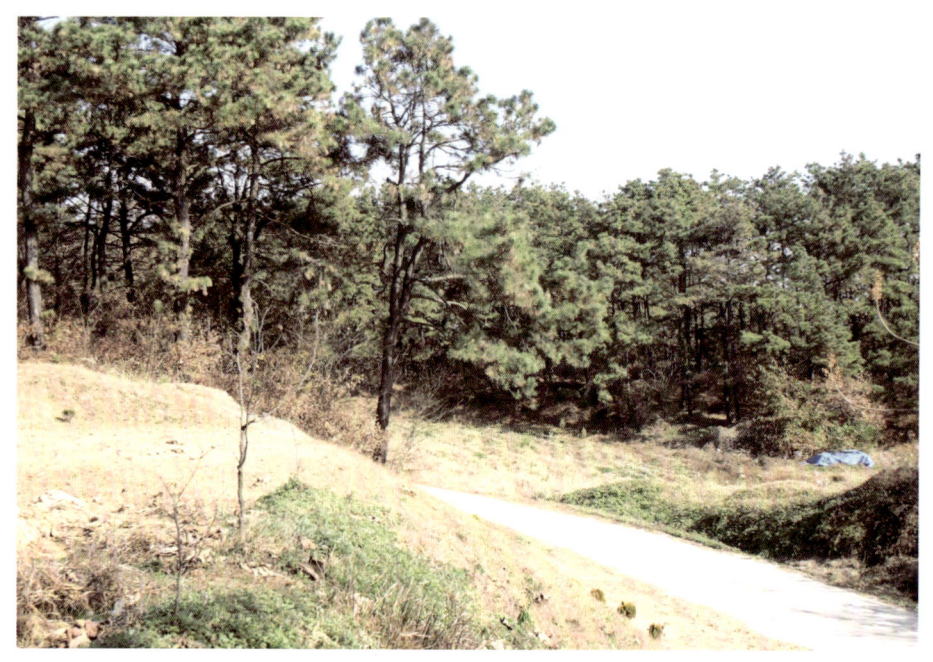

송룡 2리 뒷산에 위치한 애기장 터 왼쪽 하단 부분이 아기들의 무덤이 있는 곳이다. 애기장 터는 길가에 위치해 있는데, 길 가는 사람들에게 붙어 환생하라는 어머니들의 애달픈 염원에서 비롯되었다.

으로 깨끗이 나을 수 있었다 한다. 두드러기와 부스럼은 당시 농촌사회에서 자주 발병했던 병으로 처방이 눈에 띈다. 그 중 하나는 헌 빗자루를 물에 적신 후 소금을 묻혀 두드러기가 난 부위를 쓸어주거나, 다른 성씨의 화장실 초가 지푸라기를 빼다가 태워서 나오는 연기를 빗자루에 쏘인 다음 환부를 쓸어주면서 "두드러기 잡아라"고 말하면 감쪽같이 사라졌다 한다. 눈병이 나면 집 뒤 벽면에 사람 얼굴을 그린 후 아픈 눈 부위에 바늘을 꽂고, 원하는 것과 이름을 적은 후 삼신할머니께 빌었다 한다. 이러한 주술적인 방법은 현대의학이 들어오면서 사라지고 편찮으신 할머니, 할아버지들은 의료보험증을 들고 인근 조치원이나 대전 병원을 찾고 있다.

높은 교육열과 사교생활

송룡리 사람들은 교육열이 높았다. 일제 강점기 전부터 결성 장씨 문중에서는 육영재라는 서당도 열어 한학을 가르쳤는데, 송룡리뿐 아니라 인근 노송리, 예양리 등에서 통학을 하는 학생도 많았다. 뿐만 아니라 송룡리에는 한학을 높은 수준으로 하는 마을 어른들도 상당수 있었다. 이후 마을 유지들에 의해 마을 옆에 연동보통학교를 설립하였으며 이로 인해 마을 어린이들의 상당수는 근대 교육의 혜택을 볼 수 있었다. 그러나 당시 송아지 한 마리를 팔아야 보통학교 1년 학비가 되는 등 비싼 수업료를 충당할 수 없었던 가난한 동네 총각이나 여성, 아이들은 동네 공회당에 개설된 야학을 다니기도 하였다. 당시 동네에서 신학 공부를 하고 뜻이 있는 청년들이 선생님으로 추대되었는데, 국어는 장응철, 산수는 장현진, 수신은 장귀갑, 일본어는 장래원 선생님이 열정을 다해 가르쳤다고 한다. 학교나 동네 야학에서 글을 배우는 여성들은 바쁜 틈을 쪼개 자신의 근무처인 부엌 바닥을 종이 삼고, 부지깽이를 붓 삼아 한글을 연습하였다. 자신의 글방, 즉 부엌에서 한글을 마스터한 여성들은 책을 교환하여 읽거나 바느질을 하고 길쌈하는 할머니에게 소설책을 읽어줄 수 있게 되었다.

해방이 되면서 1년에 한두 번 정도 업자들이 마을을 찾아와 연동초등학교 뒤편 언덕에 천막을 쳐놓고 가설극장도 열었다. 송룡리, 내판, 노송리, 예양리 등지에서 수백 명의 관객들이 몰려와 관람하였는데, 특히 김희갑의 '팔도강산' 등을 좋아했다고 한다. 1960년대에 들어서 젊은이들은 조치원 시내로 나가 영화구경을 했다고 한다.

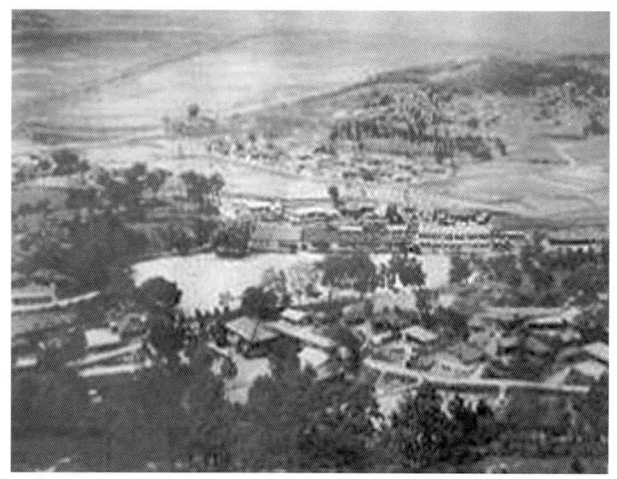

1973년 공중에서 촬영한 연동초등학교 전경 사진 중앙에는 초등학교와 운동장이 보이고, 왼쪽 하단으로는 내판이 보이며 초등학교 뒤쪽으로는 송룡 2리, 상단 오른쪽 산 밑으로 1리의 전경이 한눈에 들어온다. 내판과 송룡리가 얼마나 근접해 있는지 사진을 통해 확인된다.

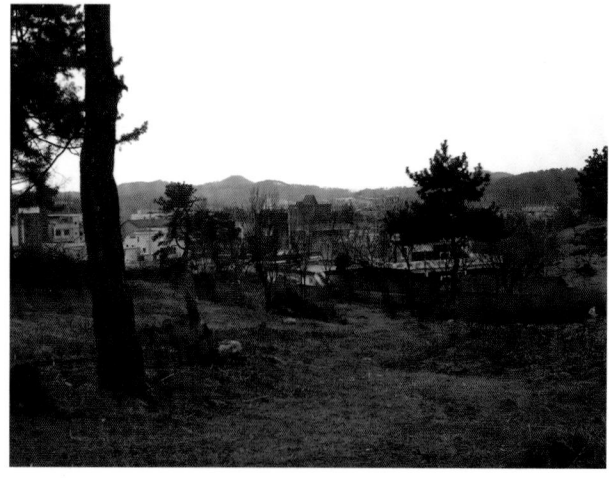

연동초등학교 뒷산의 공터 동네 모임이나 가설극장이 열렸던 터이다. 언덕 아래로 보이는 마을이 송룡 2리 일부와 내판이다.

그 밖에도 청년회 주최로 개최되는 노래자랑도 성황리에 개막되었는데 '목포의 눈물', '불효자는 웁니다', '신라의 달밤' 등이 애창되었다고 한다.

한편 마을의 공적 조직인 청년회와 부녀회 그리고 이장들이 주최하는 주민잔치와 경로잔치 등이 매해 5월 8일 어버이날을 전후로 열리고 있다. 이때에는 주민들뿐만 아니라 마을의 출향 인사들도 모두 모여, 마을에 사는 부모와 마을 어른들을 찾아뵙고 효도도 하고 마음속 깊이 마을의 평안과 화목을 비는 기회로 삼기도 한다. 이때

마을 주민들은 부녀회에서 잔치 며칠 전부터 정성스레 준비한 떡과 과일, 돼지고기 수육, 전, 육개장과 술 등을 나눠 먹고, 하루 종일 신나는 놀이마당에서 쌓인 피로를 풀었다. 최근에는 쳐다만 보아도 웃음이 절로 나오는 각설이들을 초청하여 구수한 입담을 듣기도 하고, 대형 앰프시설을 갖춰놓고 주민들이 1년 동안 갈고 닦은 노래 솜씨를 뽐내는 노래 한마당도 함께 열리고 있다.

송룡리에는 마실문화가 발달해 있다. 종족마을의 특성이 남아 있고 기나긴 농한기를 지루하지 않게 지내기 위해 할머니들은 근래에도 마을회관에 모여 점심도 해 먹고, 윷놀이와 놀이 화투도 치고 있다. 마을회관을 할머니들이 독차지하자 할아버지들은 내판에 있는 경로당을 점유하였다. 1층과 2층 방에 송룡리, 내판, 노송리, 예양리 할아버지들이 수십 명씩 모여 소주를 마시며 이야기꽃을 피우고, 한쪽에서는 놀이 화투를 치고 있다. 이 밖에도 50대나 60대의 비교적 젊은 남성들은 내판에 있는 이백다방에 모여 커피를 마시며 담소를 나누거나 사교생활을 즐기고 있다. 이렇듯 연령별 놀이문화는 비슷하지만 모이는 장소에서 약간의 차이를 보이고 있다.

근대에 접어들면서 관찰사가 내왕했던 길가 마을에서 철도변 마을로 변화를 겪었던 송룡리는, 쭉 뻗은 철로와 마을 앞 신작로를 통해 외부의 근대 문물이 다른 농촌 지역보다 빨리 유입되었다. 이에 다른 마을보다 앞서 종족마을이 해체되고 전통 문화와 일상생활이 변화하면서 근대적인 일상이 지배하게 되었다.

(김현숙)

마을 사람들의 삶과 애환

이 장에는 송룡리 주민들 중 몇몇 개인이 살아온 길을 인터뷰해서 실었다. 인터뷰 대상은 마을 사람들의 추천을 받되, 다양한 유형의 인물들이 포함될 수 있도록 고려하였다. 비록 개인의 삶이지만, 송룡리 사람들이나 동시대의 농촌 주민들 일반의 삶의 모습을 이해하기 위한 자료가 될 수 있을 것이다. 이분들의 말투를 그대로 옮겼기 때문에 맞춤법에는 맞지 않는 표현이 많다. 일부는 이해를 돕기 위해 괄호 안에 표준말을 적어두었다(2005년 조사).

'청진으로 날아온 징용장' 양진업 씨

가난한 농사꾼의 장남으로 돈을 벌러 청진에 있는 미츠비시철공소로 갔다가 징용장을 받아 일본에 소재한 미쓰이조선소로 징용을 다녀온 할아버지이다. 기억력이 매우 좋아 일제 강점기 청진과 일본에서의 생활을 소상히 구술하고 있다.

안녕하세요. 할아버님 성함은 어떻게 되시지요?
양진업은 지금 부르는 이름이야. 1924년생이여.
그럼 몇 살 때 일본으로 징용 가셨어요?
여기서 일본 가기를 스무 살 때지. 스무 살 때 갔응께, 그 이듬해에 해방 됐지?
할아버님 징용 가실 때 몇 명이나 같이 가셨어요?

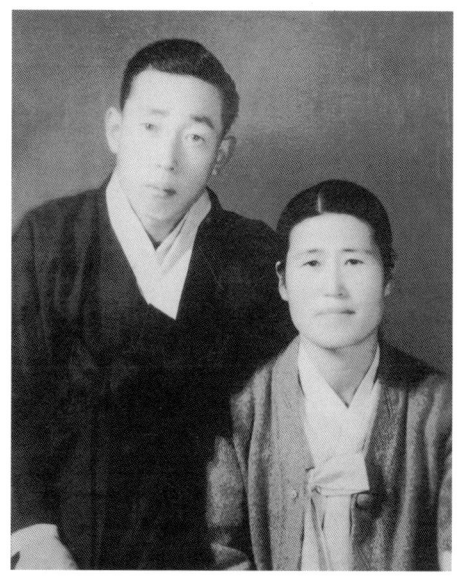

양진업 씨 내외

여기서 안 갔어. 행경북도(함경북도)에서 갔어.

함경북도 사셨어요? 그러면? 송룡리 출생이 아니고요?

아니죠. 우리 작은 6촌 형님이 청양군 역 난이면, 거기서 살았어. 그 양반이 결혼하고
서 그냥 거기서, 식구가 싫어서 그런지는 몰라도 그냥 나갔어. 나가고 나서는 몇 해 흘
렀는데. 나 그땐 어렸고. 양원용이가 평양 돈을 다 긁는다는 소리를 들었어. 그때 아버
지가 아프셨다가 낫고. 겨울이지. 겨울인디 양력설 전이여. 10월달에 마당질 한 후 그
때는 공출이 심했어. 공출을 이제 다 심(셈)할 걸 심(셈)하고서 우리 아버지께서 당질
한테 가신다 그래요. 당질한테 가시면은 내가 양력설 시(세)기 전에 오시라구, 그때는
양력설 시려고(1942년 설날이 폐지되고 양력설이 강요되었다). 얼마나 야단들 쳤어.
그래 가지고서는 가셨는데, 우리 6촌 누님이 만주 용정에 가계셔. 그래서 우리 아버지
가셨다니께 그 누님이 우리 압지(아버지)를 모셔갔어. 만주로. 그래가지고서는 만주로
오래 참 놀다가 인제 청진으로 갔지.

그 6촌 형님은 잘 사셨어요? 청진에서 돈 다 긁어모았어요?

아 잘 벌었죠!

무슨 일 하셨대요?

거기서 사람을 많이 뒈가지고서 거기는 나도 가봤지만, 석탄 거기 석탄이 엄청 납디
다. 석탄 그 차 나오는 것을 중국 사람이 차는 부리고, 거 석탄을 맡았어, 석탄을 맡아
서 그걸 운반하는 걸 맡았어. 그러니께 차 있는 사람, 달구지 있는 사람 와가지고서, 우
리 작은아버지도 거기서 취직이 되셨어. 다나까라고 일본 사람 그 회사에 취직이 돼서
우리 작은아버지는 전화를 받아가지고는 어디 몇 돈(톤), 어디 몇 돈(톤). 그라고서 전
화 받고 고거 얼론하고, 우리 성님은 그거 차 오는 데를 그거 맡아가지고 하니까 인제
돈이 붙지. 그래 가지고 돈을 벌고 있는데. 아마 봄이지? 봄에 우리 이사를 오라 합디다.

청진으로 이사 오시라고?

응. 우리 작은아버지가. 그 날은 어디서 편지 오면…… 편지 오면 내가 꼭 봐요. 글씨
쓰는 것을. 쓰는 걸 내가 이렇게 보니까. 80 노인을 모시고 어디를 가느냐. 나는 못 간
다. 이렇게 답을 했어. 답을 했디. 20일 있다가 또 편지가 왔어. 아부지(아버지) 본 다
음에 내가 이렇게 편지를 보니까 또 사진까정 왔어. 우리 작은아부지가 말 우(위)에 타
서 안경 쓰고 다까오(모자)를 탁 쓰고서는…… 그러면 형님이 못 오면 그때는 내 이름
이 진철이였어. 진철이라도 올려 보내라고 그렇게 왔다면요. 그래서 설 시고 2월 스무
해 되는 날이 됐어. 스무 해 되는 날 그때는 여기 후리까와라고 일본 역보가 여기서 있
었어.

후리까와?

응. 일본 사람이야.

역보요? 그러니까 역장이죠?

그렇지. 그로(러)니까 덕진이라고 고(저) 너머 사는 사람이 있었어. 내 친구여. 그 사람
이 거기 소사를 봤어. 9시 차를 탔는디. 갈라고. 9시 차를 타러 갔는디 그때 일본으로
이민가는 사람들이 많았어. 그래 가지고 애들이 문을 열어줘야지! 그래서 차를 못 타
고 거 인제. 그니께(그러니까) 우리 아버지가 나 역전꺼지 나와서 그르드라고. 너 저기
서울 가걸랑은 서울서 서울역에서 앞을 쳐다보믄 3층이 고게 이종천이라고. 거 우리
아부지하고 친하고, 참 그런 이여. 거가(그 사람이) 거(그) 여관에서 말하자면 경리지.
만약에 시간이 있걸랑 거기를 찾아가면, 거 아저씨가 거기 있을 거다. 거기서 있다가

아저씨한테 차 몇 시에 뜨나 알아봐가지고 그 아저씨한테 물어가지고 타고 가라고 그러게 시키더구만요. 이 이게 또 연착이 디네(되네). 한 시간이나! 그니까 다 틀렸지! 타기는 여기서 저까정 못 갔어. 이 새끼들이 문을 열어줘야지. 문만 쪼끔만 빼꼼하게 열어놓고선 그냥 그 위에서 붙들고서 서울역꺼정 간겨.

이 차가 지금 북쪽으로 가는 거잖요. 이민가는 사람이 만주로 이민가는 사람이죠?

만주로 가는 사람이지! 아 그래. 그런디, 아 그때 우리 할머니가 뭘 싸줬느냐면 가서 먹으라고 사과를, 망태기를 대나무다가 뻐개가지고서는 맨들었거든. 그러는디 인절미를 또 담아서 이렇게 넣어주고, 계란을 삶아서 이렇게 넣어주고……. 우리 작은아버지 갖다 주라고 깨도 싸서 보에다 이렇게 해서 짬매 주드라고, 그렇게 주는디. 어디서 서서 어떻게 떡을 먹으며, 허허허. 지(제)대로 서서 가지도 못하는데. 또 손님들이 내렸다 올랐다 그러니께 보자기가 떨어지네. 그러다 또 망태기가 떨어져. 그런데 눈은 자꾸 와. 비는 자꾸 와. 또. 철원까정 갔어. 철원까정 갔는데 도저히 떡도 못 가져가겠고, 깨도 못 가져가겠더라고. 그래서 역장을 불렀지. 당신 모자 벗으라고 그랬지. 깨를 쏟아줬지. 역전에도 사람이 가득 많고……. 이짝으로 세 줄을 서 있고 하고 저쪽으로도 세 줄을 서 있고 한데. 한 사람이 그 짝줄에 있는 사람이 "자네 어디가나!" 그러는 겨. 자세히 보니께 같이 단체생활을 한 분이여.

단체생활요? 무슨 단체생활요?

애호단 다녔지.

애호단?

애호단! 애호단이라는 것은 철둑이 만약에 무너지거나 이럴 때 그때 같이 역할 해주라는 그 뜻이지. 거기 가면 대전서 헌병이 둘이 와. 그러면 대원은 몇을 뽑았느냐면 30명을 뽑았어. 우리 동네서 열다섯. 내판서 열다섯. 삼십 명 이렇게 대원이 됐는데. 대전서 헌병이 옵다. 헌병이 와가지고서 밤 딜(될) 때까지 훈련을 시켜, 역전 그 댕기고(다니고) 하는 마당에다가 운동을 시키더라고. 열다섯씩 갈라서. 그러니께 우린 훈련을 잘하지. 한짝엔 우리 나이보다 더 많은 사람들이 반대로 하는 사람들이 있었어. 우리네같이 이렇게 안 걷고 하라면 엉뚱한 반대로 걸음을 걸어. 그 사람 땜에 훈련을 더 하지. 우리는 시키는 대로 말을 잘 들어. 대타를 두고 쉬라고 하더라고. 그렇게 해서 댕겼고(다녔고). 그래서 참 2월 스무여드렛날 간거.

청진에서 그 양반을 만났어요?

만났지. 청진 역전에 갔더니 작은삼종이 말 우(위)에 딱 앉았고. 그니까 손님 끌고 댕기는 그런 마차를 타고 앉았어. 그래서 내가 쳐다보면서 "아 성(형)이 왜 그걸 타고 있어." "아이고 동생 오나? 여기 타." 그랴, "나 이런 생활해. 동생. 성님 나쁜 생활 하는 거 아니네. 택시 운전수나 한가지네. 손님도 태워가지고 갔닿는게 나쁜겨?" 그랬더니 그려. 그 성님 집으로 간거. 인제 아줌니도 다 계시고. 나 태워간 성(형님)이 거기서 똥 치우는거, 말똥. 이런저런 얘기하면서 하룻저녁 자고서는. "작은아버지는 여기 안 계셔." 그러더라고. 그럼 어디 계시냐고 했더니, "순항에 계셔." 순항은 소(서)쪽으로다가 한 5리쯤 나가더라고, 우리 작은아버지는 거기 회사에 다니고. 가서 내가 이랬지. 내가 벌로(돈 벌러) 나왔지. 놀러 나온 게 아니다. 그랬더니. 그럼 삼릉철공소를 얘기해 줄께 가라고 하더라고.

미쓰이요? 아니면 그냥 동네 성진에 있는 철공소 이름이에요?

그렇지. 삼릉철공소라고 엄청 커. 그래서 거기를 다니며 일을 했는데 한 보름 댕겼으니까 한 달에 한 달 월급인디. 고 보름 월급을 줬는데…… 쌀도 주고 돈을 몇 푼 주더라고. 그래서 갖다가 그 돈 나온 것을 갖다가 배급하고 작은아버지 갖다 드리니까 하는 말이. 지금 얼마를 보내줄 거냐고. 그래서 작정도 못 하겠다고, 내가 확실한 직장을 잡아야 월급을 지니고 있어야 내가 얼마를 보내주던 얘기를 허야겠는디. 지금 일이 임신디(임시인데) 얘기를 못 허겠다고. 그리고 거고(거기) 댕기는 데가 어떠냐고 묻더라고. 나 거고(거기) 못 댕기겠다 그랬지. 바닷가에서 일을 하는데 힘든 건 아닌디. 모다(모터) 댕기면서 모다나 보고, 기름이나 쳐주고 이거여. 힘들든 안 헌다. 그 높은 데를 댕기고, 파도를 쳐서 이렇게 하고, 또 일본 군인들은 비행기만 오면 일어나서 쳐다보고 더 못 있겠더라고. 그래서 못 댕기겠다고 그러니. 한 번 딴 데 회사를…… 마침 작은아버지가 회사를 나가더니 불러. 나갔더니. 너 벤또(도시락) 싸가지고서 조 우(위) 저 집에 가라고 해. 갔더니 차가 이렇게 나오더라고. 차가 나오더니 서. 그래서 타라고 그러데. 탔지. 청진역으로 들어가. 탄(석탄) 있는 데로……. 들어가서 탄 있는 데다 탄 심는거(싣는 것이여). 근디 일꾼을 야단쳐. 일꾼이 두 명 안 왔나 모양이여. 그러다 인저 나랑 같이 간 사람하고 운전수하고 탄을 실어 날르는거. 화물차에다가. 짐 싣는데. 그래서 그 차가 큰 공장으로 들어가더라고. 순시를 짜서 감독하고, 그래서 한나절을 하는데…… 점심 먹으로 가자고 하더라고, 또 중국집으로 들어가더라고. 중국집에서 점심을 줘서 같이 먹고 하루 일을 했는데 그리고 일이 끝나고 나니까. 세수비누 2장, 빨래비누 2장을 줘. 석탄일을 하니께 껌지. 그래서 이제 세수 얼굴 닦으라고 주는 기고, 세탁하라고 주는 모양인디. 그건 회사에서 주는 모양이지. 근데 그땐 가지고와서 집에 와서 목욕을 하고.

돈은? 일당은 못 받으셨어요? 일당이 비누 두 장이었어요?

그럼. 일당은 없고. 그러더니 나를 오라고 하더라고, 그날 저녁에 내려오라고 햐. 자기네 집에서 쉬라 그랴. 내가 바로 차고 옆에다 집을 질 테니까 우리 집으로 내려오라고. 뭐 거기 집 짓는 거 쉽지. 그래서 차고 옆뎅이에다 집을 짓고, 그땐 참 식구가 있었어. 그래서 잘 됐다고 그 집에서는 좋아햐. 우리 집에 살으면 좋다고. 아 인제 집을 져놓고 오라는데 인저 작은아버지한테 그런 설명을 하니께 못 가게 하는거. 나는 좋은디. 그렇지만 나 땜에(때문에) 져(지어)놓고서는……. 근데 대신 내려와서 목탄차니께 불이나 붙여주고. 그러면 월급도 그땐 200원이면 거기서는 양백 원이라고 했어. 여기서는 200원이라고 하는데. 거기서는 양백 원. 양백 원을 줄 테니까 오라고 하더라고. 인저 월급을. 그래서 잠깐 거겼었지. 그 이튿날 일어나니까 두 사람이 와 있더라고. 거기도 일꾼인가벼. 그 사람덜(들)하고 탄을 우리가 탄을 싣고 가면 운전수하고 사무실 가는 거. 사무실 가고. 나더러 야매가오라고 했지. 야매가오는 힘덜껄(힘들을 걸). 첨(처음)이라. 샷터문 한쪽 문을 수위실 있는 쪽을 안 열고, 한쪽만 열더라고, ─(알아듣기 어려움: 대략 석탄을 빼돌린다는 얘기 같음)─창고에다 집어넣는 거. 그런 것 덜 구경하는거. 구경거리가 맨 많어. 그래서 구경하는 트럭 타고서 나오는거. 그러면은 경비실은 모르지.

그러니까 실어간 것보다도 쪼끔 내려주고, 나머지는 싹 빼돌려 다시 가져오는 거네요.

그렇지. 우리가 같이 하는거. 그걸 어디로 가져가느냐. 중국 사람들 탄 때잖아. 그러니까 그런데 영업집이니 갖다 주면 돈 받고 그랴. 그래서 하루에도 몇 번씩 또 그래갖고 돈이 생기고. 지나가는 사람 보따리 있는 사람 태워다 주면 거기서 돈이 생기고. 하다

보니까 돈이 생기더라고. 그래가지고 음력으로 5월 보름. 5월 초닷샌가? 그때는 참 여기보던 엄청히 많이 놀아. 야 우리 석탄 한 차 싣고서 주월 한번 가자.

어디가요?

주월. 주월이라고 거기 엄청히 놀아. 온천이 좋고. 참 거기를 가자고 하더라고. 우리는 모르지. 그러니 차를 끌고 댕기니께. 숯도 가 실어오고. 인저 우리는 다 데려간거. 온천도 하고. 거기서 잘 놀다 왔지. 그래서 탄도 실어다 주고 숯도 실어다 주고 이렇게 해가, 어떻게 산이 치솟는지. 그라면 산이서(산에서) 숯도 굽고, 밥도 해먹음서……. 그러니께 우리가 석탄내면 그 사람들도 점심도 주고 해서 보내거든. 그래서 월급은 나는 저람덜(저 사람들)보다 더 주더라고. 그래서 집이는(집에는) 한 달에 50원씩만 보내주면 아부지 저기 일꾼 사서 할 테니께 그리 보내준다고. 그렇게 하고, 아 재미나게 일을 하고서.

징용은 언제 어떻게 가신 거예요?

청진회사. 여기 영등포 방직회사 거기서 일보내드라만. 그래서 보내주고 하는데 . 일 끝나고서 방직회사에서 물 내려온 것이 냇물 정도. 그러면 거기서 목욕을 해. 다리 밑에서 목욕을 하면 비상물이라 때도 잘 가고 좋더라고. 목욕하고 있는데 주인이 와서 나한테 그랴. 자네 영장 나왔네. 그러더라고. 무슨 영장이요? 그랬더니 징용 가는 영장 나왔다고 하더라고. 그래가지고 우리 할머니 생신이 내 그걸로 생각하는데……. 생신이 7월 초하루 날이여. 음력.

그게 1944년도 얘기네요. 청진에서 할아버님 말고 여러 사람이 징용 갔나요?

한 2,000명 갔지.

아. 청진에서 2,000명이나 갔어요? 그러면 거기에서 2,000명을 선정하는 기준이 있을 것 아니에요? 나이가 그렇고, 남자가 그렇고.

남자 만 20세일걸. 내가 안 갈라고 뺑소닐 했지.

우리가 지금 군대 가는 것처럼 다 가는 거지요?

잉. 군대 가는 식(이)여. 오히려 군대 가는 것보다 더 대우를 해주더라고. 내가 어떻게 뺑소니를 하는데…….

어떻게 대우를 해줬어요? 군대 가는 것보다 대우를 더 잘해줬다는데, 어떻게 대우해줬어요?

한 일주일을 여관을 데려 댕기면서 잘 멕(먹)이더라고.

조선 감독이에요? 일본 감독이에요? 누가 데리고 다녔어요?

일본 감독도 있고 조선 감독도 있고. 여관에서 재우고.

2,000명을?

그렇지! 2,000명이 한 군데가 아니지. 청진, 나남이 있고. 주울이 있고 하니까 한 2,000
명이 되더라고. 그래가지고 서울서 사흘 놀리더라고. 사흘 놀리는데…… 하루는 옛날
경복궁, 거기. 하루는 거기 남산구경 시켜주고. 그렇게 이틀하고 사흘 만에 부산으로
보내더라고. 그래서 부산 가서 인제 또 그 이튿날은 배를 또 태우더라고. 배를 태우고
가는데 전부 벗으라는 거야. 입성(의복)도 소독하고, 사람 목욕하고…… 그러다라고.

어떻게 소독 시켰어요? DDT 뿌렸어요?

입성(의복)은 따로 벗어서 이름 써놓으면 그 사람들이 그릇에다 담아다가 쪄. 쪄 나오
는 거야. 그로니까 입성이 축축하고 김이 나지. 첨에는 목욕 시키는 데를 가보니까 때
닦으라는 얘기는 아니야. 깊은 탕이 칸칸이 있었는데 들어갔다 나와. 들어갔다 나오는
거, 그게. 때 닦는 게 아니고. 첨엔 찬물, 그 다음엔 미지근한 물, 그 다음엔 뜨끈한 물.
이게 목욕하는 거래. 그게. 그래서 나와서 입성을 보니까 눅눅하고 김이 나고 그려, 그
니까 사람도 닦으라는 게 아니고 이러게 소독하는 거라더만. 이제 들어갔는데. 배 타
고 건너.

배 타고 어디로 갔어요?

미쓰이조선소라고.

어디? 시모노세키에 있어요?

우노. 거기가 배 만드는 공장이여. 거기서 배 맨들고, 시코쿠 갈라믄 거기서 건너가야
하는거. 거가 우노가 한 달 했으니께 월급 주지. 한 달 했으니께. 돈을 주는데 150원 주
는거. 한 달 했으니께 돈을 주지. 그리고서는 우리는 워데(어디)를 왔느냐면, 오카야마
로 와가지고서는 우리는 바다에 속한 사람이라. 배에서리 무를 맨들어오면, 여기서 맨
들으면 거기로 보내주고. 또 거기서 기계 같은 거 들어오면 우리 공장으로 들여오고,

미쓰이조선소에서 일하셨죠? 그러면 배에서 물건을 만들어 오면,

저짝 미쓰이조선서 물건을 맨들어오면은 기계 같은 거 선박이지 뭐, 선박 같은 거 가

져오면 받아서 인제 우리 공장에다가 갖다놓고 공장에서 맨드는 건 절리(저쪽으로) 보내서 주고, 또 가정집이라도 만드는 집이 있어, 창고 있는 집은 선박 한 개 두 개. 그라고 학생들도 선박 만들러 오고, 몇 시간씩 하다 가고 해요, 기찻길에도 여자들이 근무하고 그러더라고. 그라고 우리는, 이북 사람하고 여기 사람하고는 틀려. 성질도 틀리고. 거기 사람들은 공장생활 한 사람들이라 틀려. 인제 우리 일주일에 한 번씩 놀러가는데.…… 시내로.

일본에서?

응. 우리가 하나가 우리 차여, 그게. 버스. 하나가 우리가 줄달아서 타거든. 일본 사람은 그게 아니여. 하나 서 있으면 순서대로 타는 긴디. 우리는 그게 아니고 하나만 꼬리를 잡으면은 그 줄을 우리가 타고선 시내를 돌아댕기고. 그러니께 우리를 엄청 미워했겠지. 물론. 그래서 싸움도 한 번 했고.

일본 사람하고?

별 짓 다했는디 우리하고 그 사람들하고는 틀렸지. 이북 사람들은 쌈도 잘하고 여기 사람들하고는 틀려. 하도 사옥밥(회사 밥)을 먹으니. 젊은이들을 그런 밥을 주고 일들을 시키니 배 좀 부르게 하자고 이거여. 그러니까 배부를 때는 어떨 때가 배가 부르냐. 일본에 한 번 뱅기(비행기) 들어오면 20~30대씩 새까맣게 들어와.

미군 비행기요? 비행기 20~30대가 떠가지고 천천히 가면서 공습하러 왔어요?

그러면은 미친 날(며칠날) 온다는 거지.

며칠날 온다?

어. 가령 오늘이 열흘일 갔으면 삼일 있다 온다던지, 사흘 있다 온다던지……. 공부한 사람이라 그렇게 들어오고 나가는 걸 알더라고. 그리고 인제 6월 28일날은 월급 타거던. 밤이 가만히 들어보니께 비행기 소리도 이상하고 이상햐. 거긴 삐룩(벼룩)이 많어. 그러면은 식당 가서 야전침대를 갖다가 하고 건너서 자거든. 모기장 치고. 사람들이 저게 저군이냐구(적군이냐고) 두란두란(두런두런) 하더라고. 그래서 나도 보니께 소리도 이상하고 하더니만, 그래서 밖으로 튀었지. 담장만 넘어가면 개울이여. 이렇게 넓은 개울. 갈 데를 잃었지. 저 건너 건너가면 인저 또 백사장이여. 남녀간에 사람들 보니까 다 살라고 그러는 건데 몸뗑이가 많지. 빤스(속옷)도 못 입었어, 거기서는. 그렇게 했는데 이제 세 시에 와가지고. 세 시쯤 왔어.

아, 비행기가 새벽 세 시에 왔어요?

응. 세 시에 와가지고 그리 돌아댕기고 야단해쌌는데, 거, 오까야마(岡山) 시내가 그때 그 서울 다음 컸어. 거기가.

요꼬하마?

어어엉. 오까야마. 그 시내가 서울같다고 했어. 전찬가…… 그게 뭐지? 한 칸짜리로 시내 한복판에 댕기는 거.

그게 전차예요.

전차가 다 파산(파손)이 되고…….

요꼬하마를 비행기가 와서 공습했어요?

거기 시내를 공습했지.

그럼 도망 안 나오셨으면 돌아가실 뻔했어요? 그 막사에서?

아. 그건 살 수 있대. 비행기에서 이런 통이여. 이런 통인디. 이렇게 놓고. 비행기에 있는 사람이 위에서 불을 질러가지고 내려와. 그러니께 아는 사람은 살어. 그거 보고서 내빼면 되니까. 환하게 불을 내리니까……. 아, 그것만 쳐다보고 내빼면 살고. 논 같은 디(데) 질고 그런데 떨어지면 튀도 안햐. 딱딱한 데는 폭발이 돼가지고 퍼지는디. 아 우리야. 뭐 맨 몸뗑이지. 거기서 튀면 사는겨. 우리네는 괜찮았고. 우리 해방될 때 같이 나왔지만, 우리 일행에서 죽은 사람 하나 없고, 아파서 죽은 사람은 하나 있어가지고 화장해가지고 이북 사람인지 어디 사람인지는 모르겠어도 그 근처 사람이 화장한 거 가지고 갔지.

일본에 징용을 가서 이북 사람하고 같이 다니셨는데, 식량 배급을 하루에 얼마를 받았다고 하셨죠?

하루 식량으로 배급은 안 탔지. 하루 우리 사옥밥(회사 밥) 먹었어. 그러니께 하루 사옥밥이니께 양이 적지. 20세 청년들이 그걸 먹고 사옥밥으로 어떻게 일을 하냐. 그래서 일본 사람한테 땡깡을 부렸지. 아 우리 젊은 놈들을 붙들어다가 배를 곪(굶)기냐구 땡깡을 부렸지. 배만 부르면은 일 잘하고 그럴 낀디. 아 앉았다 인나면(일어나면) 하늘이 빙빙 돌 그런 정도로 일을 시키니. 우리는 일요일마다 놀잖아. 놀으면은 우리 나랑 같이 다니는 사람이 문의 사람 하나 있어. 그 사람 나보다도 덜 먹었지만 그 사람 나하고 단짝이었어, 니 돈 내 돈 없었지. 그때는 시내 나가면 인저(인제) 간식 사 먹는 게 일이여.

150원 월급 받아서?

그때 첨하믄(처음에) 그거 받았는데 고담서부터는 요렇게 안 나오더라구. 90원, 130원 요렇게 나오더라고.

그럼 90원, 130원 꼬박꼬박 나왔어요?

나왔지. 우리 승질(성질)에 한번 나가면 내가 몸이 아프끼니 내가 왜 놀어?

일한 만큼 돈이 나오는 거예요?

그렇지. 일한 만큼 나오는 거지.

그러니까 직장이에요. 공장에 취직하기나 마찬가지네요.

직장에 취직하기나 마찬가지지.

그래가지고 배부르게 드신 때가 언제라고요?

장마 지고, 장마 지면 쌀 창고에 물이 들어가. 그런 때는 배불르게 먹고, 쌀 창고에 불이 나서 그런데 화기 나서 못 먹잖아. 쌀도 버리고 항께.

쌀 창고에 폭탄 터져 쌀이 타면 그걸 가지고서 밥을 먹었다고요.

그러니께 그래서는 밥은 제대로 먹지, 좋은 쌀로는 못해 먹어봤어.

반찬은 뭐 드셨어요?

반찬은 뭐 다꽝(단무지) 같은 거 간단히. 그렇게 하고 또 긴노까에서 나와. 이제 회사 사장이나 부책임자가 와. 그라믄 한 번 밥을 넣고 씹을 때 열일곱 번 열여덟 번 보통 그렇게 씹으라고 해. 그러면 공장 갔다 와서 점심시간 되서 오면, 기진 기진해서 오는데 밥을 먹으면 어떻게 그렇게 씹어. 그냥 대여섯 번 씹으면 넘어가는데…… 지키고 있어, 지키고 있어도 어쩔 낀데. 그냥 넘어가는데.

그럼 하루 몇 시부터 일을 하셨어요?

나가기를 여섯 시쯤 나갔을꺼. 그렇게 나가고. 그때 시간이 다섯 시나 그런 시간에 왔지. 하여튼 해 떨어지기 전에 사무실에 왔으니께.

점심은 한 시간이고요?

잉. 점심은 한 시간 주고.

일은 고되지 않으셨어요?

일은 고되지도 않고. 인저 일은 기차가 저기서 들어오거나. 인저 그거 그거나 운반해 주고…….

그러면 일본 사람에게서 차별대우를 받거나 아니면 혼나거나. 구타 당한 거나 그런 경험은 없으세요?

일 잘못헌다고 혼날 것도 없고, 또 우리 책임자가 머리가 좋았어. 머리가 좋아서 다친 일도 없게 일을 시키고. 일본 사람이 우리 책임자가 하마노라고 그 사람인디. 참 머리가 좋아서. 그래가지고서 뭐 기계 들어오는데 지장 없고. 또 우리가 운치. 배에 들어오면 들어올리는 걸 가지고 만지고 하기 때문에 기계 들어오면 스위치 놓고서 달어 올려 놓고 그거고. 기계 들어오면 갖다 놓아주는 거. 그러다가 오월달인가 사월달에서부터. 그놈들도 아는 놈들이여. 기계를 감추기 시작했어. 산속에.

폭격 당할까봐 그런 거죠?

그렇지. 감추다가 해방돼서 왔어.

해방됐을 때 얘기 해주세요. 천황이 항복했을 때.

항복했을 때지. 라디오 들었지. 점심 먹을 때 사무실로 오라고 하더만. 그러더니 천황 폐하래. 애국가. 우는 시능하매 애국가 부르고. 그리고 나서 봤더니 그 사람들이 손들었군 그라데.

애국가 누가 불렀어요?

아 천황폐하가 불렀지.

그래서 조선인 사람 2,000명이 있었고, 일본인 감독도 있었고. 그 사람들 반응 같은 것 좀…….

그 사람들도 같이 들었지. 같이 사무실에서 다 들었지. 전부 다 울어서.

그럼 한국 사람들은 만세 부르고 그러지 않았어요?

그런 일은 없고.

없었어요? 아니 해방되니까 신나잖아요.

신났지. 그래도 어떻게 거기서 큰소리 치고 다녀? 그럴 순 없잖아. 그러니까 거기는 과일이 많아. 그래서 인저 과일 사러 댕기는 거야. 인저 자유니까. 자유니까 사방으로 과일 사 먹으로 댕기고. 인제.

그럼 해방이 되면서 일을 하지 않으셨어요?

해방 되면서 무슨 일을 시켜? 안 시켰지. 또 우리가 일도 하지를 않고. 이북 사람이 여기 사람하고는 달러. 사람이 똘똘하고 박박 들이대고 그려, 틀려. 이북 사람하고 이남 사람하고는 틀려. 맘대로 못 시켰어. 일. 그랬는걸 뭐. 우리는 참. 그러니께 저기 사람들이 그러는거. 하여튼 저 사람들한테 경호는 않고 지내는거. 그러니께 경호는 안 해도 일 할 건 하고, 할 말은 하는데. 한 가지 배만 부르게 해달라고, 그거였어.

그럼 해방된 다음에 집에 어떻게 들어오셨는지 그 얘기 해주세요. 과일 사가지고 돌아다니시다가 차비는 받아가지고 오셨어요? 어떻게 해서 집에 돌아오셨어요?

차비. 그 사람네가 다 역꺼장(까지). 부산꺼장(까지) 데려다준 거지.

그럼 올 때 특별히 돈을 더 주거나 그런 것 없었어요? 월급을 줬으니까 보너스 같은 건 없었어요?

없고. 그런 건 없고. 돈은 집에 못 가져왔죠. 못 가져오고.

그럼 거기 가서서 뭐 일본 사람들한테 당하거나 하신 건 없으셨네요. 다른 징용 가신 분들은…… 탄광이나 다른 데 가신 분들은 많이 당했다고 그러던데…….

아 우리들은 그런 일이 없고. 또 시키는 대로 하니까. 또 말 있을 필요가 없지.

그럼 다녀오신 다음에 이제 송롱리로 다시 돌아오셨어요?

그렇지.

장시간 이야기하시느라 고생하셨습니다. 감사합니다.

'동면 미인과 연기군 대지주' 이석희 씨

연기군 천석꾼 대지주인 장기황 씨 두 번째 부인으로 결혼 전 영등포 방직공장에 다니다가 동생을 학교에 보내기 위해 논 15마지기 받고 19세에 시집을 왔다. 그 후 농지개혁으로 논 20마지기를 제외하고 모두 분배 당하게 되고 직접 밭일하면서 자식들을 공부시켰다. 39세에 남편과 사별하였다. 일제 강점기 한국 여성들의 위치와 생활의 한 단면을 볼 수 있다.

안녕하세요. 할머니. 저희가 할머니 살아오신 이야기를 들으려고 왔어요. 할아버님께서는 연
기군 최고의 부자였다고 하던데 할아버님 이야기도 해주시고요. 그동안 고생이 많으셨지요?
말도 마. 나만큼 고생한 사람도 없어.

할아버님 이야기 좀 해주세요.
할아버지? 매일 남들에게 퍼주기만 했지. 그래서 마을 사람 인심을 얻어 인민재판 때
도 살았어. 그때 빨갱이들이 할아버지를 붙잡아 죽일려고. 할아버지가 나는 죄가 없다
고, 없는 사람들을 먹여 살렸는데. 부모님 재산 가지고 한 거지 당신 돈으로 한 것이 아
니라고 하니까. 그 놈들이 여기서 잘못한 사람이 있다고 하면 손을 들으라고 하니까
손을 안 들더라구. 그게 인민재판이라고 하는데. 손을 안 들으니까 이 양반은 덕망이
있으니까 조치를 하겠다. 우리 딸은 그때 열다섯 살 먹었나 그랬는데. 저 안마당, 아랫
마당, 댓섶 마당에 쌔카맣게 사람들이 다 모여 있었어.

여기서 인민재판 했어요? 이 집에서요?
엉. 빨갱이들이 와가지고. 집도 뺏기고 쫓겨났다가 와가지고 거기서 있는데. 잡아가지
고 가서. 마루에도 못 올라오시더라구. 자구 오시는데. 저 위에서부터 그냥 하얗게들
있으니까. 그래 가지고 오셔가지고 여기서 인민재판 하는데. 어떤 놈들이 그러더래.
왜 땅 줘서 농사져서 도지 갖다가 바치면 그게 남의 피 빨아먹은 게 아니냐구 그러는
놈들도 있드랴.

한국전쟁 때 인민재판 하기 전에 이 마을에 좌익들 많았어요?
많았어. 많았어.

주로 소작했던 사람들이었어요?
임씨, 장씨, 김씨. 아주 수북혀. 지금도 산 놈들 수북혀. 그때 나온 놈들 지금도 수북혀.

그때 그 사람들 왜 좌익이 되었어요?
그걸 누가 알아, 강제로 나온 놈들도 있고 먼저 선동한 놈들도 있고. 잡아가서 죽었다
고 하면 지가 집에 가서 죽은 놈들도 있고. 이 동네가 워낙 많았어. 저 위까지 몇 동네
아녀.

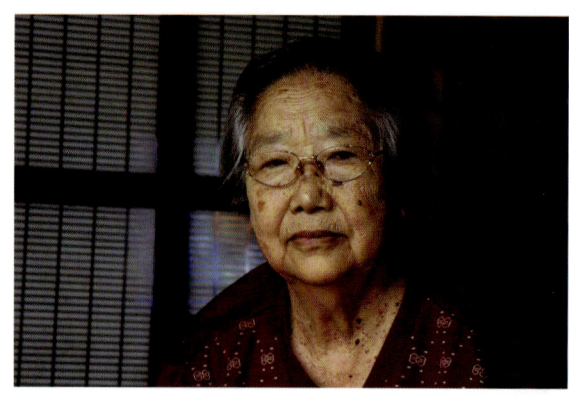

동면 미인 이석회 할머니

그때 좌익들 많이 죽었어요?

여기 사람은 글케 많이 안 죽었어. 저기 저 위에 불물골이라는 데 거기 사람들이 많이 죽었지. 여기 사람은 많이 안 죽었어. A씨라고 하는 이들, 거기 사람들이 많이 죽었어. A씨 내외들 거기 연못에다가 다 집어넣고. 면장 했다지. 떠오르지 못하게 맷돌을 묶어서 다 집어넣고 그랬대. 불물골 사람들이 연못 팔 때 와서 부역질을 좀 해줬네벼. 근데 그 품값을 제대로 안 줬다고. 그 사람들이 남쪽으로 피난 올 때 들어와 가지고 많이 죽였어. 우리 할아버님은 다 살려주고 숨겨주고 그랬어.

할아버지가 그러셔서 피해를 안 당하신 거예요?

많이 살려줬어. 내가 살았는데 뭐하러 그런 거 했나 몰러. 인민재판 할 때 우리 할아버지가 사는 바람에 다 살았지. 그리고 1·4후퇴 때 부산에 내려갔다가 다시 올라왔다가 내려갔다 올라왔다 여기가 길가니까 다 여기로 들어와서 사랑채, 안채 어디고 다 그 사람들이었어. 우리는 저 윗동네로 피난을 갔어. 사람이 하도 많아서 잘 데가 있어야지. 그냥 대청까지 추워도 다들 벌벌 떨고 들어와서 자고 그랬어. 근데 안방으로 들어오는 사람들은 안방에 숨어서 밥을 다 해주라는겨. 얼마나 춥던지. 밥 해줄라면 김치광이 저 뒤에 있었어. 김치 내고 장 뜨고 밥을 할라면 손이 얼어터져서 찢어져서 더껑이가 져가지고 피가 절절 나네. 그래서 하룻밤은 그랬어. 남은 살라고 피난가는데 난 그냥 여기서 죽겠다고. 식구들보고 이 손 좀 보라고 했더니 피가 줄줄 나는겨. 근데 그 말을 들은 윗동네 사람들이 있어가지고 그 사람들이 윗동네에다가 집을 하나 얻어 줘

가지고 거기서 겨울 피난하고 돌아왔어. 그러니까 주인 없는 집이니까 와가지고 해먹고 쌀 있으니까 쌀 퍼다가.

쌀은 다 놓고 가셨어요?

그럼 놓고 가지 그걸 어떻게 해. 나무며 김치며 장이며 다 놓고 갔지. 그러니까 지들이 다 뒤져서 해먹고 그랬지. 그래서 겨울 나고 와봤더니 장판이며 뭐며 신발자국 때문에 다 찢어져서 장판 깔고 어떻게 나다가 그해 여름에 고쳤지.

처음에 피난민들이 왔고 또 1·4후퇴 때 또 아래로 내려왔겠네요?

그렇지.

그 사람들 기억나는 것들은 없으세요?

어떤 사람은 옷 얻어가고. 밥 얻어먹은 사람들 찾아왔을 만도 한데. 하나 없어.

다시 되돌아가서 할아버님 이야기 좀 해주세요. 이 재산은 할아버님 때 다 일구신 거예요?

시아버님 때 일구셨던 걸 할아버지 때는 말짱 써서 오는 사람마다 다 해먹이고 날마다 여관집이었어. 여기 밥장사가 없으니까. 오는 사람마다 아침 해먹이고 점심 해먹이고. 저녁 해먹이고. 잘 때 없으면 재우고. 방이 많았어. 앞뒤로 다 방이었으니까.

집이 전부 몇 칸이었어요?

저 뒤로는 여남은 칸 있었구. 저 앞으로 행랑채가 잔뜩 있었구. 지금이야 길 나면서 다 헐려서 그렇지.

그때 일하는 사람은 몇 명이나 있었는지 기억나세요?

행랑은 대여섯 채 있었지. 그 사람 저 사람 할 것 없이 아침에 쌀 두 말씩 밥 해먹었어.

그럼 아침 점심 저녁 해서 여섯 말 정도 밥 해먹었어요?

그려. 아주 동네 사람들이 다 와서 먹었지. 그땐 없어가지구서. 날만 새면 와서 밥 먹구. 하루아침에 두 말씩 해도 모잘라. 그렇게 살다가 대동아전쟁 났지. 8·15 해방 났지. 또 6·25 났지. 그래 가지고 6·25 나가지고 그렇게 고생을 했어.

연기군 대지주이신데 고생을 하셨어요?

그땐 호강들 하고 살았지. 바느질이나 하고 그런 거나 했어. 그러다가 6·25 나니까. 토지개혁해서 다 뺏겼어. 시아버님 재산을 청주에 있는 큰 아들이 800석을 가지고 가고, 둘째 아들은 400석. 셋째 아들은 600석 가져가고. 자식이 더 많다구. 우리가 600석을 가져야 하는데 그렇게 됐어.

재산을 언제 나눈 거예요?

토지개혁 되기 전에 나눴지. 토지개혁 돼서 다 뺏겼지.

몇 석이나 남았어요?

논은 스무 마지기. 그거 가지고 여직 사는 거여.

직접 나가서 농사지으신 거죠?

그려. 농사지어서 애들 가리키고. 일꾼 하나 두고서 직접 나가서 일했어. 모 심었어. 논하고 밭에 콩 심고 보리 심고, 팥 심고 그랬어. 고추도 심고. 나머진 다 농사지어 먹구 살았지. 고생 말로 다 못해. 말로만 부잣집이었지. 이 동네에서 고생한 사람은 나밖에 없어. 새벽에 나가면 밤에나 들어오고. 밤을 낮 삼아 일했지.

할아버님도 나가셔서 농사지으셨어요?

할아버님은 흙도 안 밟으신 분이라 농사 하나도 안 지으셨어.

의복은 밖에서 사서 입으셨나요?

사서 입을 새가 어딨어. 다 꼬매 입었어. 길쌈도 다 해 입었어. 베짜기도 하고 그렇게 입고 살았어. 다 뺏기고 남들이랑 똑같이 살았어. 오히려 안 하던 고생할라니까 더 고생하지. 말로만 부잣집이라고 소문만 나서.

그래도 산 같은 거 다 남아 있지 않아요? 농지개혁 때 산이나 택지 이런 것들은 남아 있잖아요.

산 남은 거도 큰집 다 줘버리고. 장손자라고 다 갖다가 줬어.

과수원 같은 건 없으셨어요?

없어.

자제분들은 어느 정도 가르치셨어요? 다 대학 보내시고?

다 지들 하는 만큼 가르쳤어. 못 가르친 놈도 있고 가르친 놈도 있구. 한 달에 3,000원씩 나오는데 그걸 가지고 살 수가 있어? 그래가지고 지가증권을 한꺼번에 팔아가지고. 한 80만 원인가. 그거 가지고 등록금을 줄 수가 있어 뭘 줄 수가 있어. 그 놈 다 팔아가지고 장사하는 사람을 줬더니. 이자를 얼마 주고 덥석 떼어 먹어버렸네.

그때 인플레가 심해서.

맞어. 돈이 휴지조각이 되어가지고. 그래서 펄펄 뛰다가 죽는 사람들 많았어. 나 시집

올 때 노랑저고리에 다홍치마 입고 왔는데 그거 입고 바깥에도 못 나갔어. 바깥에 나가보도 못하다가 6·25 나고 안 해보던 일을 해야 하니까 얼마나 고생을 했나 몰라. 말도 못해. 손끝에 피가 나도록 일을 해도 못 당하니 말을 해서 뭘 해. 밭 천여 평짜리에다가 보리가 한 20가마니나 30가마니 나와. 여자들이 그 보리 까불리는 건 다 했어. 그거 까느라고 밤을 새워.

지금 그럼 그 20마지기 남은 거 얼마나 가지고 계세요? 다 가지고 계세요?

다 가지구 있어. 그걸로 식량하는거. 그거 고생 안 할라구 했으면 다 팔아먹었을 텐데. 그래도 부잣집이라고 말만 있으면 어떡혀. 그거라도 남길려고 애를 썼지. 그래서 남은거.

시집오신 이후 이야기 좀 해주세요. 열아홉 살 때 아무것도 모르고 시집오셔가지고. 그때 할아버님 나이는 어떻게 되셨어요? 아드님 세 분이나 나으셔가지구.

이뻐하시다가 돌아가셨지.

아들 셋 낳고 딸 셋 낳구. 할머님 전에 미인이셨을 것 같아요.

동면 미인이었지. 동면서 배민정(면장)이라는 이가 동면 미인이라고 해서(중매를 섰지). 머리가 좋아서 머리를 허리까지 길러서 철렁철렁하고 댕겼어. 옛날에 그렇게 하구 다녔어.

시어머님은 그때 안 계셨죠?

그럼. 그때 시아버님이랑 시어머님 구경도 못 했어. 큰집 작은집 다 같이 살다가 살림 따로 난 거지.

다 같이 살 때 식구가 몇 명이나 되었어요?

한 20명 넘었지. 넘었으니까 한 끼에 밥 두 말 세 말씩 해먹어도 모잘라고 그랬지. 방이 저 뒤에도 있었고 여 아래도 있었고.

그때 할아버님 땅이 어디 어디에 있었어요?

동면 여기 근처에 십 리 안쪽은 우리 땅 안 밟고 댕긴 사람 없었대. 남면 서면, 어디 없는 데가 없었어. 그때 여기가 제일 부잣집이었으니까. 지금도 장 참봉댁이라고 하면 모르는 사람이 없잖아. 그래도 참봉벼슬 한 사람은 동면 일대에 우리 집 하나니께.

그때 누가 소작하러 왔어요? 주로 누가 소작을 했어요?

동네 사람들이 했어. 남자들이 했어. 그때만 해도 여자들이 바깥에 안 나갔으니까.

돈 관리는 6·25 이후에 누가 하셨어요?

내가 다 했어. 돈 같은 거 들어오면 세금 내고 그냥 쓰고 그랬어. 내라는 대로 내고 그랬어. 암것도(아무 것도) 몰랐어.

일제 때 일본 사람들 많이 살았어요?

많았지. 지서니 뭐니. 학교 선생님들이 거의 일본 사람이었어. 우리 집에서 댕기는 선생님들도 셋이나 되었는데.

셋이나요? 그럼 여기서 하숙하는 것이었어요?

어. 있을 곳이 없으니까. 지아부지(아버지)가 사친(사친회장)을 다니니깐 선생님들 오면 집에다가 다 데려다놓고 다 먹이고 그랬어.

면장까지는 일본 사람이었나요?

아니. 면장은 조선 사람이었는데. 면장하는 사람이 동네가 멀었어. 저 노리미 동네였어. 그러니까 면장은 면장 책임만. 그거 원래 면장이 다 하는 거였는데. 다 우리 집에 떠넘겼지. 경찰 지서장도 일본 사람이구, 교장 선생님도 일본 사람이구.

일제 말기 징용도 많이 나가고 공출도 많이 하던데. 여기는 어땠어요?

왜. 많이 나갔어.

혹시 공출 얼마나 많이 당했는지 기억나세요?

쌀들 먹은 사람 없어. 다 쌀은 공출당하고 콩깻묵이나 밀가루나 뭐 그런 거 먹었지.

할머님 댁에서는 어떻게?

우리는 농사지은 거 없으니깐. 다른 사람들이 지었지. 근데 그 농사지은 걸 지은 사람들이 다 가져가니까 우리 집에 도지 들어오는 게 없잖아. 다 가져가니깐. 그니까 우리 같은 사람들은 콩깻묵, 밀가루, 설탕 그런 거만 줬지.

그럼 해방 전에도 먹고살기가 힘들었네요. 부잣집인데도.

엉. 힘들었지. 말로만 부잣집이니까 식구만 많으니께. 콩깻묵이 들어가도 여나무 가마씩. 밀가루가 들어가도 여나무 가마씩, 설탕도 댓 가마니다씩 줬어. 그렇게 주니까 빵 해먹고 콩깻묵 담갔다가 밥 해먹고.

사람들이 많이 여기서 기숙했잖아요. 그 사람들까지 어떻게 다 먹이셨어요?

그러니까 어떻게. 우리가 다 해먹였지. 밀가루로 수제비 해먹고.

일본 사람들 여기 있으면서 도와주고 뭐 그런 거 없었어요?

도와주긴 뭘 도와줘. 그 사람들 저희도 먹기 살기 힘들었지. 엔삣가 뭔가가 그 일본 사람들이 도둑놈 잡는다고 그래가지고 사랑채를 다 뺏어가지고 전기도 끊어놓고 도둑놈 잡는다고 난리도 아니었어.

아. 누가 철로를 끊어놨데요?

어. 그걸 잡는다고 엔삣가 뭔가가 와가지고 사람을 그지마냥 돌아댕기면서 그걸 잡는다고 돌아댕기고 길 가는 사람들 수틀리면 잡아다가 싹 뚜드려 패고 그랬어. 사랑 마당에서 잡아다가 뚜드려 패면 "에거거거" 하면서 쭉 뻐드러져 죽고 와서, 샘 가서 물 한 바가지씩 퍼다가 거꾸로 매달면 켁켁 하면서 깨나. 별걸 다 봤어.

아주 무고한 길 가는 사람들 잡아다가 그 짓 한 거네요.

엉.

그 도둑이 철도를 왜 끊어놨데요?

아니 그 도둑이 끊은 게 아니고 애들이 쪼그만 애들이 댕기다가 끊은 모양이야. 그걸 잡느라고 그 고생을 하고. 사람이 그냥 시커멓고 어둡게 생긴 사람은 끌어다가 뚜드려 패는겨.

왜 지서에서 하지 않았어요?

지서가 이 근처에 있었는데도 지서에서 안 하고 그렇게 집에서 하드라구. 지금이 예순하나니까 갑술년에 그랬나봐.

그때 부잣집에서 공출도 많이 당했을 텐데 무엇을 공출당했나요?

유기그릇, 놋그릇 다. 주걱, 양푼, 식기, 가마니로 세 가마니나 가져갔어. 탄환 만드느라 다 가져갔어. 내놓으라고 하면 다 내놓고. 금반지도 가져가고. 내놓으라면 다 내놓았지 뭐.

할아버님에 대한 이야기 좀 해주세요.

없어. 아버지가 애들하고 자상하게 이야기한 거도 없고. 손님들만 잔뜩 모아다가 장기 두시고 사랑에 손님 대접하느라고 정신없으셨지. 안방에 사랑에 있었는데. 발판 놓고 올라가서 거기서 뭐 먹고 그랬어. 먹는 거 그런 거나 이야기하시고 그랬어.

옛날 어른들은 자식들을 예뻐하면 큰 흉이라고 생각하셨잖아요.

그래도 머리 같은 거는 이쁘다고 깎아주시고 그러셨어. 근데 어떻게 깎다보니까 바가지 머리가 되고 그랬어. 그때 둘째아들이 다리를 삐어가지고 아파가지고 내가 서울에 오래 가 있으니까 애들 머리가 길었나봐. 그래가지고 내가 집에 와보니까 애들 머리가 동그랗게 바가지머리로 깎아놔서. 애들이 내가 오니까 숨어가지고 없어. 머리가 이상하니까 나오지를 못하드라구. 그래도 아부지가 귀엽다고 깎아주고 그런 거여. 옛날 산 거는 산 거도 아닌 거 같아.

장욱진 씨 책을 보니까 고모님 이야기가 많이 나오드라구요.

응. 고모님이 옛날에 이대감집으로 가셨어. 애기를 한참 못 낳으셨어. 그래서 여기 조카들을 다 데려갔어. 아들 넷만 낳고 아버님이 일찍 돌아가셨거든. 그래서 다 데려갔어. 어머님까지 다 그 앞에다가 집을 냈어. 집을 사가지고 거기서 살림하고 공부시키시고 그러셨어. 거기서들 공부를 해가지고 대학까지 다니고 둘째는 화가가 되고. 셋째 넷째는 학교 댕겨서 선생님이나 되고.

집 사고 그런 거는 장욱진 화백 아버님이 내신 건 아니구요? 고모님이 다 내셨어요?

그 집 살 때는 우리 시아버님이 냈지. 아버지가 일찍 돌아가서 가지고 둘째아버지가 살림 내셨지.

고모님이 여걸이셨다면서요?

응. 아주 여걸이셨어. 재산도 많았지. 이 대감님 집안이니까 많고 적고가 아니라 아주 수십 명 부리는 대궐이었어. 천안. 수신면 발산리. 거기서 사셨는데 대감노릇하시면서 서울로 올라오셨지. 서울에 올라가셔서 정착하셨지. 서울에 큰조카, 둘째조카 다 데려다가 서울에서 사셨지.

할아버님은 몇 년도에 돌아가셨어요?

6·25 나고서 그 2년 뒤엔가 3년 뒤엔가 돌아가셨어. 56년돈가.

남편 돌아가시고 나서 많이 슬프셨어요?

슬플 새도 없어. 애들이 있는데 내가 슬퍼하고 있으면 어떻게 해. 그때 막내가 아홉 살이었어. 이젠 그만혀.

장시간 고맙습니다.

'송룡리 할머니의 평범한 삶' 박헌금 씨

일제 강점기와 한국전쟁 시기를 살아온 마을의 평범한 할머니, 한 분 한 분 기구한 사연이 많아 절대로 평범한 삶을 살지 않았지만, 너무도 그런 할머니들이 많아 평범한 삶이 되어버린 할머니의 일대기이다. 할머니는 무학으로 식구 9명에 논 두 마지기 소작하는 집에 시집와서 고생을 무척 하였다. 할아버지는 머슴살이를 하였고, 일제 강점기에는 죽과 콩깻묵으로 연명하였다 한다.

안녕하세요. 할머니 살아오신 이야기 들으러 왔어요. 요즘 어떻게 지내셔요?

아침은 해서 먹고 노다지 일이여. 일.

할머님 연세, 몇이세요?

열여섯 살 먹어서 시집오고 칠십일곱이여.

시집오셨을 때부터 이야기 해주세요.

나 시집와서는 논 두 마지기 부쳤어. 논 두 마지기 부쳐서 아홉 식구가 먹고 살았는디 오죽하면 내가 죽을 안 먹어요. 3년을 죽을 쒀먹었어. 딴 디서(딴 곳에서) 쒀먹으면 건 할아버지지. 콩깻묵. 콩깻묵밥을 쒀서 먹었어. 옛날에는 거름을 갖다가 밥을 해먹었어. 먹을 게 없으니께. 왜정. 왜정. 왜놈들이 기름 짜고 그 콩 찌끄레기(찌꺼기)를 콩깻묵이라고 해.

그거 누가 갖다 줬어요?

면에서 나왔지. 아이구 내가 오죽하면 죽을 안 먹어. 3년을 죽을 쒀먹었는데, 아침에는 밥이나 되겠어? 전기는 토란. 여름에는 보리감자. 보리쌀 한 되 놓고서 그걸 놓고선 해 먹었어. 나같이 고생한 사람은 없어. 다들 논 열댓 마지기씩 지었는데. 난 진짜 고생했어. 보리를 삶아가지고 말려서 쪄서 그렇게 해서 먹었어.

논 두 마지기 가지고 그냥 아홉 식구가 사셨어요? 그 다음에 남의 것 소작 좀 하셨어요? 어떻게 두 마지기 가지고 먹고 살아요?

바깥양반이 남의 집 가고. 열다섯 살에 남의 집에 들어갔는데 가을이고 겨울이고 물지게를 졌는데 열다섯 먹은 게 뭘 알어. 우리 집 양반이 남의 집 일할 때. 머슴 살 때 열다섯이었다구. 그렇게 해서 그냥 먹고 살고 아이고 말도 말어. 이야기도 다 못다 해.

할아버지가 열다섯 살부터 머슴살이 하셨어요? 어디 누구네 집 가셔서요?

당숙들 집.

몇 살 때 결혼하셨어요?

열예섯 살 먹어서 나는 시집오고 그는 스무 살 먹고서 왔었는데, 시월 스무날 왔어. 석 달 만이던가. 군인 갔어. 군인이 아니고 그 뭐가 있더라.

징용?

징용인가. 보급대! 보급대 갔어. 시집와가지고. 장가들고서는. 어, 그래가지고 갔는데, 그래도 한 종씨가 낫지? 귀에다가 오줌을 눠서 넣으라고 하드래. 그래서 오줌을 넜는데 글루(거기로: 보급대로) 보낸거. 다 징용갈 때 오줌 누면 안 간다고. 그래서 집에 와가지고 고생하는데, 그때 그냥 이가 그냥 벌떡벌떡 해. 옛날에는 뭔 이가 그렇게도 많어.

옛날에는 이 많았죠. 그래서 헌병들이 와서 DDT 막 뿌려주고 그랬잖아요.

맞어. 옛날에는 방에도 하얀 걸로 막 뿌렸어. 아 그래서 먹을 걸 먹어, 입을 걸 입어. 그냥 다 머슴 살고 쌀계 들어서 쌀 먹고, 둘째 일곱 마지기 내주고, 셋째 논 너 마지기 밭 800평 주고, 넷째 저 논 서 마지기 사가지고 주고, 다들 남의 집 살았어. 우린 다 남의 집 살은 거. 시동생이고 바깥양반이고. 그렇게 해서 다 내놨어. 시동생들도 다 벌어서 간 거야. 남의 집 살고 그래가지고. 한 가마 받고서 먹고살기도 바빴어. 그래가지고 논 서 마지기 부쳐가지고서 우리 영감이 죽었네. 그랬는데 그걸 팔아가지고서 우리 딸애 공장 차리는데, 그걸 갖다 주고서 2년인간 3년인가 키워서 반 마지긴가 사줬어. 우리 아들네도 거시기 했지. 우리 큰아들이 또 외국 가서 돈 100만 원도 벌어가지고 오고.

어느 외국 나갔다 오셨어요?

사우디 갔다 와가지고 100만 원 벌어가지고 장가들어 가지고 이층집 사줬어. 이층집 사주고 둘째아들이 인제 또 지가 벌고 거시기 해가지고 저 집이냐구 쬐끔 해. 그런데도 3,000만 원 주고 샀어. 사고 거기다가 삼층을 졌어요. 우리 작은아들 삼층 살잖아. 삼층 올려가지고서는 삼층은 지가 살고, 둘째 칸은 세놓고. 밑에다는 세 칸. 두 칸은 사람 살고 한 칸은 가게 하고. 나같이 고생한 사람은. 오죽하면 내가 죽을 안 먹어. 여기서 죽 쒀서 먹으면. 아이고 나는 안 먹고 그냥 가. 하하하.

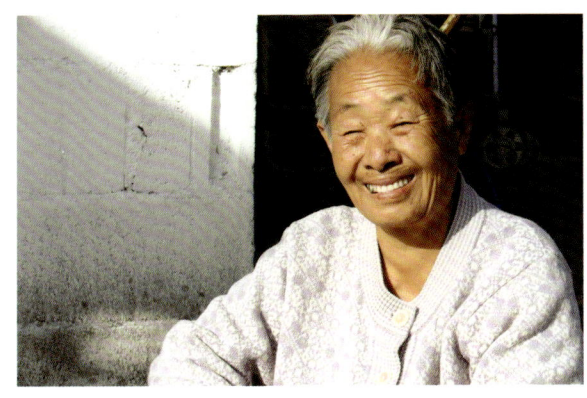

박헌금 할머니

할아버지는 남의 땅 안 부쳤어요?

남의 땅은 안 부쳤어. 남의 땅은. 그것밖에는 몰러. 하여간. 남의 땅이 그때 부칠 만한 집이 없어.

여기 장기황 씨 부자였잖아요?

그 집에서 논 두 마지기 줘서 부치고 살았어. 일꾼 서넛씩 둬가지고 부쳐 먹고 했지. 누구를 줬나. 지금 마냥 부쳐 먹으라고 줬나. 쌀 한 말에 닷 되씩 이자 붙이고 했어.

한 말에 닷 되씩 이자 붙였어요?

그때는 5부 이자여. 쌀 한 말이면 가을에 가서 닷 되 부쳐야혀. 닷 말씩, 열닷 말씩. 그때 머슴 사는 사람은 사실 말이지? 일 년에. 네 가마니. 상머슴은 일 년에 네 가마니씩 받았어. 일 년이면. 그러니까 빚이 자꾸자꾸 느는겨.

그럼 농지개혁 때 농지 불하받지 못하셨어요?

불하받을 때가 어딨어. 없어. 순전히 몸땡이로 벌어먹고 살았어.

몸으로……. 그래서 주로 농사 지셨어요? 그럼은 할아버지 보급대 갔다 오신 다음에, 한국전쟁 때에는 안 끌려가셨어요?

갔다가 그냥저냥 머슴 살고 그냥 살은거.

할머니 시집오실 때 해오신 혼수품은 뭐예요?

혼수품도 없어. 허허허허. 옛날에는 없는 사람은 이렇게 말로 사람만 데려가. 그냥 이불도 장롱이불. 여기서 쬐끄만 거(조그만 것) 하나만 있었어. 웃방이 어찌나 추운지,

자고 일어나면 물 떠다놓으면 물이 꽁꽁 얼었다니께. 우리 어무니 아부지가 어려서 논 열댓 마지기 부쳐서 그 이불 한 떼기도 못해주고서는 그냥 보낸겨. 그래가지고 친정 가서 친정엄니는 인간도 아니라구! 딸을 어떻게 그냥 보내! 아이고 그냥 나갔다 들어오면 그렇게 해왔다구. 그냥……. 나 시집간 다음 날 큰며느리가 들어왔는데. 큰며느리가 혼수를 잘해왔어. 그래가지고 나한테 그냥 얼마나…….

아, 시어머니가?

응. 못 해주는데 어떡하느냐구. 저한테 지껄이면 어떡하느냐구 그라니께 그냥 말대꾸 한다고 뭐라 그러고. 시집가서 뭐 구박받았어.

혼수품 안 해가고 왔다고?

그러니께 그렇게 지껄이더라구.

다른 며느리들은 해왔어요? 나중에? 둘째 며느리, 셋째 며느리?

걔들은 해왔지. 아들이 셋이나 있으니께 그 며느리만 잘 해오면 되지 않느냐고 하니께 말대꾸 한다는 소리여. 그 둘째 동서는 이불 한 떼기 하고 궤짝 같은 거 작은 거 하나 해오고, 셋째 동서는 농하고 이불하고 해왔어.

아침에 몇 시에 일어나셨고, 아침에 밥을 어떻게 하셨고, 하루 일과 들려주세요.

옛날에는 새벽에 일어나서 물지게 지고 여기다 물 채워놓고, 아침에 밥 하고, 점심·저녁 죽 끓이고, 밭에 나가서 모심고. 밥해서 들에 내다주고 그랬지. 옛날에는 밥해 먹고 빨래하고, 가마 치고. 칡도 따고, 아카시아 꽃도 따다 먹고. 왜정 때. 아카시아 꽃에다 밀가루 보리쌀 버무려서 쪄서 먹었어.

여기 방앗간이 없었어요? 이렇게 큰 동네에?

방앗간이 어딨어. 옛날에. 옛날에는 없었어. 우리 시대가 젤 더러운 때 만나가지고 젤 고생한거. 모두 팔십일곱 먹은 양반들이 그랬어. 다 가난했어.

할머니 장시간 감사합니다.

(김현숙)

솔올마을의 민속

민간신앙

공동체신앙

송룡리는 낮은 야산의 산기슭을 따라서 주택이 늘어서 있다. 골짜기의 평탄지대
는 전답이 조성되어 있으며 이 전답을 사이에 두고 마을의 주택이 늘어서 있다. 송룡
1·2리를 합하여 190여 세대에 460여 명의 주민이 이 마을에 살고 있다.

1리의 산신제   송룡 1리에서는 1980년대 초반까지 산신제를 지냈다. 그러던 것이
1980년대 중반에 이르면서 지내지 않게 되었다. 산신제를 지내는 주 목적은 마을의
평안과 농사의 풍작, 마을 사람 개개인들의 건강함을 소망하는 것이었다.

산신제는 매년 정월에 지냈다. 산신제의 날짜 선정은 마을의 원로들이 중심이 되
어 정하였다. 먼저 마을 사람 중에 제주가 될 대상 인물을 가렸다. 이들 대상 인물은
깨끗한 사람이라야 한다. 상사나 출산이 있는 사람은 당연히 배제된다. 대상 인물이
가려지면 이들 인물 부부의 사주를 근거로 날을 가렸다. 심지어 해당 인물의 부모까
지도 좋은지 나쁜지 여부를 볼 정도로 꼼꼼하게 따졌다. 제보자는 제주를 가리는 데
일주일을 회의한 예도 있다고 한다.

제사를 지내는 중심인물은 3인이다. 먼저 음식을 마련하는 당주와 제를 주관하는
제주, 축을 읽는 축관이 그들이다. 제주로 선정된 이의 집 대문 앞에는 황토를 좌우
로 세 무더기씩 놓았다. 부정을 쫓기 위함이다. 그리고 제주 자신도 여러 금기를 지
켰다. 비린 것을 먹지 않고 부부관계를 하지 않는다. 피를 보아서도 안 되고 부정한

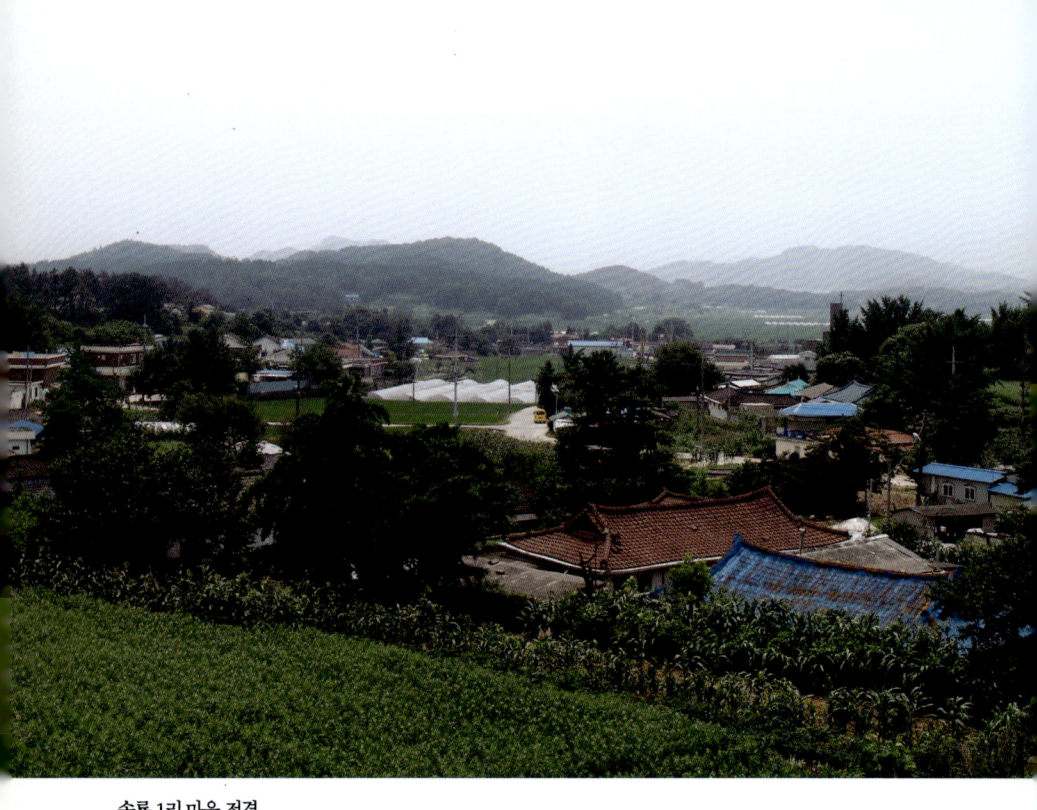

송룡 1리 마을 전경

곳에 가서도 안 된다.[1] 이러한 금기는 제주 본인뿐 아니라 마을 사람들에게도 해당하는 것으로 보았다.[2] 따라서 산제 지내는 날을 받아놓은 뒤에는 마을 사람 개개인이 알아서 조심하는 행동을 하였다.

　제장은 마을 뒷산의 산 정상에 위치한다. 이곳에는 2평 남짓한 당집이 있었다. 이 당집은 제사를 지낼 공간이라기보다 제기 등을 보관할 목적으로 지은 것이었다. 당집은 흙벽돌로 벽을 쌓았고, 지붕은 짚으로 이엉을 엮어 이었다.[3] 제사를 지내던 자연제장은 이 당집에 바로 이웃한 바위와 그 주변이었다. 길이가 1미터 조금 넘는 이 바위 전면이 제사의 주된 공간이었다. 그런데 필자가 보기에 이 바위는 남방식 고인돌로 추정된다. 우선 황토산 위에 바위가 위치하고 있다는 점에서도 그러하고, 지금은 매몰되었지만 바로 이웃한 잿백이 바위에서 돌칼 등의 유물이 나왔다는 구술에 의할 때도 그러하다.

제물은 당주가 전적으로 맡아 준비하도록 하였다. 백설기 한 시루를 찌고, 밤, 대추, 곶감, 사과, 배 등의 과일을 진설한다. 여기에 술과 고기를 올리는데, 술은 당주가 자신의 집에서 직접 빚은 것을 이용하였고, 고기는 돼지를 잡아 익히지 않은 채로 올렸다. 돼지고기는 제사 지낸 후에 마을 사람들에게 고르게 나누어주기도 하였다. 제의 비용은 마을 기금으로 사용하였다.

제물 진설이 이루어지고 나면 산제를 시작한다. 대개 자시(子時)에 산제를 올린다. 제주가 축관의 도움을 받아 술을 한 잔 올리고 나서 물러나오면 축관이 독축을 한다. 축의 내용은 마을의 평안과 마을 주민 개개 가정이 무탈하고 번영하기를 소망하는 내용이다. 이렇게 독축을 한 뒤에 제주 일행이 재배를 한다. 술은 석 잔을 이어서 올린다. 술을 올리고 난 뒤에는 소지를 태운다. 소지를 태울 때에도 마을의 안녕을 다시 한번 소망한다고 한다. 이렇게 소지를 태운 뒤에 당주가 마을 쪽을 내려다보며 횃불을 흔든다. 그러면서 "마중 받으시오" 또는 "마중시루 떼 놓으시오"라고 외친다. 그러면 기왕에 시루를 쪄놓고 기다리고 있던 개개 가정에서 시루를 떼어다 성주나 터주 앞에 놓고 비손을 한다.

제주는 산신제를 마친 다음 날 음식을 한지에 싸서 돌리기도 하였다. 또, 돼지를 잡았을 경우에는 고기를 고르게 잘라 가가호호 돌렸다.

한편, 이 마을에는 산제당과 관련된 일화가 전한다. 이 일화는 마을 사람들의 산신에 대한 의식의 단면을 엿볼 수 있는 자료가 되기도 한다.

거기서(산 속의 제당 근처 우물) 고등학교나 대학교 시험 보러 가는 애들, 전부 목욕을 시켜가지고……. 응, 떡시루 갖다놓고 절을 해가지고서……. 그 넘을 냉수물 한 번 먹고 떡도 한 번 먹고, 그리고 시험 보러 갔어요. (조사자: 그게 언제 이야기에요?) 이게 전두환 정치 전에부터지. 산지당 헐기 전부터. 아. 우리 또래가 그랬다니께. 젊은 사람이 우리지.
　　　　　　　　　　　　　　　　　　　　　　　　　　　　　　　　　　　　　　－장형진

산신제를 잘못 지냈을 때의 불행에 대한 언급도 보인다.

한겨울이고 뭐고 정성인디, 동네 사람 잘못하면 그전에는 옘병이라는 것이 있었어요? 장질부사라고 하지. 그런 게 많았었는디, 그런 거 못 지내면 동네가 싹싹 쓸어가고 그랬어요.

　　　　　　　　　　　　　　　　　　　　　　　　　　　　　－장형진

　이러한 답변 속에는 마을의 평안이 산신에게 달려 있다는 믿음이 깔려 있다. 곧, 산신이 마을의 안녕과 관련된 질병 단속을 한다는 관념에 근거한다.

　한편 제보자 이정림은 산신제를 지낸 다음 날 풍장을 치는 예도 있었다고 한다. 산제에 올린 음식을 가지고 당주의 집에 모인 사람들에게 대접하며, 한편으로 풍장을 치며 놀았다는 것이다.

　2리의 산신제　송룡 2리는 80여 호가 마을 안의 야산을 끼고 운집해 있는 작은 마을이다. 이 마을에서는 오래 전부터 산신제를 지내왔다. 산신제의 시초 내력은 전하지 않지만 대개 1970년대를 전후하여 단절되었다고 한다.[4] 산신제는 매년 동짓달 초하룻날 지냈다. 곧, 음력 11월 1일 첫새벽인 자시를 기해 산신제를 지냈다. 산신제의

송룡 1리의 산신제장(고인돌)

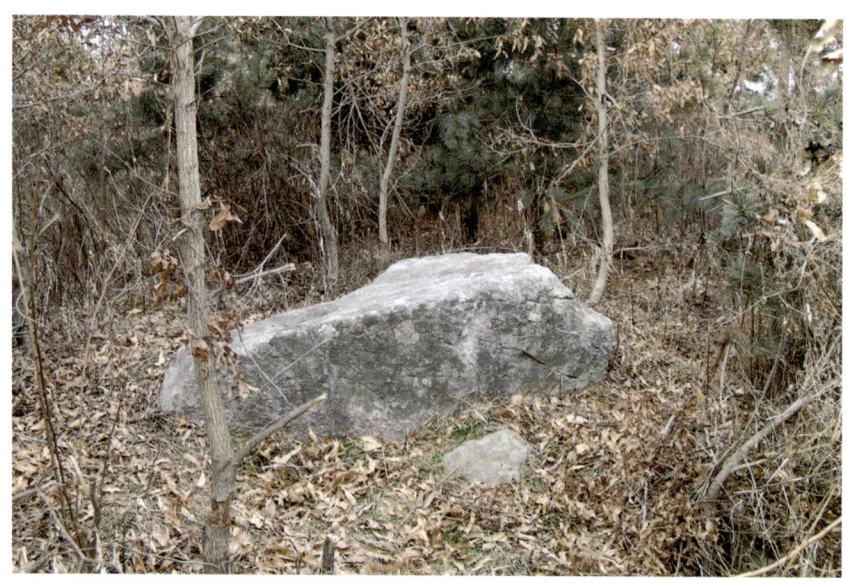

목적은 마을의 평안과 곡식의 풍작, 개개 주민들의 무고함과 번영을 빌기 위함이었다.

제관은 당주와 제주, 축관 등 3인을 선정하였다. 대상자의 사주를 가지고 오행을 짚어 무난한 사람을 가렸다. 또, 이렇게 선정된 사람은 몸과 마음을 깨끗이 할 뿐 아니라 부정한 일을 하지 않았다.[5] 제관 가운데 당주는 제사에 필요한 음식을 준비하는 역할을 수행한다. 제의에 필요한 도구로부터 제물 일체를 전담하여 마련하는 사람이다. 제주는 산신제의 제의를 주관하여 진행하는 역할을 담당한다. 이를테면 제의의 중심 위치에 있는 인물이라 할 수 있다. 그리고 축관은 제의에서 축을 읽는 역할을 수행한다.

제장은 현 연동초등학교 뒤편 야산에 있었다. 자연제장의 한옆에 3~4평 규모의 당집이 있었다. 이 당집에는 제의 때에 사용하던 제구와 제기 등을 보관하였다. 지금은 이 당집이 헐린 지 오래여서 흔적조차 남아 있지 않다.

제물은 돼지머리, 백설기, 명태포, 뫼(밥), 과일, 술 등이다. 이외에 탕을 썼으며 술은 집에서 빚은 것을 사용하였다고 한다. 제보자는 자신이 30대에 당주가 되어 직접 제물을 준비한 바 있으나 오래 되어서 잘 기억이 나지 않는다고 한다. 다만, 찬류는 골고루 준비하였던 것 같다고 술회한다.

제의와 관련하여 제물 마련 비용은 마을의 기금에서 일정액을 내주었다. 또, 해에 따라서는 이장이 당주와 같이 시장에 나가 제의 관련 비용을 지불하기도 하였다.[6] 제물은 당주 집에서 마련하여 자시가 임박하였을 때에 이웃한 산 제장으로 가지고 갔다. 대개 지게에 제물을 올려놓고 짊어진 채로 가지고 갔다. 시간에 맞추어 제물을 진설하면 바로 제를 올렸다. 제주가 헌주 배례를 하면 축관이 축을 읽는 방식으로 제의가 진행되었다. 이어서 소지를 올리고 나면 당주가 마을을 향하여 '마짐 시루 떠 놓으세요!' 라고 외친다. 그러면 마을의 일부 가정에서 미리 준비해둔 시루를 떼어다 성주나 터주 앞에 놓고 고사를 지냈다.[7]

산신제를 지낸 뒤엔 음식을 거두어 마을로 돌아온다. 그리고 날이 밝으면 한지에 음식을 싸서 돌리거나 어른들을 당주 집에 불러 음식 대접을 하였다.

이처럼 과거 송룡 1·2리 마을에서는 각각 산신제를 지냈다. 그리고 제의를 지내는 주된 목적은 마을의 평안이라고 하는 공동체의 집단 소망으로 집약되었다. 여기에 개개 마을 사람들의 풍농, 가축의 번성과 같은 기원이 표현되기도 하였다. 아울러 집단제의의 주신인 산신은 마을 사람 개개인들의 길흉에 실질적인 영향을 주는 존재로 인식하였다. 단적인 예가 앞서 제시한 시험 보러 가는 수험생의 고사의식과 같은 것이다.

하지만 이렇게 마을 사람들에게 절대적인 신심의 대상이 되었던 산신제임에도 시대의 변화 앞에서 소멸의 과정을 밟게 되었다. 보편적으로 우리나라의 집단제의가 큰 변화를 보이는 시기는 1950년대 한국전쟁과 그 이후, 1970년대의 새마을사업 전개 시기, 1980년대 이후 현대문명의 급진적 발전 시기이다. 송룡리의 경우 2리는 새마을사업과 1리는 현대문명의 급진적 발전과 맞물려 산신제가 소멸되었음을 확인할 수 있다.

1리의 **샘고사** 송룡 1리에는 공동샘 2개가 있다. 이 공동샘을 대상으로 매년 정월 보름에 샘고사를 지냈다. 공동샘의 위치는 현 마을회관 옆과 산 제당으로 이어진 마을 길 옆이다. 이들 공동샘은 마을 사람 대부분이 사용하던 수원이었다.

샘고사는 산신제와 달리 비교적 간단했다고 한다. 샘을 깨끗이 청소하고 샘 앞에 깨끗한 짚을 놓는다. 짚은 열십자로 놓는다. 이 짚 위에 돼지머리 하나를 놓고, 바로 이웃하여 떡시루 하나를 놓는다. 이외에 대추나 밤, 명태포, 술 등을 놓고, 돈을 놓기도 한다. 또, 촛불을 밝힌다. 이렇게 제물을 진설한 뒤에 제를 지낸다.

샘고사의 제주는 부부가 중심이 된다. 산신제와 마찬가지로 깨끗한 사람을 제주로 선정하는데, 절에 다니는 사람이 깨끗하다고 하여 이들을 가려 정한다. 이렇게 정한 제주 가운데 중심인물은 여성이다. 산신제와 달리 샘고사의 중심 제주는 여성이 되며, 남성은 술을 따르는 등으로 보조적인 역할을 수행한다. 이들은 보름날 밤 10시 무렵에 고사를 지내기 시작한다. 고사의 진행은 술을 따라서 올리고 비손과 재배를 하는 등으로 비교적 간단하게 이루어진다. 이 고사 과정에 별도로 참여하여 절을 올리고 싶은 사람은 참여토록 한다. 이들은 샘을 향하여 절을 한 뒤에 제물이 놓인 한쪽에 돈을 놓기도 한다. 대개, 돈은 10원짜리 또는 100원짜리 동전이었다.[8]

샘고사를 올리는 목적은 마을 공동샘의 수원이 마르지 말라는 뜻이라고 한다. 물이 풍부하게 나와서 마을 사람들이 물 걱정을 안 하도록 용왕님께 빌기 위함이라는

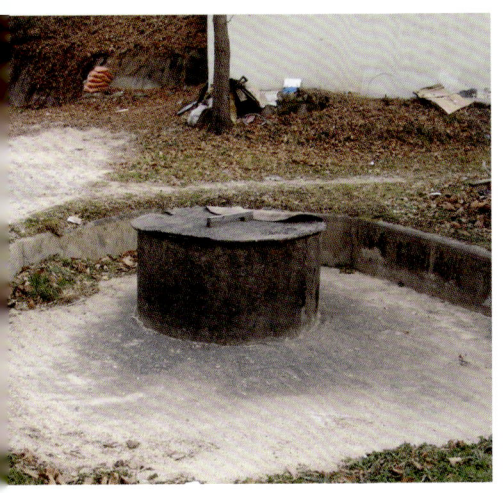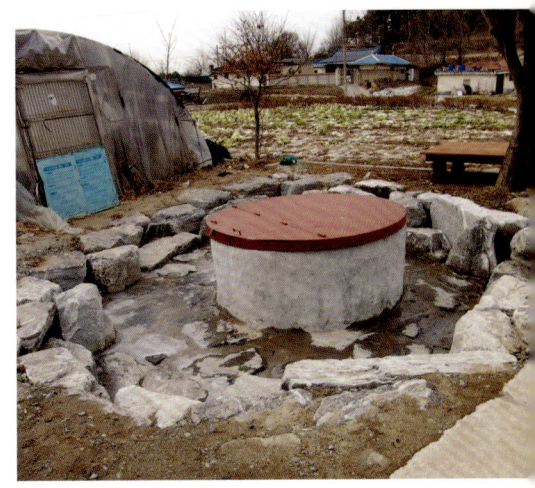

송룡 1리의 샘 제장들

것이다. 이렇게 빌기를 마치면 고사 지낸 음식을 조금씩 떼어서 제장의 한쪽에 놓는다. 그리고 나머지 음식은 고사에 참가한 사람들이 고루 나누어 먹는다.

제보자는 샘고사를 지낸 뒤 산신제를 지내는 것이 원칙이라고 주장한다. 이러한 맥락에서 본다면 마을 전반을 관장한다고 신앙하는 산신과 물을 관장하는 수신을 같은 날 위하는 것으로 볼 수 있다. 요컨대, 마을 사람들은 이들 기원 대상인 마을신에게 제의를 올림으로 해서 마을의 평안과 식수의 안정적인 확보를 꾀하려 하였던 것으로 이해할 수 있다. 산신제와 달리 샘고사는 집단제 내지 개인제 형태로 지금까지 제의가 전하고 있다.

가택신앙

가택신앙은 울타리를 단위로 하여 울타리 안에서 이루어지던 신앙이다. 이 신앙의 주체는 그 가정의 주부이다. 남성이 이를 보조하기도 하지만 신앙의 의례 수행 중심에는 항상 주부가 있다. 송룡리를 대상으로 조사한 가택신앙의 사례를 제보자의 구술을 토대로 정리하여 제시한다.

지금은 시국이 발달해서 안 하는데 옛날에는 꼭 장광에다 시루를 했지. 백설기를 장광에다 꼭 쪄놔야 우리가 마음이 편하니까? 시월 상달에. 시월 초사흗날, 정월 초승에, 칠석맞이. 일 년에 세 번씩 해요. 동짓달 산제 지낼 때는 동네 사람들 기도 하는 거지. 떡은, 산신제 위하고 그러는 양반들은 그 날 지내는 사람들과 똑같이 하느라고 마당에 짚 깔고 고기다 '마짐 시루' 받을 때 놓는 거여. 자기도 절하고. 하는 이들은 그렇게 하고. 몇 집 안 됐어요.

성주시루를 하며는, 굿 하면 고깔마냥 쌀 해서 동전 해서 매달고……. 그렇게 안 하면 가을농사 해서, 떡 해서 먹고. 돌려가며 먹었지. 단지나 바가지에 쌀을 넣어놓지는 않았어. 아무나 안 해.

—이정림[9]

위의 지문에는 가신(家神) 가운데 터주와 성주에 대한 구술이다. 제보자는 일 년 중 시월 초사흗날, 정초, 칠석에 시루떡을 쪄 가신을 위한다고 하였다. 제보자의 구술을 근거할 때 떡을 찌면 안방의 성주와 장독대의 터주신께 가져다놓고 비손하였음을 확인할 수 있다.

한편, 시월은 가을걷이가 마무리되는 시기이다. 집집의 곳간마다 곡식이 쌓여 살림이 넉넉한 때이기도 하다. 이런 바탕에서 이 무렵엔 전국적으로 떡을 쪄 가신에게 고사하는 관습이 전래하였다. 따라서 갈떡을 쪄 고사하는 사례는 비단 제보자나 제보자가 속한 마을만의 풍속이 아닌 보편 풍속이다. 그리고 이때의 고사는 가신에 대한 천신(薦新)고사의 성격을 갖는다. 햇곡식을 가지고 음식을 만들어 수확의 기쁨을 알린다고 하는 점에서 추수감사제의적 성격을 갖는 천신고사라는 것이다.

정초의 가신에 대한 고사는 안택고사로서의 성격을 갖는다. 정초고사는 무당을 부르는 예가 흔하였는데, 이 마을도 예외는 아닌 듯하다. 제보자의 구술처럼 무당을 불러 고사하였다고 하는 것은 안택고사를 하였음을 말하는 것으로 풀이할 수 있다. 안택고사 때에는 고사와 함께 종이로 성주를 접어 벽에 부착하였다. 제보자는 이때에 성주 속에 돈을 넣었다고 말하고 있는데, 이는 재화를 부르기 위한 행위 또는 성주에 대한 폐백 같은 것으로 해석할 수 있다.

주머니에다가 가을농사 첫 번 지으면, 수확하면 서 되나? 그해에 농사지은, '일 년 농사 서운치 않을것다. 고맙다.' 이런 마음으로 자루에 담아가지구 매달아 놓더라구요. 직접 바느질해서. 쌀을 일 년 두었다가 그것을 그날 꺼내서 떡을 찌구 다시 햅쌀을 담아. 성주주머니라고도 하고, 신주단지라고도 하고…….   ─장현이랑

위의 지문은 성주의 형상에 대한 구술이다. 성주의 가장 보편적인 형태는 단지나 바가지, 꽃과 같은 형태였다. 곡식을 담는 용기의 형태는 바가지와 단지라 할 수 있는데, 이 가운데 바가지가 보다 오래되고 단지는 그 후대의 것으로 본다. 그런데, 여기에서는 자루나 주머니가 곡식을 담는 도구로 제시되고 있다.

(조사자: 장독대 뒤에 놓는 것을?) 예. 터주단지. (조사자: 작아요?) 예. 해보진 않았어요. 벼 잘 해야 한 말 들어가. 새우젓 통만 하니까? 집집마다 다 해놓는 게 아니여. 어떤 할아버지는 나무도 (나뭇단을 쌓는 시늉을 하며) 이렇게 해놨어. 업단지. 나무를 해마다 조금씩 쌓고쌓고 이렇게 했어. 다발해서 올려놨어. 삭정가리(삭정이 나뭇단). 나무 해다가 싸닝께, 그 뒤에다 (나뭇단 둘러서) 자기 키쯤 되게 쌓아놨어. 그러면 그게 자꾸 썩어서 내려앉고, 위에는 자꾸 해다 놓고 그러는겨.   ─이정림

지문은 터주단지와 업단지에 대한 구술이다. 터주단지는 터주의 신물(神物)이다. 터주는 단지 형태로 제시되는데 그 속에는 벼를 놓아두는 것이 일반적이다. 송룡리의 경우도 예외는 아니다. 터주단지의 위치는 뒤꼍의 장독대 주변이다. 대부분의 가정에서 이곳에 터주단지를 놓아둔다. 터주는 그 집의 터를 관장하는 신명이다. 따라서 가신 가운데 성주, 조왕과 더불어 비중 있는 신명으로 인식한다. 이런 맥락에서 터주에 대한 사람들의 인식은 보다 각별하며, 고사 때에 기원 대상에서 빠지지 않는다.

업은 집을 지켜주고 복을 불러들이는 존재를 말한다. 이러한 업으로는 두꺼비, 족제비, 구렁이와 같은 것이 있다. 과거 우리나라의 시골 마을이 산기슭을 평토하여 이루어져 있었기에 앞의 동물이 민가에 드나들거나 아니면 아예 붙박이로 거주하는 예가 흔하였다. 특히, 구렁이는 황토담을 서식 근거로 삼았고, 두꺼비는 민가의 뒤꼍

대나무밭과 같이 습한 곳을 동면장소로 택하여 살았다.

그런데, 사람들은 이들 동물이 집안을 흥하게 하는 것으로 보고 위하였다. 그 유래나 신앙 시기는 정확치 않지만 보편 풍속으로 전래하였다. 따라서 업의 대상이 되는 동물을 보호하고 나아가서 신앙의 대상으로 삼기도 하였다. 시월고사나 정초의 안택고사 때에 이들 업신을 거명하며 발복을 소망하는 등의 주술적인 염원이 그 증거가 된다.

하지만 업을 위하면서도 지문에서의 업단지와 같이 업을 위한 신물을 만드는 예는 흔치 않다. 지문에는 보이지 않지만 제보자는 이 업단지가 구렁이를 위한 것이라고 구술하였다. 이를테면 업단지를 둔 사람은 구렁이 업신을 위해 신물로 단지를 놓아두고 위했던 것이다. 업단지 주변에 삭정이 나뭇단을 해서 쌓아둔 것도 역시 구렁이 업신의 거처를 마련해주기 위한 행위로 볼 수 있다.

> 햇벼가 나오면 (터주가리에) 다시 갈아서 넣고. 그것은(터주단의 덮개) 고깔마냥, 고깔마냥 하잖아요? 가운데. 비 맞지 않게 해놓고. 고 이듬해 나란히 놓고 그거(터주단지 안에 있던 묵은 쌀)는 해 먹고. 또다시 놓고놓고 그렇게 했지. 서너 집이서 했지. 김영통, 장내철 씨 집이서……. (조사자: 삼신을 모시는 일이 있었을까요?) 삼신단지 같은 건 없지. 조상단지 같은 것도 안 했어요.   —이정림

위의 지문은 터주단지 위에 씌우는 유두지에 대한 설명이다. 터주단지는 야외에 놓아두기 때문에 눈비에 그대로 노출되어 있다. 유두지는 이렇게 자연에 노출된 터주단지를 보호하기 위해 만든 것이다. 부연하면 한 다발 정도의 짚을 가지고 손질한 뒤 머리 부분을 묶는다. 그리고는 이것을 고깔 모양으로 펼쳐 단지를 덮는데, 이를 유두지라 한다. 유두지를 해두면 아무리 눈비가 와도 단지 속의 벼가 상하지 않는다고 한다.

단지 속의 벼는 1년 동안 그대로 보존한다. 1년이 지난 뒤 그해 가을에 전년도의 벼를 쏟아내고 햇벼를 다시 단지에 담아둔다. 제보자의 말에 따르면 터주단지에서 나온 벼를 가지고 도정하여 밥이나 떡을 찌는데 가족끼리만 먹어야 한다고 한다. 반

면, 이에 반하는 의견을 제시하는 이도 있다. 이곳에서 나온 쌀을 가지고 떡을 쪄 이웃과 나누어 먹는다는 주장이다. 이 양자의 견해 중 보편적인 답변은 전자였다. 자기 집 터주신의 음복이 깃든 쌀이기 때문에 가족끼리 음복을 나눈다는 것이다.

통과의례

출산속

출산속(出産俗)은 자식을 비는 기자(祈子)로부터 태몽, 태교, 해산, 산후속까지를 두루 포함한다. 송룡리의 출산속도 이러한 점을 대상으로 조사 정리하였다. 먼저 기자에 관해서는 제보자의 대부분이 치성(致誠)을 말하였다. 치성은 절에 가서 빌거나 집 안의 장독대에서 터주, 제석, 삼신을 읊조리며 비는 등의 방법으로 이루어진다. 주술적인 행위로는 장닭을 잡아서 솥에 넣고, 또 밤, 대추 등을 넣은 뒤 고아서 그것을 먹게 하는 방법이 전하였다. 이외에 그늘에 말린 잔대를 솥에 넣고 삶아서 먹었던 예가 있다고 한다.

기자와 달리 태몽은 지금까지도 다양한 사례가 전한다. 그리고 태몽에 대한 기대의식이 적지 않음도 볼 수 있다. 이를테면, 태몽에 근거하여 태어날 아기의 성별을 예난한다든가 태어날 아기의 장래에 대한 기대의식을 보여준다.

구렁이, 이만큼 한……. 아들 셋 낳는데, 있을 때마다. 손주 놈도 내가 다 꿔요. 처음에 날 때는 나를 물으려고 그라데. 그래서 깜짝 놀라서 깼어요. 보니까 꿈이여. 두 번째는 놀라지도 않았어. 손자는 밤도 꿔주고, 용꿈도 꿔주고. 밤을 옆에 집 아줌마랑 주우러 갔는데 둘이다 반 자루씩 주웠거든? 그런데 거기서 두 개를 얻었어. 쌉짝(싸립문)에서 이마큼만 한 것을 나를 줘. 다같이 똑같이 주웠는데. '왜 나를 줘? 똑같이 이만큼씩 주웠는데?' 하니까, 아니 이건 아줌마가 가져야 한대. 그러더니 손자가 내리 둘이, 알밤만 한 것이 두 개가 나오잖어. 용꿈은 하늘로 올라가며 크—웃으며 나를 올라오라고, 이렇게 입을 딱 벌리고 웃으면서 뒷걸음질치더라고. 막내손자 볼 때. (꿈꾸고 나서) 아들만 났어. 그런데 구렁이 꿈꾸면 그건 영락없이 아들이여.

—익명, 마을 여성 60대 중반

나는 돼지새끼가 떼를 막 지어 지나간단 말이여. 그래서 저 중에서 내가 쓸 만한 거 잡아서 길러야겠다. 두 마리를 다 잡아놨어요. 그래서 아들 둘이 태어난 것 같아요.

—장현이랑

새카만 염생이가 네 마리가 집에서 있는 걸 봤어. 그게 뭐여? 돼지새끼 같으면 돈이라 그런다지만, 염생이가 있어. 네 마리가 똑같이 들어 있어서 쌍둥이만 네 마리를 낳을라나? 둘째는 꿈을 시원찮게 꿔줬어. 감이 연시가 툭 터지는 걸 꿔줬는데, 인큐베이타 들어갔다 나왔는데 지금은 (양 팔을 크게 벌리며) 이만해. 꿈도 드럽게 꿨더니 헛거드라고. 애가 이상하게…….

—익명 여성

우리나라의 경우 아들과 딸 태몽은 양자간 확연한 차이를 보여준다. 아들 태몽은 호랑이, 황소, 돼지, 곰, 늑대, 구렁이 등의 성숙한 동물로 표현되는 데 반해, 딸 태몽은 고양이 새끼, 토끼, 꽃뱀, 고라니 새끼, 금붕어 등 미숙하거나 고운 빛을 띠고 있는 동물로 표현된다. 식물의 경우도 마찬가지다. 아들 태몽이 늙은 호박이나 오이, 가지, 붉은 고추, 알밤 등으로 표현되는 데 반해 딸 태몽은 풋고추, 애호박, 땡감, 풋사과 등으로 표현된다. 이로 보건대 아들 태몽은 성숙하고 황색 계열의 빛을 띠는 데 반해, 딸 태몽은 미숙하고 녹색 계열의 빛으로 제시된다. 이를 음양의 관점에서 본다면 아들은 양이요 딸은 음이라 할 수 있다. 지문에서도 이러한 면을 보여준다. 대개의 제보자가 딸에 대한 기억보다 아들에 대한 태몽을 기억하고 있어 부득이 아들 중심의 태몽 사례를 제시하였으나, 앞서의 이론에 근거한 양상을 보여준다.

여성이 임신을 하면 태교에 관심을 갖게 된다. 전통적인 태교 방법을 나누어 보면 크게 세 가지로 구분할 수 있다. 첫째는 음식에 관한 것이다. 이 방법은 산모가 먹는 음식을 가리는 것이다. 대표적인 음식이 닭고기와 오리고기이다. 임신 중에 닭고기와 오리고기를 먹으면 아기의 손가락이나 발가락이 붙을 수 있다고 하여 꺼린다. 토끼고기를 먹으면 언청이가 나올 수 있다고 하는데 이 또한 토끼의 입을 연상한 것으로 주술적인 해석이다. 이외에 개고기를 먹으면 태어난 아기가 형제와 자주 다툰다 하고, 오징어나 문어를 먹으면 아기의 뼈가 약해진다 하여 꺼렸다고 한다.

그런데 제보자의 대부분은 태교 때 가리는 음식에 대해 현실과 다르다고 말한다. 70대 전후의 여성들이 아기를 둘 무렵만 하더라도 먹을 것이 없었던 때라 가리고 말 것이 없었다는 이야기다.

두 번째는 행위에 관한 것이다. 이것은 아기의 성정이 임신부의 행동에 의해 영향을 받는다는 관점의 태교 방법이라 할 수 있다. 따라서 아기를 가진 여성은 행동을 조심하는데 특히 보행과 앉는 자리에 대해 조심해야 한다고 말한다. 극심한 노동이나 무거운 것을 들어서도 안 되고, 사람이 많이 모인 곳에 가지 않고, 상가(喪家)에 가지 말아야 한다. 특히 상가는 울음이 많은 곳이어서 감정의 분출과 같은 일이 있을 수 있고, 또 상부정(喪不淨)이 있는 공간이기에 피한다는 것이다. 그럼에도 음식 태교와 마찬가지로 행위 태교도 그렇게 엄격한 것은 아니었다.

(조사자: 임신을 하면 음식이나 행동을 조심하지요?) 예전에는 생기기만 하면 낳지. 조심할 새가 어딨어? 애(가 들어서서 배가) 이렇게 불러서도 일하고……. 밭 매고 먹고살기 바빴지. 지금이니까 한 달씩 두 달씩 몸조리 하지. 옛날에는, 저 애기 낳을 때는 삼(셋째) 날 나가서 밥 해먹었어요. 누가 해줘?   —이정림

지문은 행위 관련 태교에 대한 구술이다. 제보자는 밭 매고 먹고살기 바빠서 태교나 몸조리하기가 어려웠다고 구술하고 있다.

세 번째는 마음을 안정하여 아기의 성정을 순화하고자 하는 방법의 태교이다. 이를테면 독서와 같은 방법으로 이와 같은 태교 목적을 실천한다. 하지만 이 방법은 농사에 매달려야 하는 송룡리 마을 사람들에게 어울리지 않는 비현실적인 것이라고 한다. 요컨대, 아기를 가지면 마음이나 행동을 통하여 조심하지만 현실적으로는 밭을 매야 하고 밥을 지어야 하는 등 늘 일에 묻혀 살았다는 것이다.

(조사자: 아기 가졌을 때 배 모양을 보면 사내인지 계집앤지 알 수 있나요?) 배 모양이
좀 틀리지. 아들은 좀 찌우러요. 딸은 (아랫배를 가리키며) 요기서 받치구. 아들은 이렇
게 있지. 딸은 엄마를 안고 있어. 그래서 배만 부르지. 딸은 밑으로 쳐지지. 아들은 옆
으로 이렇게 나오고 그렇지(익명 여성). 겉모양에서 아들은 펑퍼짐하고, 딸은 볼록하
고.   —장현이랑

　위의 지문은 임신부의 배 모양을 통하여 태내 속 아기 성별을 구분하는 사례이다.
대개 아들은 임신부의 배 모양이 펑퍼짐하고 딸은 볼록하다는 것이다. 아래는 해산
과정에 대한 구술이다.

아랫목에서 낳는 거유. 방에다 재를 깔고 그 위에다 짚을 간추러서 깔고……. 예. 옛날
에는 짚자리잖아? (장판을 가리키며) 저거 이렇게 걷어놓고 거기다 낳는 거여.
                                                                        —이정림

지금이야 고무 종이 있고 좋은데, 옛날에는 피 묻으면 그거 다 어떻게 다 베이니까 싹
걷어놓고 낳는 거여. 왕골자리 그거 다 걷어놓는 거여.   —익명 여성

그리구선 낳구, 삼날 싹 걷어다가 불 놓는 거지. 삼일째. 태(胎) 태우는 거. 삼불이라 하
지. 옷은 안 태워. 태만 태워서……. 짚하고 웽게만 해여. 그러면 지지근히 타지. 삼불
은 바닥에 돌을 이렇게 세 개 놔. 거기다 웽게 얹어 불 놓고. 그렇게 해서 타면 얼마 안
돼. 산에 나무 무성한 데 가서 거기다 쏟아놓지. 묻덜 안 해. 재니까 쏟아놓지.
                                                                        —이정림

옛날에는 어른들이 그거 지켰어요. 태 훔쳐갈까봐? 애기 못 낳는 사람 애기 난다고. 태
우기 전에……. (훔쳐다가) 약 할라 그란대.   —익명 여성

태우기 전에 (태를) 갖다놓잖아요. 숨어 있다가 재빨리 태만 쏙 빼가면, 태우는 양반은

이제 모르는 거지. 아들 못 낳는 사람, 애기 못 낳는 사람들 그거 먹으면 낳는다고 해가 지구 훔쳐가더라고.　　　　　　　　　　　　　　　　　　　　　　　　　−장현이랑

　지문의 내용은 해산과 태 처리에 관한 것이다. 먼저 아기의 출산 장소는 자신의 집 방이었다. 지문에 의하면 해산을 하기 위해 방바닥에 깔린 자리를 걷어내고 그곳에 짚을 깔았음을 알 수 있다. 이는 산모가 해산 때에 하혈이 있으므로 자리에 피가 묻는 것을 피하기 위한 의도에서였다.
　산모의 해산 뒤에 태와 산실(産室)에서 나온 것을 태우는데 이를 삼불이라 하였다. 삼불에는 가운데에 장작을 쌓고 그 위에 산실에서 나온 물품, 태 등을 놓는다. 그리고 여기에 다시 왕겨를 덮고 불을 붙인 것을 말한다. 이 삼불은 2~3일에 걸쳐 서서히 타들어간다. 다 탄 후 재는 모아서 개울물이나 산 속에 버린다. 사람에 따라서 묻는 이도 있는데, 이정림의 경우는 재를 묻지 않는다고 하였다.

(조사자: 해산 후에 삼신에게 빌었을까요?) 삼날 국밥 끓여다놓고 청수 떠다놓고. 예. 엄마가 목욕하고 머리 감고 다 하고서……. 지금같이 그렇게 하면 큰일나. 시어머니 시아버지한테 혼나. (조사자: 짚 깔고 미역도 갖다놓고 쌀도 갖다놓고 하잖아요?) 예. 얼른 나오라고. 애 낳으면 그거 갖다 끓이고……. 밥하고. 비는 건 없고……. 요 건너 마을 할머니가 큰아들 날라고 할 때, 옛날에 뭐 쌀이 있어? 고기, 쌀을 한 말 내왔대(꾸어왔다). 그거 한 말 갖다놓고, 미역 갖다놓고, '얼른 나라! 얼른 나라!' 하고 비니까 금방 낳더래. (쌀 한 말) 그냥 그거 얻어온 대로 놓고 비니까. (조사자: 국하고 밥은 꼭 애 낳은 분이 잡수어야죠?) 부팀, 부팀 먹어요. 죽이면 죽, 밥이면 밥. 애기 나도 죽 먹게 되면 죽 먹는 거지. 땟거리 없으면…….　　　　　　　　　　　　　　　　−이정림

　해산 때에 산모가 누워 있는 한쪽에 생쌀과 미역을 갖다놓았다. 그리고는 산모의 시어머니나 친정어머니가(친정에서 출산할 경우) 삼신에게 순산을 축원하였다. 이후 산모가 아기를 낳게 되면 이것을 거두다 국을 끓이고 밥을 지었다. 지문에서도 이에 대해 밝히고 있다.

(조사자: 태는 어떻게 자를까요?) 무릎 요기. 한 뼘. 재지도 안 해. (태의) 양쪽을 쫌매서……. 피 나오면 안 되니까? 자르면 엄마는 태나고 애기는 사리사리 해서 일주일 가는 애도 있고 고 안에 떨어지는 애도 있고 그래. (자른 태는) 애기 놀랐을 때 태 물 먹이고. 달여서. 태열 있으면 고놈을 태워서 기름에 재가지고, (태열이) 도톨도톨 나거든 (열꽃 난 데) 발라줬지. (자를 때) 가위로 자르지. (조사자: 태를 짧게 자르면 어떠한가요?) 명이 단명한다는 거지. 넉넉히 자르는 거.   —이정림

태는 아기 배꼽으로부터 한 뼘 정도 부분에서 가른다. 그리고 태를 가른 뒤 일주일 정도 지나면 태가 말라 아기배꼽에서 떨어진다. 이렇게 떨어진 태는 버리지 않고 보관해두었다가 아기에게 태열이 있으면 가루를 내어 발라준다고 한다.

다른 마을의 경우 태를 자르는 도구가 낫이나 도끼인 예가 있는데 이 마을에서는 한결같이 가위로 자른다고 하였다. 아들을 낳으면 농사를 잘 지으라는 뜻으로 낫으로 자른다거나 나무를 잘 하라는 의도로 도끼로 자른다는 설이 전하는데, 이 마을의 경우는 그렇지 않았다. 다만, 태를 짧게 자르면 단명한다는 속신이 전하였다.

(아기가) 나오면 (따뜻한 물에) 닦기고, 옷 입히고. 이레 안 조고리……. 이, 잇몸 쌱쌱 닦아주고. 엉덩이 때려주는 것은 그 아이가 기척소리가 없으면 깨나라고……. 옛날에는 열두 시간을 비슬어도(산통을 해도) 집에서 다 낳고, 지금은 다섯 시간만 비슬어도 못 보지. 애기를 낳으려고 악쓰니까.

(조사자: 난산인 때는 어떻게 했나요?) 그냥 낳을 때만 바라는 거지.(조사자: 혹시 아주까리대도 갖다놓고…….) 그것은 애기가 유산한다고 유산 못하게 하려고 아주까리 세워놓고, 호박 곤드레미 삶아 먹이고, 김 삶아 먹이고, 은반지 삶아 먹이고 그라대. 그러면 유산이 안 된다는 거지. 김 물 팔팔 끓는 데다 처서 그냥 그냥 먹이고……. 범수 아버지 낳을라고 할 때 할머니들이 치켜 붓더라고. 아주까리 세워놓고, 김 삶아 먹이고, 은반지 삶아 먹이고, 그거 삶아 먹이고……. 그렇게 하니까 조금 이따 애기가 나오잖아. 날짜를 잘못 치며는 그러는 수가 있더라고. 너무 빨리 나오니까. 날짜가 안 됐다. 우리, 내가 딱 열 달 돼야 낳는데 이거는 아홉 달이니까 유산할까봐 그렇게 갖다놓고

하더라구. 옛날에 할머니들이…….
─이정림

방골(방 고래)에 뭐가 들어가면 애가 안 나온다고 불을 때더라고. 아궁이 안에 무슨 동물이 들었다 이거여. 그래서 애가 안 나온다고. 동물 빨리 나가라고. 낳기가 힘들구.
─장현이랑

지문은 유산과 난산에 대한 구술이다. 먼저 유산을 방지하는 방법으로 은반지를 삶아 먹게 하고, 김을 물에 풀어서 먹게 하였다고 한다. 한편 난산에 대해서는 아궁이에 불을 땐 예가 있다고 하였다. 이처럼 아궁이에 불을 지피는 것은 연기가 굴뚝 밖으로 빠져나가듯이 산모가 쉽사리 아기를 낳으라는 주술적 행위로 풀이할 수 있다. 지문에는 보이지 않으나 산모가 아기를 쉽사리 낳지 못할 경우 부엌의 솥뚜껑을 열어놓거나 옷장의 서랍을 빼놓는 예가 있었다고 한다.

딸은 고추를 안 꽂고 솔잎하고 숯하고 꽂고, 아들은 고추를 꽂고. 일주일 매는 겨. 보통 일주일. 오래 매달면 못쓴데. (조사자: 왜 금줄을 걸까요?) 부정한 사람 들어오지 말라고. 부정 타면 안 된다고. (금줄은) 애기아빠가 왼손으로 꼬지. 고추도 여러 개 달아요. 숯은 부정 쫓는 데 저기 한대요. 간장 담을 때도 고추는 고우라고 담고, 대추는 달라고 담고, 깨는 고소하라고 넣고, 숯은 액운 방지하는 거지. (금줄은 일주일 되면 떼어 내) 태워요.
─장현이랑

아기가 세상에 나오면 아기의 아버지나 할아버지가 금줄을 꼬아서 대문에 단다. 금줄은 왼새끼로 꼬아서 거는데 이 줄에는 아들의 경우 숯과 고추를, 딸의 경우는 숯과 솔잎을 꽂았다. 금줄을 걸어두는 시기는 일주일 정도였다. 그리고 이렇게 금줄을 거는 이유에 대해 제보자는 부정한 사람이 들어오지 말라는 뜻이라고 하였다. 이외에도 금줄을 거는 이유로 잡귀가 들어오지 말라는 뜻이라든가 우리 집에 출산이 있다는 소식을 알리는 뜻이라는 대답도 들을 수 있었다.

(조사자: 산모가 부기 빠지라고 먹는 것이 있죠?) 호박 달여 주고, 약 저다 먹이고. 약쑥 끓여서 오강에다 넣고……. 집에서 낳는 아줌마들은 뜨듯하게 해놓고 올라앉아. 그러면 시원한 게 좋지. 몇 번 해요. 그렇게 하는 게 좋거든.　　　　　　　　　　－익명

위의 제보 사항은 산모의 산후조리에 대한 구술이다. 이 마을의 여성 제보자의 경우 산후조리에 대해 대부분 제대로 하지 못하였다고 말한다. 그러면서도 기본적으로 부기를 빼거나 밑의 치유를 위해 위 지문과 같은 방법을 하였다고 구술한다. 우선 산모의 부기를 빼기 위해 보편적인 것이 호박을 달여 그 물을 마시는 것이다. 제보자에 따라서는 꿀을 넣어도 좋다는 주장을 한다.

또, 아기의 출산 과정에서 산도에 상처가 난 경우 이를 치유하기 위해 펄펄 끓인 약쑥의 김을 쐬면 효과가 있다고 한다. 부연하면, 약쑥을 물과 함께 솥에 넣고 펄펄 끓인 뒤 이 물을 요강에 옮겨 담는다. 그리고는 요강 주위에 수건을 두른 뒤 그 위에 올라앉는다. 이러한 일을 계속 반복하면 상처가 쉽게 아문다고 한다.

(조사자: 백일 때 무엇을 하죠?) 수수팥떡하고, 하얀 백설기하고, 밥하고. 부잣집은 나눠 먹고, 우리같이 가난한 집은 식구끼리도 먹기 바뻐. 옷도 다 해 입히고. (조사자: 떡을 해서 100집을 나눠 줘야 오래 산다고…….) 백일떡 했지. 둘째아들 손자 해줬어. 파고다공원에서 한 덩어리씩 나눠줬지. (조사자: 옷도 누더기로 해야 좋다고…….) 그것도 부잣집 얘기여. 손도 귀하고 애기를 못 낳으니까. 우리 동네에서는 못 봤어요. (조사자: 돌은 어떤가요?) 나는 돌도 못 했어요. 백일이랑 똑같아요. (조사자: 수수팥떡은 왜 해주나요?) 살풀이. 애기가 낳으면 살이 있을 꺼다. 옛날 역사 어른들이. 그래서 해주는 거래요. 살이 없으라고. 옛날에는…….　　　　　　　　－이정림

지문은 백일과 돌에 관한 구술이다. 먼저 백일 때의 행사로 떡을 해서 백 집에 나누어 주면 아기가 장수한다는 속설이 보인다. 그런데, 이러한 구술은 제보자가 이곳 송룡리가 아닌 다른 지역에서 하였던 사례이다. 다른 제보자는 이곳 사람들이 살기가 넉넉하지 못하여 떡돌리기를 하지 못하였다고 하였다.

그리고 돌떡 가운데 수수팥떡의 기능을 살풀이로 보고 있다. 이러한 인식은 기왕에 수수가 갖고 있는 주술적인 속성에 기인하는 것으로 볼 수 있다. 수수는 그 색이 붉은색이어서 양의 속성을 지닌 곡식으로 분류되어 음의 속성을 지닌 귀신을 쫓을 수 있다는 관념이 있었다. 제보자의 구술은 이에 근거하는 것으로 이해할 수 있다.

혼례

전통혼례의 과정은 크게 의혼(議婚), 납채(納采), 택일(擇日), 납폐(納幣), 친영(親迎), 현구고(見舅姑) 등으로 구분한다. 먼저 의혼은 혼인 당사자가 혼인이 가능한지 여부를 의논하는 과정이고, 납채는 사주를 주고받는 절차이다. 대개 여자 측에서 남자의 사주를 받게 되면 혼인이 약속된 것으로 본다는 점에서 납채는 요즘의 약혼식과 같은 의미를 지닌다. 납채와 동시에 이루어지기도 하는 택일은 말 그대로 혼인날을 정하는 것이다. 전통사회에서는 신부 집에서 혼인날을 잡아 신랑 집에 전했다.

납폐는 신랑 집에서 신부 집에 보내는 일종의 예물과 같은 것이다. 납폐의 사례는 경제직인 형편에 따라 다양한 양상을 보이준다. 곧, 사는 형편에 따라 납폐의 물목이 달랐던 것이다. 송룡리의 경우는 신부용 한복 옷감이 가장 보편적인 폐백 물품이었다. 반가(班家)의 경우 이 폐백 함에 신랑 부모의 혼서지(신부 부모에 대한 감사의 편지글)를 함께 넣어 보내는 예가 보이기도 하는데, 이 마을에서는 이러한 혼서지를 찾지 못하였다.

친영은 초례청에서의 혼례식을 말한다. 혼례는 전안(奠雁), 교배(交拜), 합근(合巹)의 세 개 과정으로 짜여져 있는데, 이는 송룡리뿐 아니라 어느 마을이나 대동소이하다. 곧, 전안례는 신랑이 신부의 부모에게 기러기를 올리는 의식이고 교배례는 신랑 신부가 처음 인사를 나누는 상견례 자리라 할 수 있다. 마지막으로 합근례는 신랑 신부가 술잔을 주고받으며 부부로서의 맹약을 나누는 절차이다.

현구고례는 신부가 신랑 집에 도착하여 신랑의 부모에게 인사를 올리는 의식이다. 말 그대로 현구고례는 시부모가 제일 우선이 되어야 하고 나머지는 직계 근친의 순으로 인사를 올린다. 단, 항렬이 같은 경우는 맞절을 한다.

이처럼 혼례의 과정 중 중요 대목을 꼽아보았다. 그리고 이러한 절차에 근거하여 제보자의 실제 혼례 경험을 구술케 하고 이를 아래에 정리하였다. 이러한 구술에 의한 기록은 현장성을 되살릴 수 있는 하나의 방법이다.

사례 1

조복순: 옛날에는 색시 집에서 치루지. 혼인 치루고 가마 타고 왔지. 신랑은 열 살 더 먹었어. (조사자: 신랑 집에서 잔치를 하였나요?) 안 해요. 신랑 집에 왔는데, 대문 앞이다 불 피워놓고 가마를 갖다놓으면 하인들이 넘었지. (조사자: 혹시 집에서 가마가 출발할 때 뭐 뿌린 거 없었나요?) 예. 그럼! 소금이랑 팥인가? 가마 지붕이다……. 예.

박순자: 나는 가마 타면 화장실에 못 가니까 밥을 굶었더니 사흘나흘 똥수간에를 못 갔어. 열일곱에 시집……. ㅡ조복순(여, 81), 박순자(여, 82), 2004. 12. 28.

조복순의 구술에서 주목되는 것은 부정을 물리치기 위한 행위이다. 신부 집에서 신랑 집으로 이동하기 직전 가마에 소금과 팥을 뿌렸다는 것이다. 또, 신랑 집에 들어서기 직전에 불을 뛰어넘는 것도 같은 맥락의 부정 쫓기에 해당한다.

부연하면, 소금은 전통적으로 부정풀이에 사용된 것으로 부패를 방지하는 것으로 보았다. 팥 역시 붉은색으로서 양의 상징이 되어 귀신을 쫓는 도구로 사용되었다. 따라서 이들 양자는 잡귀나 부정을 물리치는 데 이용되던 것이라 할 수 있다. 요컨대 신부의 부모는 딸의 이동에 부정이 개입하는 것을 방지하기 위하여 주술적인 사물로서 정화의식을 수행하였던 것이다.

신랑 집에서 불을 뛰어넘는 의식 또한 도중에 감염된 부정을 불로 태워버리는 주술적 행위이다. 이러한 사례는 전국적으로 폭넓게 분포한 보편의식이다.

사례 2

저는 서울에서 정신대 때문에, 정신대를 5월 보름날 갈 꺼니까 4월 달에 영장이 나왔어. 일본 놈이. (아버지가) 거기 안 보낼라고, 친정아버지가 정해서 (신랑) 낮짝도 못 보고 왔어. (송룡리 인근에서) 하루 묵고 가마 타고 들어오더라고. 17살에. 내판역에서 내려서……. 딴 집은 신랑 집에서 묵기도 하고. 아버지 한 분만 따라왔지. (시집 올 때) 옷만 몇 벌 갖고 왔지. 혼수가 어딨어? 없어요. 신랑도 가난했죠.

가족은 시어머니하고 시아주버니, 동생, 우리 집 있는 이, 나 이렇게 다섯이었어. 한집에서 살았어요. 우리 집 양반이 일본 징용 갔지. 형 대신. 형이 일본은 안 갔봤다고 내가 대신 간다고 가고 해방되고 나왔지.

(조사자: 교배상 놓고 혼인하셨죠?) 암탉, 수탉 놓고. 대나무 병 놓고 그래요. 여자 먼저 두 번씩 절하고, 남자는 한 번 하고. (조사자: 한 번으로?) 끝나요. 술잔도 왔다갔다. (조사자: 술은 다 드셨어요?) 아이고. 먹을 줄도 모르지. 어떻게 먹어요.

(조사자: 신방은?) 그냥 웃방에서 잤지. 방이나 있어? 아래 웃방. 신혼방이 어딨어? 옛날에. 부잣집은 옛날에 색시 집에서 결혼식하고 삼일 날 왔잖아. 그렇지 않으면 삼 년을 묵다 오고. 우리 가난해빠진 집에서는 뭐가 있어? 대례 지내고 부잣집은 삼 년 만에 간데요. 남자가 삼 년 동안 색시 집에서……. 그건 아주 부잣집 얘기고. 조금 낫다는 집이는 삼일날 오는 거지.

(조사자: 신방에서 신랑이…….) 베껴 주더라고. 다 했어유. (조사자: 밖에 사람들이 문에 구멍 뚫고 얘기도 하고 그래요?) 그렇게도 하더라고요. (조사자: 요강도 들여놓고요?) 예. 밖에 못 나가게. (조사자: 요강에 소리 나지 말라고 무얼 깔아놓기도…….) 몰라요. (청중: 솜이나 어물도 넣고. 그건 가마 타고 갈 때 넣는 거.)

(조사자: 친정에는 언제쯤 가셨어요?) 팔월 보름날. 시어머니가 채반 해서, 떡 해서 주는데. (친정에 오니까) 친구들이 (시가에) 가지 말라고 하더라고. 혼인을 사월, 음력으로……. 한 달 있다 남편은 징용가고. (조사자: 사주는?) 사주가 어딨어요? 오월 초하룻날 여기 내려와서. 15일 만에 왔어요. (조사자: 혼인은 중매로 했네요?) 중매가 있으니까 하지. 중매 없으면 해요? 난리 시절이라 좋은 거 나쁜 거 볼 새도 없었어요. 날짜도 얼마 없었어요. (조사자: 단자는?) 못 받았어요. 혼인 날짜는 친정 집에서 격식대로 받았죠. 옛날에 궁합 봤어도 별 거 아니여?

(조사자: 함 속에다 무엇을 넣죠?) 폐물 넣고, 함 속 넣고. 옷, 한복으로 넣고. 그렇게 넣어서 색시 집에 가져오지. 그러면 시루 해놓고. 함 들어오면 시루 위에 올려놓잖아요? 엄마가 세 번 앉았다 일어났다 하지. 궁뎅이를. 옛날에는 그냥 오면 받았지.

— 이정림(여, 77), 2004. 12. 28.

제보자 이정림은 일제의 징용 대상에서 벗어나기 위하여 서둘러 혼인을 하였다고 한다. 징용 시점 이전에 혼인을 하면 징용에서 빼주었다는 것이다. 이런 이유로 부친이 혼사를 정하였고 아버지를 따라 송룡리에 내려와 혼인을 하였다. 일반적으로 여자의 집에서 혼인식을 하였지만 이 경우에는 징용이 임박하여 신랑 집에서 혼인을 한 시례에 속한다.

이외에 이 사례에서 주목되는 것은 함을 받는 과정이다. 신랑 집에서 보낸 함을 신부의 어머니가 떡시루 위에 놓고 예를 갖추어 받았다고 하는 대목이 보인다. 또, 부잣집에서는 신부 집에서 혼인을 한 뒤 3년간 신부 집에서 살다 신랑 집으로 간다고 하는 대목도 논의거리가 될 수 있다.

사례 3

(조사자: 혼례는 대례상 차려놓고 하셨지요?) 간단하게 놓고서는……. 소나무 병도 놓고 대나무 병도 놓고, 닭도 그렇지. 암탉 장탉인지는……. 쌍 기러기도 갖다놓고 절도 두 번 하고 그렇죠. 원앙새. 그렇게 하고서 절 요로케 하고서 거기 하님이라고 여자가 있어. 그걸 어떻게 얼른……. 옛날 신랑 이렇게 사모관대하고 이렇게 절하고. 여자가 먼저 하지. 사배하지. 남자는, 남자니까 재배하고. (조사자: 한 차례 하나요?) 한 번 하지. 술은 조금 마시게. 남자가 하면 신부는 마시나? 이렇게 돌려 오고. 남자는 술 먹고 싶은 사람은 조금 입에 대고 서로…….

(대례가) 끝나고서는 장가가면 신부 집 밑에, 불쑥 신부 집에 들어가는 게 아니라 이우제(이웃집) 방에 가서 대기실이 있어. 아버지하고 여기서 하인이라고 따라가지. 신랑이 사모관대 가마 타고 신부 집 가는 겨. 거기서 예 끝나고 나면 '성년이 됐다' 이런 뜻으로 아버지한테 가서 절하고. (조사자: 혼자 가나요? 아니면 신부를 데리고 가나요?) 신부는 안 데려가. 신부는 일단 신랑 집에 오면……. 신부 집에서는 장가가서 예 갖추고 나면 신랑이 가서, 아버지가 가시면 아버지는 이우제 사랑에 상객(上客)이라고 해. 거기서 있다가 끝나고 가서 성년이 됐다는 뜻으로 아버지께 절하고. 혼례 때는 상객 되는 이가 색시 보라는 뜻으로 가서 예 시키고 병풍을 폈다가 옛날에는 족두리 쓰고 앞을 가렸는데 수건이라고 하나 잠깐 벗고서 신랑 아버지가 잠깐 얼굴 보는거. 혼례 다 끝날

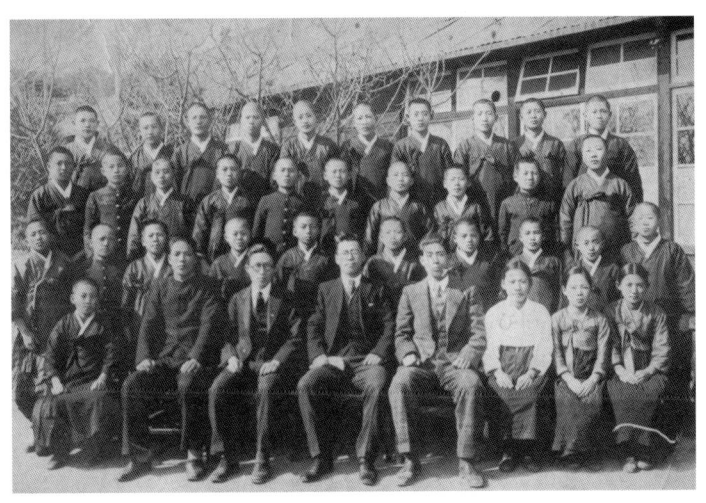

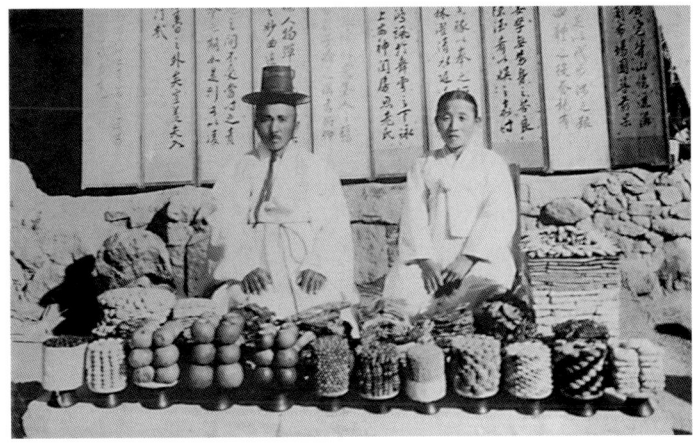

1930년대 보통학교
졸업사진(위)
1940년대 송룡리 임
씨 회갑사진(아래)

무렵에 '상객 들어오시라'고. 혼례 때는 안 가지. 예식할 적에 어지간히 끝날 때 되면
오시라고 하면 예 다 올리면 가리고 있다 내리지. 얼굴 잠깐 보이는거. 옆에 하님 부인
들, 여자들이 부추겨서 절을 시키고. (조사자: 상객은 보시고 사랑으로 바로 돌아가세
요?) 그렇지. 상객이라고 술이고 안주고 별도로 특별히 대접하고. 예가 끝나면 그날 아
버지가 갔으면 하인하고 그날 돌아오고.

─임영달(남, 82), 2005. 1. 13.

사례 1과 사례 2가 여성의 혼인담이라면 사례'3은 남성의 혼인담이다. 제보자 임영달은 신부 집에 가서 혼례식을 하였다. 송죽 화병과 암수 한 쌍의 닭을 올려놓은 교배상에서 혼례를 하였다. 신랑의 아버지가 상객으로서 혼례를 참관하기 위해 신부 집에 왔지만 식장에는 나오지 않았다고 한다. 혼례가 거의 끝났을 무렵 식장에 들어왔고 잠시 신부의 모습을 본 뒤 다시 임시 거처로 되돌아갔다. 이어 혼례가 다 끝난 뒤에 신랑이 아버지를 찾아가 무사히 혼인을 마치고 성인이 되었음을 고하였다. 이후 아버지는 집으로 돌아갔고 자신은 신부 집에서 신방을 차렸다고 한다. 이와 같은 일련의 구술은 사례 3의 혼인이 앞의 두 사례에 비해 법식을 중시하고 있음을 보여주는 것이다.

한편, 이 글에서는 별도의 회갑례에 대해 기술하지 않았으나 마침 제보자 임영달로부터 60여 년 전의 부모 회갑사진을 입수하였다. 1940년대 송룡리 회갑연 자료로 유용하리라 판단되어 여기에 옮겨둔다. 이외에 임영달 본인의 67년 전 보통학교 졸업사진을 겸하여 게재한다.

상례

오늘날 관혼상제 가운데 전통적인 모습이 가장 많이 남아 있는 것이 상례이다. 이러한 점은 상례가 죽음을 다루는 의식인 데에도 그 한 이유가 있을 듯하다. 이를테면 사람의 죽음과 연계된 의식이라고 하는 점에서 의식 자체에 엄숙함이 깃들어 있다는 것이다. 여기에 기존의 의식을 제대로 수행하는 것이 자손으로서 효를 다하는 도리로 보아 쉽사리 변형을 추구하지 않았다. 이외에도 전통적의 상례의 수행은 자손의 발복(發福)이나 길흉과 관계되어 있다는 인식, 또 상례 수행자의 공동체가 함께 기존의 공동체 문화를 재현한다고 하는 점 등으로 상례의 전통은 지금까지 커다란 변화 없이 지속되었다.

전통적인 상례의 절차는 임종부터 수시, 초혼, 염습, 성복, 조문, 발인, 매장 등으로 이어진다. 이러한 절차에 초점을 두어 상례 조사 내용을 아래에 정리한다.

사람의 사후 그 가족이 먼저 하는 일이 주검을 거두는 수시(收屍)이다. 제보자는 이를 '수세 걷는다'고 하였다. 여기에서의 수세는 수시를 뜻한다. 수시 때에 사용하는 도구로 베끈과 광목을 들었다. 대개 노인이 있는 집에서는 이러한 끈을 사전에 준비하여 둔다고 한다. 그리고 이 끈을 사용하여 돌아간 이의 손과 발을 곧게 펴서 묶는다. 제보자는 이렇게 함으로써 망자의 몸이 뒤틀리거나 오그라드는 것을 방지할 수 있다고 한다.

수시를 한 뒤에 하는 일은 초혼(招魂)이다. 초혼은 지붕에 올라가서 한다. 돌아간 이의 적삼(윗옷)을 들고 지붕에 올라가 망자의 주소와 이름을 부르며 하는 것이다. 곧, 망자의 윗옷을 머리 위로 두르며 '연기군 동면 송룡리 본관성씨 복! 복! 복!'이라 한다. 이 옷은 장례 나갈 때 태운다.

이어 사잣밥을 차린다. 아래의 지문은 사잣밥과 상 주변에 놓는 망자의 유품에 대한 구술이다.

옛날식으로 하면 목판 상에 담으야 되거든? 할머니 할아버지 자시던 사발하고, 젓갈, 수저, 고무신 놓아야 되는데, 지금은 내빌 껏만 갖다놓고서 하지. 밥 두 그릇, 된장, 돈. 돈은 10원짜리, 100원짜리. 노자요. 고무신 자기 신발 짚 깔고는 (상) 밑에……. 그전에는 신는 게 그거잖아요. 신는 게. 옛날에는 딸비라고 하지. 삼으로 만든 거. 엄청 오래 가. 두 달씩 신지. 선비들이나 신지. ─장형진

망자의 사후 둘째 날에 습(襲)과 염(殮)을 한다. 습은 돌아간 이를 씻기는 일이고 염은 망자에게 수의를 입혀 입관하는 것을 말한다. 절차상 앞에 이루어지는 것이 습이다. 망자를 씻기는 절차인 습을 위해서는 먼저 향탕수가 준비되어야 한다.

지금도 다 씻겨유. 알콜루. 옛날에는 향물, 제사 지낼 때 쓰는 향. 향을 잘게 쪼개서 그릇에 삶아 그 늠을 채로 바치면 물만 나오잖아유. 그 늠으로 솜으로 해서 위에서부터……. (조사자: 쉽지 않았을 텐데요?) 요새는 안 나오지. 옛날에는 말도 못했지. 손톱 같은 것 새카매서, 호랭이 같았지. 그거 보면 며칠씩 밥도 못 먹어요. ─장형진

시신을 씻기는 물은 향이나 약쑥을 삶은 물이다. 광목이나 솜을 가지고 이 물을 이

용하여 망자를 씻긴다. 그런데 요즘에 와서는 알콜을 가지고 씻긴다고 한다. 한편, 제보자는 습의 과정에 전하는 속신에 대해 언급하였다.

염할 때, 젤로 알아둘게 귀하고 코부터 막는 거여. 귀하고 코를 왜 막느냐? 송장이 귀가 엄청이 밝어. 만약 저기서 누구 피 흘렸네! 그럼 대번 묶어놓은 데서 피가 툭 터져. 시신 앞에 가서 절대 아무 얘기나 해선 안 돼.
　　　−장형진

망자를 씻기고 나서 얼굴에 화장을 하였다. 여자 남자 가릴 것 없이 화장을 하고 머리를 빗겨 단정히 한다. 이어 반함(飯含)을 한다. 반함은 돌아간 이의 입에 불린 쌀과 돈을 넣어주는 것이다. 제보자 역시 이 과정을 한다고 답하였다.

쌀은, 돈은 돈으로 넣는 게 아니요. 엽전이라는 게 있어요. 제기 차는 거. 그거를 여덟 등분을 내요. 노자요. 돈이야. 쩨그마하게 세 개를 넣고 천 냥이요! 이천 냥이요! 삼천 냥이요! 쌀도 두 가마, 세 가마, 한 섬이요! 두 섬이요! 해서 여남무 개만 넣고 손으로 가리고 끝나는 거유. 옛날 할머니들 환갑 때 입는 원삼이라는 게 있어. 시집갈 때 입는 거. 원래는 한국 동양식으로 해서는 남자는 도포를 입으야 되는 거고, 여자는, 지금은 젊은 사람들이라 그전에 상투 입은 사람들은 다 그렇게 했잖아유? 남자들은 도포. (조사자: 옛날 분들은 돌아가면 상투를 했을까요?) 이발을 안 했지. 돌아가신 양반은 고대로 가지고 가는겨. 끌러가지고 씻겨가지고, 다시 상투 햐. 달비식이다, 학자들 하는 거 있잖아. 고깔로 미리해서 착, 기가 막히게 하지. (조사자: 달비가 뭔가요?) 여자들 춤추러 나가면 머리가 길으니께 머리 반만 내서 길은 머리를 약간 올려서 핀을 꽂듯이, 상투 튼 머리를 잘 빗어서 달비식으로, 그렇지 하나도 안 건드는겨. 미루나무로 비녀를 만들어서 꽂아.
　　−장형진

망자를 다 씻긴 뒤에는 망자에게 수의를 입혀준다. 그리고 이불에 망자를 싸서 관에 입관한다.
　염습 뒤에는 성복제(成服祭)를 지낸다. 영정을 상의 중앙에 모시고 간단한 음식을 진설한 뒤 제를 올린다. 전에는 혼백(魂帛)을 접어 중앙에 모셨으나 근래 와서는 이러한 혼백 대신 영정만을 올리는 가정이 많아졌다고 한다. 성복제는 망자의 죽음을 확인하고 아울러 돌아간 이의 자손들이 상주가 되었음을 공인하는 제의로서의 성격이 강하다. 이는 염습 이후에 정식으로 조문을 받는 전통적인 사고에서도 잘 알 수 있다. 송룡리의 경우도 이러한 관습에 따르고 있다. 따라서 염습 이전에 문상하는 것을 예가 아닌 것으로 보는 인물이 많다.[10]

호상(護喪)은 상사에 밝은 인물을 세운다. 이곳 송룡리는 대부분 상사 규모가 크지 않기 때문에 한 사람이 호상의 일을 전담한다. 호상의 역할은 장지의 조성, 부고, 문상객의 접대, 발인 도구와 운구자 확보, 부의금의 관리 등이다. 이를테면, 호상은 상주를 대신하여 상사의 제반사를 주관하는 인물이라 할 수 있다.[11] 따라서 호상은 상주와 긴밀한 관계에 있는 인물로 정한다. 곧, 상주의 집안 인물로 호상을 세우는 예가 보편적이다. 이 외에 상주의 친구나 마을의 이장이 호상의 역을 수행하는 사례도 있다.

망자가 돌아간 둘째 날 저녁 상여놀이를 하는 예도 있다. 이곳에서는 이를 대떠리 또는 대떨이라 한다. 제보자는 대떨이의 경우 망자가 80세 이상인 경우만 하는 것이라고 주장한다.

그때는 대떠리를 하면유, 동네서 할 사람이 많잖아. 집안끼리 사니까. 지금은 둘이 사니까. 어떻게 갈 데가 어딨어. 서울로 짊어지고 갔다 와? (조사자: 대떠리 할 때 빈 상여를 가지고 해요?) 그렇쥬. (조사자: 거기에 올라타는 사람 없어요?) 태우는 사람은 저기 요령잽이 하나 타는 거고, 맞상주 따라가는 거고. (조사자: 혹시 사위를 태운다던가?) 그런 건 없어요. (조사자: 그 집안 울타리 안에서만 해요?) 아니지. 작은아들네 집이 여기면 거기서 술 한 잔 자시고 오는 거고, 없으면 그냥 집마다 그냥 하는 거지. (조사자: 3일장이죠?) 산지당 없어지기 전에 거진 다 5일장이었어요. 옛날이 조상 모시기는 더 엄했지. 그렇죠. 무덤 쓰는 것도 날 잡아서……. 그렇죠. 만약 오늘 돌아가셨다면 그 이튿날 하는 수가 많단 말이요. 근데 인제 그 이튿날 공명일이 걸려서 손 못 대는 날이 있어. 그럼 그날 12시 넘어서 1시에, 그니게 이틀 만에 손을 대요. 지금은 장례장이 있어

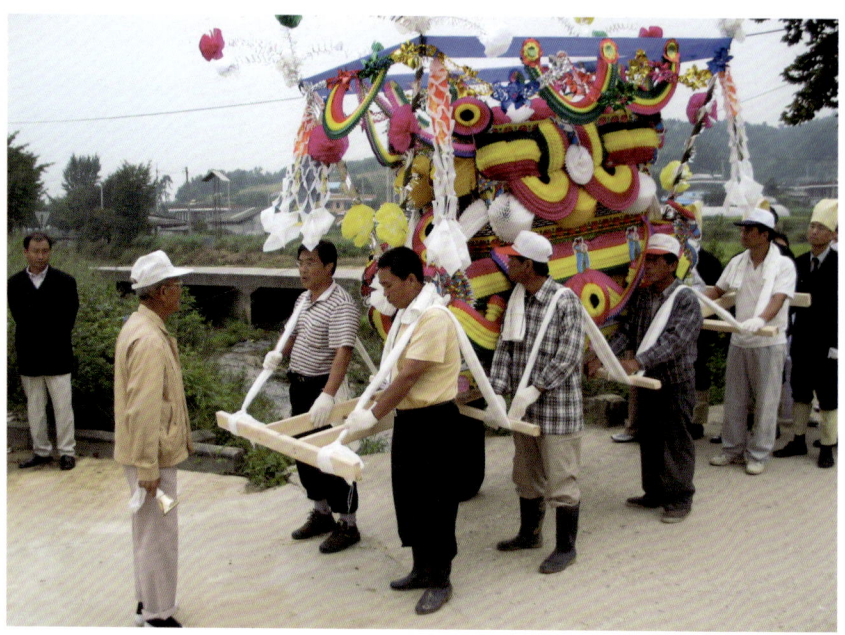
송룡리 상가 발인과정

가지고 그거 봐요? 아무케나 보도 않구…….   ─장형진

근래 송룡리의 장례는 대부분 3일장이다. 발인 당일 특별히 손이 들지 않는 한 3일
장에 의해 망자를 모신다. 발인은 발인제로부터 시작된다. 대개 발인제는 망자의 관
을 상여에 올려놓고 그 앞에 병풍을 두른 뒤에 이루어진다.

발인을 위해서는 먼저 망자의 관을 방 밖으로 이동하여야 한다. 망자의 주검을 이
동할 때에는 관으로 벽을 치는 관습이 있다. 곧, 운구자가 망자의 관을 가지고 방을
나오면서 관의 모서리로 벽을 치는 것이다. 그리고 맨 앞에 선 이는 문 앞에 엎어놓
은 바가지를 깨고 나온다.

벽을 치는 게, 바가지, 귀신을 톱질하는거. 관을 십자로……. 악귀 나가라! 깨면서, 귀
신아 가라고 소리를 치지. 이 집에서 귀신아 물러가라고. (조사자: 귀신은 어떤 귀신일
까요?) 아, 조상이 귀신이 되는 거지.   ─장형진

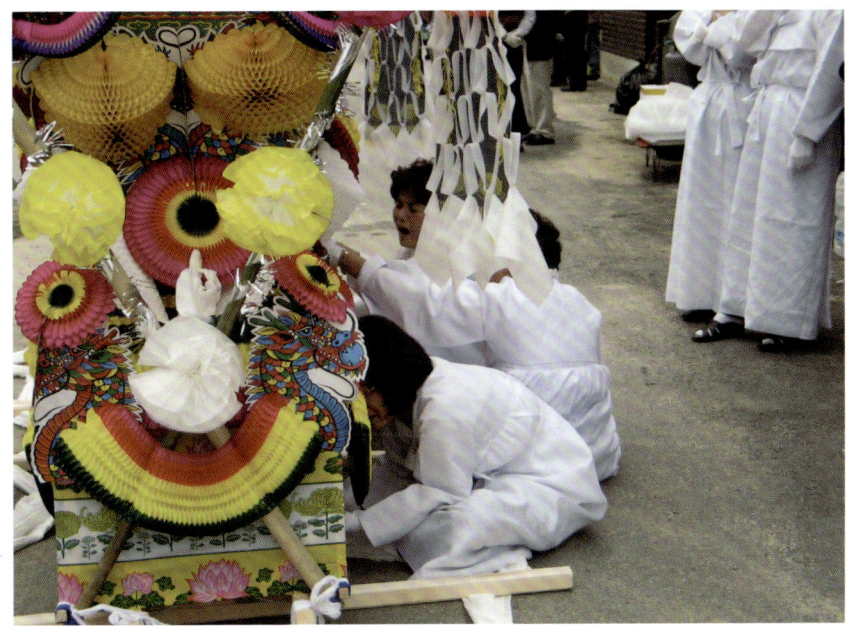
발인 중 유족의 통곡

발인제를 지낸 후에 상여가 장지로 출발하게 된다. 이 마을에는 나무상여가 있었다. 1970년대 이전에는 시골의 어느 마을에서나 볼 수 있는 상여이다. 제보자는 이 마을이 상여 운구와 관련하여 그 어느 마을 못지않은 기능을 보유하고 있다고 말한다. 두 사람이 겨우 비껴 지날 만한 철다리를 비롯하여 비탈진 산길을 오르는 등의 고난도 운구법을 소유하고 있다는 것이다.

나무상여는 보통 좌우로 6명씩 12명이 메었다. 장례의 규모가 큰 경우에는 한 쪽에 두 줄로 하여 24명이 메는 예도 있었다. 그리고 선두에는 요령잡이가 있어서 상여를 인도하였다. 대개 요령잡이는 상여의 운구와 관련하여 사전에 길을 택하고, 쉬어야 할 곳을 미리 지정한다고 한다. 또, 다리나 고개 등 쉬어야 할 곳에서 노자를 청하기도 한다.[12] 요령잡이가 선소리로 메기는 소리는 회심곡이라고 한다.

호신곡(회심곡). 자기가 골라서 하는 거니께. 사람을 울릴려면 호신곡 같은 거 하는 기고……. 귀신을 불러왔다 내갔다, 애들 불렀다 어쩌고 하는 거.   —장형진 요령잡이의 선소리는 문서에만 제한되지 않는다. 그때그때 상황에 따라서 즉흥적인 소리를 잘 메겨야 능력 있는 요령잡이로 평가된다. 이를테면, 망자는 물론이고 상주 집안의 가족사항을 미리 파악하고, 운구 과정에서 즉흥적으로 눈물을 짓게 할 수 있는 말을 동원하여 재치 있게 구변하여야 한다.

운구행렬의 선두에는 혼백이 선다. 그 뒤를 이어 만장과 상여가 따르고, 상여 뒤에 상주 일행이 근접해 따른다. 그리고 줄의 맨 뒤에 친인척을 비롯한 조문객이 뒤따른다. 운구 과정에 있어서 가장 염두해두어야 할 것은 하관시간 이전에 장지에 도착하는 것이다. 이런 이유로 하관시간이 급박할 경우에는 상여가 쉬지도 못하고 바쁘게 장지로 이동한다. 반면 시간의 여유가 있을 경우에는 쉬는 수가 많아지고 상여꾼들이 장난을 하는 등 여유를 부린다.

한편, 발인 당일 이른 아침에 장지에서는 광(壙)을 파는 작업이 이루어진다. 땅을 파기 전에 북어포와 과일을 놓고 산신제를 지낸다. 이어 산을 열고 내광을 판다. 1980년대를 기점으로 이전에는 사람들이 직접 삽으로 땅을 팠다. 하지만 그 이후에는 굴삭기를 이용하는 사례가 많아지다가 지금은 대부분 상가에서 이 굴삭기를 이용해 무덤을 조성한다.

관은 자손들이 원하는 것을 사용한다. 송룡리의 경우에는 관의 사용에 있어서 다양한 양태를 보여준다. 오동나무관을 비롯하여 옻나무관, 석관의 사용 사례를 볼 수 있다. 이외에 관을 사용하지 않고 직접 맨흙에 매장하는 예도 보인다. 이때에는 직사각형으로 내광을 파는 예와 망자 신체의 모양대로 내광을 파는 예가 있다. 제보자는 이것을 답장이라 하였다.

한국 사람은 답장을 해야 돼요. (조사자: 답장이 뭐죠?) 그냥 관 갖다가 때려부시고, 알몸뗑이만 하는 거. 꽉 끼는 거. 물도 안 고이고 아무것도 안 고여요. (조사자: 시신이 들어갈 자리 모양대로 파나요?) 그렇죠. (조사자: 직사각형으로 파요?) 아니. 배만 조금 넓게 파고, 사람 모양대로, 머리 모양, 몸 모양. 그렇죠.　　　　　　　　　　　　　　　　　　　　　　─장형진

망자가 장지에 도착하면 하관시간에 맞추어 매장을 하게 된다. 먼저 상여에서 주

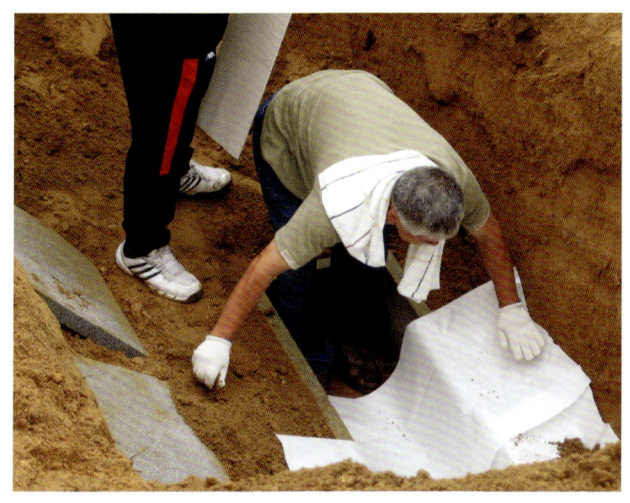

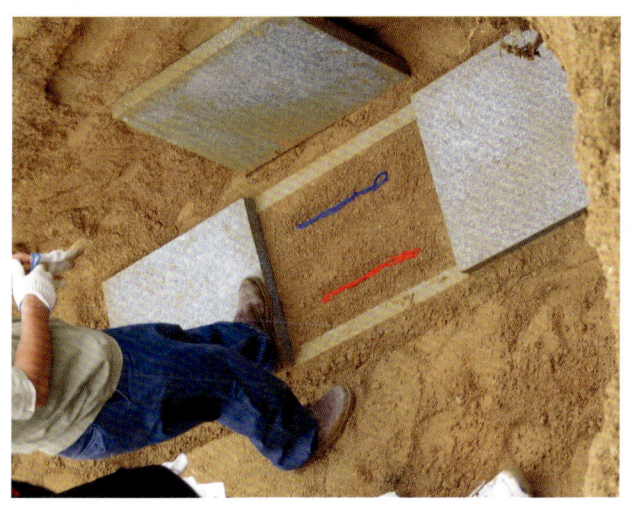

내광 정지 작업(위)과 폐백
드림(아래)

검을 내어 내광에 안치하고 내광의 빈 공간에 흙을 채운다. 제보자는 이때 빈 공간에
흙을 꼭꼭 눌러 채워야 한다고 한다. 흙을 꼭꼭 누르지 않으면 뒤에 주검이 부패되면
서 무덤이 내려앉을 수 있다는 것이다. 이처럼 주검 주변의 내광을 흙으로 채우는 것
을 보토(補土)라 한다. 보토 뒤에는 폐백을 드린다. 주검의 가슴 주변에 청홍 비단과
실을 올리는 의식이다. 이외에 개인의 종교에 따라 염주나 묵주 등을 넣어주기도 한

다.[13)

폐백을 내광에 넣은 뒤 주검 위에 명정을 얹어놓는다. 그리고는 취토를 한다. 상주가 광중에 들어가 흙을 머리, 배, 다리 부분에 한 줌씩 놓고 '취토!'라 한다. 삽으로 떠서 뿌리기도 하지만 예의가 아니라 한다. 광 안에 들어가 조심스럽게 놓아야 한다는 것이다. 이렇게 취토를 마치고 나서 관의 뚜껑이나 칠성판을 덮는다. 그리고는 이어 흙을 채워나간다. 사례에 따라서는 내광을 덮는 덮개를 회판으로 사용하는 예도 보인다. 곧, 회를 개어서 내광의 덮개가 될 만한 규모의 회판을 만든다는 것이다. 그리고 이것을 관 뚜껑 대용으로 쓰는 예가 있다. 이외에 내광을 덮개로 가린 뒤에 그 위에 흙과 회를 배합하여 비벼넣는 예도 보인다. 이렇게 하면 회와 흙이 굳어서 단단한 가림막이 되고, 아울러 나무뿌리나 빗물을 차단하는 역할을 하게 된다는 것이다.

광에 흙을 채워넣은 뒤에 사람들이 들어가 다지게 된다. 지금은 대부분 굴삭기가 이를 대신하지만 1980년대 이전만 하여도 대부분 사람들이 들어가 땅을 다졌다. 이때 광에 들어가 흙을 밟는 사람들은 서로 등지고 서서 흙을 밟았다. 이 흙을 다지는 과정에서 부르는 소리를 '달기요'라고 하였다. 곧, 요령잡이가 선소리를 메기고 광에 들어가 흙을 밟는 사람들이 이 소리를 받아 '달기요!' 또는 '닭이훨!'이라 한다는 것이다. 제보자는 '닭이훨!'의 유래에 대해 '닭이 훨훨 날아서 다져준다'고 하여 '닭이훨!'이라 한다[14)고 구술한다.

무덤은 봉분을 짓고 잔디를 다 이식하면 이루어지는 것으로 본다. 상주들은 무덤의 완성 뒤에 무덤 앞에 제물을 차려놓고 제를 올린다. 이 곳에서는 이를 봉분제라고 한다. 이렇게 제를 지내고 난 뒤에 상주 일행이 집으로 돌아온다. 집에 돌아와서는 우제(虞祭)를 지낸다. 우제는 초우, 재우, 삼우로 나뉘며 발인 당일 초우, 둘째 날 재우, 셋째 날 삼우제를 지낸다. 전에는 초우를 제외하고 재우와 삼우는 날을 가려 지냈으나 지금은 그렇지 않다고 한다.

이후 집 안에 상청을 차려놓고 상 기간 동안 상식(上食)을 올린다. 보통 아버지는 대상이라 하여 만 2년, 어머니는 소상이라 하여 만 1년 동안 상청을 차려놓고 상식을 올렸다. 그런데, 근래에 들어와서는 보통 100일 정도의 상기(喪期)를 유지하는 예가 보편적이라 한다. 또, 사찰 등에 영정을 두고 49재를 대행케 하는 예도 있다. 이렇게 일정 기간 상기를 설정하여 두었다가 이 기간이 지나면 탈상제(脫喪祭)를 지내고 정상적인 생활로 돌아오게 된다.

제례

송룡리의 제례에 대해서는 기제와 묘제를 대상으로 조사 정리하였다. 제의의 표본은 결성 장씨가에서 이루어지는 예를 택하였으며, 가급적 다수의 사례를 모아 정리하였다.

유교식 제례는 상례와 마찬가지로 전통적인 모습에서 크게 변하지 않았다. 이러한 불변성은 제의를 수행하는 행위 주체의 조상숭배에 대한 인식에 기인하는 것이다. 이를테면 제의의 행위주체가 지극한 조상 경모 관념을 보유한 데 근거하여 전통적 방식의 제의가 생명력을 유지하고 있다는 것이다.

그런데, 그 내용을 들여다보면 전통방식에 의한 제의 계승에 변화가 다가옴을 예측할 수 있다. 우선 하나의 근거로 주민들의 고령화를 꼽을 수 있다. 이들은 전대의 조상으로부터 보고 들은 진설방식에 의해 제사상을 차리고 제사를 지내고 있다. 그런데 그들의 말을 빌면 외지에 나가 있는 자신의 자식들이 진설이나 제의 절차에 대해 잘 알지 못하고 있다고 말한다. 자신의 사후에도 지금과 같은 방법에 의해 제의가 유지될 수 있을지에 대해 의문을 갖는다. 또, 묘제에 대한 참여도가 전만 같지 못하다고도 한다. 특히 고향을 떠나 있는 사람들의 참여도가 전과 다르다고 답한다. 물론, 이러한 구술은 개인 제보자에 의한 것이기에 객관적으로 검증된 것은 아니다. 그러면서도 제보자들의 이와 유사한 구술을 접하다보면 현재의 제례에 대한 변화 조짐을 예측하게 한다.

기제(忌祭)는 돌아간 조상을 대상으로 한다. 곧, 4대 이내의 조상을 대상으로 돌아간 날에 올리는 제사가 기제이다. 기제의 제주는 돌아간 분의 장손이 된다. 장손을 중심으로 주변의 친척이 단위가 되어 기제를 모시는 것이다.

제사 지내는 시간은 본래 자시를 기준으로 삼았다. 대개 밤 11시에서 1시 사이를 제사 지내는 시간으로 보았다. 이 시간은 첫새벽을 의미한다고 한다. 그런데 근래 들어서 제사 시간에 변화가 일고 있다. 이를테면, 예전에 자시에 지내던 것을 시간을 당겨 8~10시 사이에 지내는 집이 늘고 있다.[15] 이처럼 시간을 당기는 이유는 자손들의 참여를 위한 것이라고 한다. 대개의 자손들이 고향을 떠나 있는 터라 이들이 제사 지내고 귀가하는 데 용이하게 하기 위한 배려라는 것이다.

제물은 사는 형편에 따라서 조금씩 다르다. 지금은 형편이 나아져서 집집마다 제대로 갖추어놓고 제를 지내지만 1960년대 이전만 하여도 제사음식을 제대로 차려놓고 제 지내는 집이 많지 않았다고 한다. 또, 제사상 차리는 방식도 조금씩 달랐다. 제보자는 '홍씨네하고 안동 권, 안동 김하고, 김해 김하고 다 달라요'라고 한다. 제상 차림이 서로 다른 전통은 이미 오래 전 사색당파로부터 유래하겠으나, 지금에 와서는 하나의 가가례(家家禮)가 되어버렸다. 또, 이전의 전통적인 방식과는 다른, 새로운 제물 진설에 대한 관점이 등장하였기 때문이기도 했다.

제사의 순서는 분향, 강신, 초헌, 독축, 아헌, 종헌, 계반, 합문, 계문, 점다, 사신의 순으로 전개된다. 이러한 흐름은 크게 돌아간 혼령을 불러 술을 대접하고 식사를 들 수 있도록 하며, 다 드신 후에 차를 올리고 전송하는 내용으로 짜여져 있다.

한편, 제보자는 술을 다 올린 후 식사를 할 수 있도록 방에서 나와 기다리는 시간에 대해 8~10분 정도가 알맞다고 하였다. 대개 2~3분 기다렸다가 방문을 열고 들어가 숭늉을 올리는데, 이것은 너무 야박하다는 것이다. 사람도 밥을 다 먹으려면 적절한 시간이 필요하지 않느냐는 주장이다. 따라서 합문과 계문 사이의 시간 여유를 10분 내외 정도 두어야 옳다고 주장한다.

시제는 5대조 이상의 조상을 대상으로 한다. 매년 10월에 자손들이 날을 잡아서 시제를 모신다. 기제와 달리 시제는 돌아간 이의 묘소에 가서 올리는데 이를 묘제(墓祭)라 한다. 시간은 낮 시간대로 일정하지 않다.

송룡리 결성 장씨의 경우도 10월에 시제를 지낸다. 문중 사람들이 하나의 단위가 되어 해당 조상의 묘를 찾아가 제를 올린다. 제물은 일반 기제와 흡사하다. 제물은 위토답(位土畓)에서 생산되는 곡물을 팔아 그 돈으로 마련한다. 위토는 소종을 단위로 하여 형성하는 경우도 있고, 해당 조상의 묘를 대상으로 마련해두는 예가 있다. 한편 이 마을의 한 제보자는 청주 한씨와 남양 홍씨의 경우 한식날에 시제를 지낸다고 한다.

(조사자: 10월에 시제를 지내나요?) 그건 자기네 집안 나름대로 산에 가서 시제를 올렸지. 방안 제사는 고조까지 지내고, 고조 위는 시향에 올렸거든. 그게 시제라고 했지. 우린, 고향은 남면인데 거기 가면 윗대 산소도 많이 있거든. 어른들이 위토답이라고……. 자손들이 종손을 대대로 갈아 내려가면 누가 시제 지낼 사람이 있어야 할 거 아니여? 뭐가 있어야 지내지. 그래 논을 사서 묶어두지. (조사자: 돌아가신 조상 묘에 땅을 마련해 연결해두는 건가요?) 그렇지. 5대서부터는 산 시제를 지내거든. 그럼 그 다음부터는 자손이 많을 거 아녀? 그러면 그 분의 시제를 지내기 위해 위토답이라고 있어. 그분 목(몫)으로 땅을 자손들이. 거기서 나오는 걸로……. 누가 부치면 도지를 받는다 해서 제물을 차리고 그랬지. 그게 시제요. 꼭 몇 마지기 정해져 있지 않고 자기 나름대로. (조사자: 등기는?) 등기는 문중 대표로 해서 공동 소유지.　　　－임영달

위의 지문은 임씨가의 위토에 대한 구술이다. 임영달은 5대조 이상의 제사를 모시기 위해 위토를 마련하였고, 특정 조상을 대상으로 위토를 지정해둔다고 답하였다.

이 마을의 경우 위토는 후손이 경작하는 예가 많다. 그리고 여기에서 조성된 비용은 시제뿐 아니라 문중의 기금으로 적립되기도 한다. 송룡리 결성 장씨의 경우가 여기에 해당한다. 제보자는 제물의 차림과 관련하여 요즘은 비교적 간소하게 한다고 한다. 이것은 전처럼 제사음식을 먹는 사람이 드물어 음식이 남기 때문이라고 설명한다.

한 번 쓴 제물은 다시 사용하지 않는다. 대개 해당 위에 따라 새로이 준비한 음식을 놓고 제를 올리는 것이다. 그런데 주목할 만한 사항은 시제를 한곳에서 지낸다고 하는 주장이다.

한 군데서 지내요. 지금은. 산으로 가도 않고 전부 집에서 지내요. (조사자: 시제를요?) 예. (조사자: 그러면 상 여러 번 차릴 필요 없겠네요?) 그류. 우리 동네 서당 하나 있잖아요? 좋은 디 두구서 구태여 그럴 필요가……. 하루 전에 성묘는 다 가는거. 각 파에서 두 명씩 나와서. (조사자: 시제를 한곳에서 지내기 시작한 지는?) 집에서. 재작년에. (조사자: 그전에는?) 산에서.　　　－장형진

하지만 일반적인 시제의 사례는 산중의 해당 조상 묘에서 이루어지고 있다. 그러면서도, 이러한 시제의 참석자가 점점 고령화되어 가고 있는 현상을 볼 수 있다.

세시풍속

송룡리의 세시풍속을 월령에 따라 정리한다. 정리는 이 마을 사람들이 체험하고 또는 현재 실행하고 있는 내용을 옮겨놓는 방법을 택한다. 현상에 대한 필자의 관점이나 해석은 가급적 피하고 있는 그대로의 면모를 정리하여 옮긴다.

정월

정월의 세시풍속은 크게 설과 보름 풍속으로 나누어 볼 수 있다. 설에는 조상에 대한 차례와 성묘, 세배, 정초근신과 같은 풍속이 전하고 보름 전후에는 풍요를 빌거나 액을 물리치는 풍속과 놀이가 배치되어 있다.

설과 관련된 풍속은 다른 지역과 차이가 없다. 이른 아침에 차례를 지내고 어른에게 세배를 올린 뒤 성묘를 간다. 성묘는 남성이 중심이 되어 가는데, 근래 들어와서 여성이 세배에 참여하는 예가 늘었다. 세배를 다녀온 뒤에는 가족들이 정담을 나누거나 윷놀이를 하기도 한다. 그런데, 전과 다른 모습 중 하나는 성묘를 다녀온 뒤 처가에 가는 젊은이들이 늘어나고 있는 현상이라 한다. 그리고 또 다른 현상 중 하나로 설날 당일 아침에 부모가 있는 고향을 찾는 예가 있다고 한다. 전 같으면 설 며칠 전부터 고향에 들어와 부모와 함께 지냈으나 지금은 설 전날이나 아니면 설 당일 이른 아침에 고향을 찾는다는 것이다. 물론 이러한 사례가 많은 것은 아니지만 젊은이들의 이기적 의식을 반영하는 것이 아니냐고 말한다.

한편, 보름 풍속은 새해 행운에 대한 기대로부터 액막이, 풍요기원과 같은 다양한 예가 전한다.

(설날) 떡국차례 지내죠. 산신제나 거리제 같은 건 없어졌어요. 정월달에 자기네 자손

이 누가 나쁘다거나 하면 가서 거리제 지내라든지 하면 개인이 하지. 절이 가서 보면 어떤 자손이 좀 나쁘다고 하면 시루 해다 놓고. 거리제 지내라구 하면(전16). 어느 달에 며칠에 해라 하면 하구 그라는겨. 정월도 되구 2월도 되구 대중없어(한). 주로 정월달에 웬만한 방제는 다 하는겨. 자손이구 누구 나쁜 거 방제하는 거지. 나쁜 거 다 물러가라고 (조사자: 방제를 할 때 거의 길에 가서 하라고 하나요?) 사거리 가서 떡 한 시루 놓고……. 자손 나쁘다고 하면 동전 몇 개 가지구 가서 나이대로 놓고……. 짚을 삼발로 깔고 (짚의 중앙에) 떡시루 놓고, 고 옆에다 돈 그냥 놓고, 촛불 켜고……. 냉수 떠다놓고 술 갖다놓고, 과일 놓고. 그 사람이 나쁘다면 다 놓지(한). 거기서 시키는 대로 하는 거여. 동서남북에 다 사배하고서 고대로. 떡시루도 다 끝난 다음에 엎어놓고 동전은 동서남북에 다 던져놓고 오는 거여. 10원짜리(전). (조사자: 제웅도 만드나요?) 짚으로 사람 모양 만드는 거는 무당이나 와서 하지 우리는 안 하지(한). 워낙 나쁘다고 하면 무당이 다 해가지고 와서, 짚으로 사람 만들어가지고 와서 그 사람 액운 다 떼어주기 위해서 다 하는 거지. (조사자: 제웅이 클까요?) 조그마치. (양손을 30센티미터 내외로 벌리며) 요만해(전). 지금은 절에 가서 물어봐서 나쁘다면 시장에서 다 해서 파는 데가 있어. 옷에 헝겊데기 입힌 거? 다 있어. 그거 갖다놓구 하는겨(한). 절에서 주로 많이 해줘요. 정월달에 절에 가면, 어떤 자손이 나쁘다고 하면 그 사람 나쁜 거 방지해주느라고, '그 사람 팬티를 하나 가져와라. 양말 한 켤레를 가져와라.' 그런 거 해가지고 '동전을 나이대로 갖고 와라.' 해서 절에서 다 예방을 해줘요(전). (조사자: 속옷 갖다 어디다 써요? 인형 만드는 데 써요?) 아니. 속옷 갖다 고거 하는 데다, 지내는 데 옆에다 놓는다고……(한). 절에서 해주는 건 스님들이 다 액운을 해주는 거여. 돈은 주로 거시기 종이컵에다가 쌀을 해서, 촛불 있는 데다 돈을 자기 성의껏 놓지(전). (조사자: 떡시루를 뒤집어서 놓고 시루만 갖고 와요?) 시루만 갖고 오는 거지. (제물은) 다 놓고 오는 거여. 그러면 저기한 사람들이 주어다 잡수지(전). 이제 태울 거는 우리가 태우고 오고(한). 소지 올리고……. (조사자: 소지 올리면서 비나요?) 그렇지. 해오년 잘 넘어가게 해달라고 빌고 오지(전).

여기에서의 거리제는 마을 공동체의 거리제가 아닌 개인 거리제를 뜻한다. 정초에 한 해의 운수를 탐색하고 좋지 못한 것이 있으면 이를 풀기 위해 절이나 무당에게 가게 되는데, 이 절의 승려나 무당이 운수와 관련하여 액막이를 권장한다는 것이다. 그러면 그가 말한 대로 액막이를 하게 되는데 그 가운데 하나가 거리제라는 구술이다. 그리고 이러한 거리제는 대개 제웅을 만들어 주술적인 말로써 액의 소멸을 기원하고, 액운을 제웅에 실어서 버리는 행위로 표현된다.

아래 지문은 정월 열나흗날의 오곡밥과 관련된 이야기다.

거기 뭐 수수니, 팥, 동부, 보리쌀, 콩, 찹쌀, 멥쌀 다 들어가요. 씨래기 같은 거 무쳐서……. 십사일날. 저녁 일찍 해먹는다고 해서 옛날에 농사짓는 사람들 저녁 일찍 해먹는다고 해서……. 칼질도 보름에 하면 나쁘다고 안 하구 열나흗날 싹 해놓고, 김도 다 귀서 열나흗날 썰어서 해놓구서 먹구, 주로 두부 넣고 콩나물 갖다 넣구 장국, 된장국 끓여 먹구 하지. 나물 무쳐서. 이웃이랑 다 같이 먹고 그라지(전). 소금도 넣고. 밥에다가. 간간하라고(한). 옛날에는 놀다가도 남의 집에 가서 (보름밥을) 훔쳐다가 비벼서 먹고. 밥을 훔치러 부엌에 들어갈 때 문에서 삐걱거리는 소리가 나니까 주전자에 물을 떠다가 살짝 부어 열면 소리가 안 나(전).

제보자는 보름날의 오곡밥에 다양한 곡식을 섞어서 밥을 하였다고 말한다. 찬으로는 묵은 나물을 먹었고, 또 이날 한 밥은 이웃과 나누어 먹었다고 한다. 이외에 다른 집의 밥을 훔쳐다 먹는 일이 있었다고 한다. 그런데, 이러한 일은 대개 청소년들이 하였다는 것이다.

보름에 칼질을 하면 좋지 않다는 구술은 제액과 관련된 것으로 볼 수 있다. 이러한 이야기는 그 유래가 분명치 않은 것인데, 제보자 역시 유래에 대해 설명을 하지 못하였다. 다만, 정초 첫 소날인 상축일(上丑日)에 칼질을 하지 않는 풍속이 전하는데 이와 관련이 있는 것인지 확실치 않다. 대개 그 해의 첫 소날에 칼질을 하지 않는 것은 고기를 써는 것과 같은 행위로 소를 놀라게 하지 않기 위함이라는 설이 있다.

정월 열나흗날 남자들은 나무를 아홉 짐을 해와. 아홉 짐을 해다놓고 밥을 아홉 집에서 얻어다 먹어. 얻어다가 어디서 먹느냐면 발로 방아 찧는데, 디딜방아에 가서 먹어 (한). 연자방아 찧는 데 가 먹구(전). 무슨 예방 하느라고 그러지. 우리는 모르는데. 열 나흗날. 열나흗날 산에서 소나무 꺾어다가 액운 붙지 말라고(한). 지붕에다 서너 개씩 얹어. 노나각시(노래기, 향랑각시) 받아라구(전). 화장실, 담, 지붕, 거실(한). 노내기 생기지 말라고(전). (조사자: 개량 지붕이 아니라 짚으로 된 지붕?) 예. 그런 데 했지. 지금은 그런 거 없어. 노나가치가 노내기. 냄새가 엄청 나지(모). 지금도 생기는 해는 많이 생겨.(전)

위의 내용은 두 가지 서로 다른 보름속에 관한 구술이다. 먼저, 남자가 나무를 아홉 짐 하고 밥을 아홉 그릇 먹는다는 속설은 우리나라 전역에 전하는 풍속이다. 이는 남성들의 왕성한 노동력을 독려하기 위한 데서 나온 풍속으로 이해할 수 있다.

이와 달리 보름날 지붕 위에 솔가지를 던지는 행위는 노래기를 제거하기 위한 주술적인 것이다. 노래기는 지붕 속의 썩은 짚에서 주로 발생하는데 독한 냄새가 날 뿐 아니라 생김새가 혐오스럽다. 때문에 사람들은 집 안에 돌아다니는 노래기를 몹시 싫어한다. 이런 데에서 보름날 노래기를 쫓아내려는 주술적인 방법이 나오게 되었고, 지문에서와 같이 솔가지를 지붕에 던지는 방식으로 퇴치하고자 한 것이다.

열나흗날은 밥 할 때 노가지나무(노간주나무) 가지 떼다가 밥 하는데 생나무를 놓으면 타면서 톡톡톡 튀기는 소리가 나. 농사지을 때 벼 알이 톡톡 붉어지게 익으라고 넣는 거랴. 그 나무를 때는 거래. 정월 열나흗날. 아궁이에다가. 우리 아버님이 나무를 꺾어 오시면, 어머님이 그걸 넣으시면서 금년에 농사 이 알마냥 통통 잘 여물라고……. 그걸 넣으며는 톡톡 소리 나는 것 같이 그렇게 여문대. 옛날 내려오는 전설 어른들 얘기지, 우리야 모 해봤나?(모)

위의 내용은 풍요를 소망하는 데서 나온 관습이다. 그리고 그 풍요 소망의 근거가 알곡이 불에 익어 튀는 소리에 기인하고 있음도 볼 수 있다. 곧, 의성어에 기초한 주술적인 풍요기원 행위로 풀어볼 수 있다.

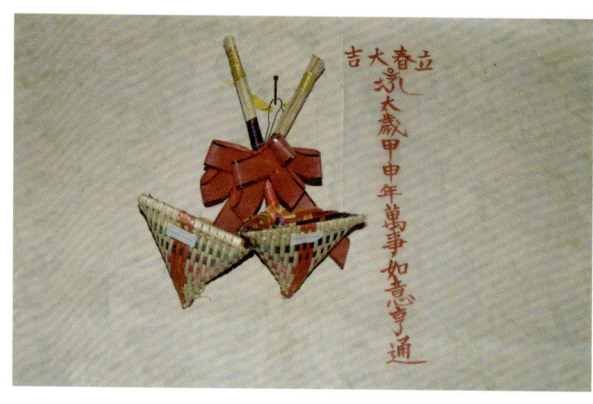

민가의 복조리

(조사자: 복조리는?) 복조리는 정월달에 정초에 사죠. 부녀회에서 주로 팔고(전).

복조리는 섣달그믐 이전에 구입하는 예와 정초에 사는 예가 전한다. 그런데 이 마을에서는 후자인 정초에 복조리를 샀다고 한다. 요즘에는 부녀회에서 복조리를 다량 매입하여 마을 사람들에게 판다. 개인이 구입한 복조리에는 동전이나 곡식을 넣어둔다. 제보자는 돈이나 곡식을 조리에 넣어두는 것에 대해 '조리의 눈이 촘촘하기 때문에 한번 들어온 재화가 빠져나갈 수 없어 쌓이게 된다'고 한다. 곧, 재화가 쌓여 집안이 번창하기를 바라는 뜻에서 복조리를 걸어둔다는 것이다.

고사 시루떡. 정월 열초사흗날은 주로 시루를 해다, 터주에다 장광에다 놓고 동서남북으로 절하구 하지(전). 지금은 많이 안 해유(한). 한 되 서 홉, 서 되 서 홉, 닷 되 서 홉 그렇게 하지. 무당 데려다 하는 사람은 있는데, 무당이 날짜를 다 받아주면 받아주는 대로 와서 다 해유(전). 와서 다 해서 쳐놓고 본인이 다해요(한). (조사자: 무엇을 쳐놓는가요?) 사람 모양부터……. (조사자: 한지로?) 예. (조사자: 천장이나 벽에 줄줄이 걸어놓고?) 예(한). (치성을) 제일 먼저 안방에서 하고, 부엌에서 하고, 장광에서 하고. 무당은 앉아서 북 꽹맥이 뚜드리며 하고. 정각(정각쟁이)도 있고 여자도 있고. 오후에 와서 저녁에 시작하면, 일찍 하면 다섯 시간도 하고 상관없어요. 밤 열두 시 넘어서 끝나는 사람도 있고 새벽에 끝나는 사람도 있고, 초저녁에는 여간해서 안 끝나요(전).

(조사자: 남자 여자 교대로 하나 봐요?) 혼자서는 못 하지. (조사자: 성주 같은 것도 접어서 걸어주나요?) 그렇지. 성주 운이 닿으면……. 쌀 넣고, 돈 넣고, 성주 속에다(한). (안방 윗목을 가리키며) 이, 한가운데다 해주지. 지금은 안 해. 여간해서는 안 해. 안 한지 오래됐지. 새댁 시절에는 했지(전).

지문은 정초의 안택고사와 관련된 이야기다. 정초에 무당을 불러서 고사를 지내고 성주를 해서 달았다는 내용을 확인할 수 있다. 그리고 이때의 고사가 울타리 안에 존재하는 가신(家神)들을 대상으로 한 고사였음도 보인다. 그리고 떡을 찔 때에는 한 되 서 홉이나 서 되 서 홉, 닷 되 서 홉과 같이 양(陽)의 수에 근거하여 제물을 계량하고 있는데 이는 양이 길상과 통하는 데에 기인하는 것이다.

이외에 남녀가 한 쌍으로 움직이며 굿을 하였음이 나타난다. 그리고 이들 무당은 앉아서 북과 꽹과리를 두드리며 치성을 올리는데, 이는 충청도 무당이 앉은굿을 주로 한다고 하는 점에서 그들의 정체성을 확인케 해주는 대목이 된다. 다만, '한지에 사람 모양을 오려서 방의 천장이나 벽면에 쳐놓았다'는 것이 설경(說經)인지 여부는 확인할 수 없었다.

(조사자: 쥐불놀이도 했죠?) 전에는 했지. 지금은 안 해. 깡통에 구멍 뚫어서 나무 넣고 숯 넣고 불 해서 돌렸지. 연도 띄우고. 연에다 뭘 써서 띄워 보냈지. 정월 열나흗날. 액운 때운다고. 자치기도 하고(전). (조사자: 다른 마을하고 싸우기도 했나요?) 그렇게 엄청이 싸우진 않았고. 깡통에다 구멍을 뚫어서 거기다 광솔이니 나무 같은 거 해서 불을 피워서 철사로 이렇게 해서……. 휘~ 이렇게 돌리면 위험하니까 철둑 같은 데, 둑에 가서 돌리고 그랬지. (조사자: 광솔은?) 소나무에 광, 광, 광솔 기름이라고. 일정 말년에 일본 사람들이 비행기 기름 한다나 송탄유라고 그거 가져다 기름 짜라고 하고 별짓 다 했다고. 산에 나무(하러) 가면 (나무)공이가 있잖아? 그걸 광솔이라고.   —임영달

청소년들의 놀이로 쥐불놀이가 있었다. 지금은 하지 않지만 1970년대 이전까지만 하더라도 마을 아이들이 모두 나와 보름깡통을 돌렸다. 또, 논둑을 태우는 일도 흔히

있는 일이었다. 정초에 논둑을 태우는 것은 쥐를 비롯한 해충을 방제하는 효과가 있는 것으로 보아 어른들이 나서서 하였다.

정월 열나흗날 액연을 띄우는 관습도 있었다. 제각각 만든 연을 가지고 연놀이를 하다가 이날 연을 높이 띄운 뒤 연실을 끊어 날려 보냈다. 그러면 이 연이 연 띄운 청소년의 액운을 가지고 멀리멀리 날아간다고 보았다. 따라서 연에 연 주인인 청소년의 사주(四柱)나 송액(送厄)과 같은 글을 적어 넣기도 하였다.

옛날이면 정월달이면 일 년 대통하라고, 가정에 고사하라고 정각쟁이 뚱딱거리고 하고……. 정월 보름이면 음력설보다도 더 명절 같았어. 정월 14일 15일이면 조금 있는 사람들 머슴 두고 농사를 지었거든. 여 뒷동산 가서 일 년 농사질 소, 짐승을 먹이니까 짐승 코뚜레니 밧줄 그렇게 하고……. 그날 저녁에는 산에 가서 솔가지를 꺾어다가 지붕에 던지고, 또 부시럼 깨먹는다고 밤에 성주 뿌리(불이)니, 대주니, 지주니, 가정의 대주라고 하지? 불 켜놓고, 부실목 깨민다고 밤도 깨밀고……. 하여튼 그때가 음력설보다 명절 같았어요. (조사자: 부실목은 부스럼?) 종기. 몸에 부시막 나지 않으라고 밤을 깍 입에 물고 깨밀어. 소 고뺑이라고 길게 붙잡고 달리는 거. 코뚜레 있어. 잡을 줄이 있어야 되어. 그걸 산내끼로 꾀어 가지고 튼튼하게. 산에 가서 일꾼들이 몇 가닥을 해야 하니까. 그렇게 하면 자세라고 돌려가매 만들고……. 쟁기로 논 갈고, 들에서 농사지면 발구채라고 실어 들였거든. 발구채가 소 질마라고 있어. 질마여. (소 등에다) 올려놔. 엮어서 볏단 싣는 거. 양쪽에 망 같이 떠서 질마 위에 올려놔. 새가 있으니까 걸리지. 그럼 꼭 쫌매여. 일 년 쓰면 자꾸 산내끼가 낡고 하니까 그해 농사짓는 열나흗날 일꾼들이 전부 소 고뺑이라고, 소코뚜레 있어가지고……. 하여튼 소에 필요한 연장은 그 날들 모두 서로 일꾼들이 산에 올라가서 자세라고 이렇게 돌려서 산내끼를 몇 가닥 드리는거.
　　　　　　　　　　　　　　　　　　　　　　　　　　　　　　　　　　　　　－임영달

위의 지문 가운데 주목되는 것은 보름날 그해의 소와 관련된 도구를 제작한다는 것이다. 소의 코뚜레를 비롯하여 고삐 등을 이날 준비한다. 대개 머슴을 둔 집에서는 머슴들이 이 일을 하고, 자영 농부 또한 소와 관련된 장비를 직접 제작한다. 보름날 이러한 일을 하는 것은 이 날이 일 년 중 길일인 데에 연유한다. 아울러 보름에는 다양한 기풍요속(祈豊饒俗)이 존재하였는데 이 또한 그러한 관점에서 이해될 수 있는 것으로 볼 수 있다.

이외에 지문에서는 재액을 물리치는 풍속에 관한 내용이 보인다. 초저녁부터 다음 날 날이 밝도록 불을 켜놓는 수세(守歲)에 관한 구술이 보이고 밤, 은행, 땅콩, 호두 등의 부럼에 관해 언급하고 있다. 먼저, 수세는 일 년 중 마지막 날인 섣달그믐에 이루어지는 풍속이다. 그런데, 이 마을에서는 보름날 수세를 한다. 제보자뿐 아니라 이 마을의 다수 고령자들로부터 수세가 보름날 이루어짐을 확인할 수 있었다. 이에 대해서는 보다 상세한 조사가 필요하다. 그리고 부럼은 질병을 쫓기 위한 재액수술의 일종으로 볼 수 있다. 부럼 깨물기는 딱딱한 견과를 깨물므로 해서 이가 튼튼해지고 동시에 그해에 부스럼을 예방하는 효과가 있다고 생각한다. 나아가 부럼 깨물기는 지금까지도 전승하고 있는 풍속의 하나이다.

2월

음력 2월은 절기상 입춘을 지나 경칩(驚蟄)과 춘분(春分)이 들어 있는 달이다. 경칩은 동면하던 동물들이 깨어나 활동을 시작한다는 절기이다. 곧 겨울이 물러나고 봄이 성큼 다가오는 시기이다. 밤과 낮의 길이가 같다는 춘분도 봄을 상징한다. 왜냐하면 이날을 기점으로 밤의 길이가 조금씩 줄어들고 반면 낮의 길이가 조금씩 길어지기 시작하기 때문이다. 곧, 낮의 길이가 길어지면서 만물의 소생을 재촉하는 절기가 바로 춘분이다.

(조사자: 2월 초하루를 무슨 날이라 하죠?) 여자가 남의 집에 안 가고, 남자가 남의 집에 일찍 와. 그러면 닭이 잘 돼(한). 여자가 2월 초하룻날 남의 집에 일찍 가면 재수 없다고 하잖아. 그래서 가지 말라고(전). 콩 같은 거 쌀 같은 거 볶고서 남자가 오면 그 사람 주머니에다가 줘. 먹으라고. 내 집의 자손이 그 집에 가. 가서 그렇게 하고. 그리고 데리고 오고. 그렇게 해(한). (조사자: 콩 볶으면서 하는 얘기 같은 것 없어요?) 우리 어머니 보면 그라대. "노나각시 볶는다! 노나각시 볶는다!" 옛날에 노내기 나오잖아? 그

러면 그거 볶는다고. 주걱으로 하면서(모).

음력 2월 1일을 다른 지역에선 머슴날이라 한다. 그런데 송룡리에서는 그러한 말을 사용하지 않고 콩 볶아 먹는 날이라 하였다. 이날 남자가 찾아오면 볶은 콩을 주었다고 한다. 또, 이날 여자가 이른 아침에 남의 집에 가면 재수 없다고 하는 관습이 있었다. 대조적으로 남자가 남의 집을 찾으면 재수가 좋다고 하였다 한다.

지문에는 노래기 쫓기에 대한 언급도 보인다. 노래기 쫓기는 보름에도 있었는데, 이때에는 솔가지나 노간주나무 가지를 지붕에 던지는 것이었다. 그런데 2월 초하룻날에는 콩을 볶으면서 '노나각시 볶는다'와 같은 주술적인 말로써 노래기를 퇴치하려 하였다 한다.

4월

음력 3월에는 특별한 풍속이 전하지 않았다. 다만, 3월 삼짇날 제비가 오는 날이라 하여 노는 날로 보았으나 지금은 그렇지 않다고 한다. 4월엔 부처가 오신 초파일이 있다. 송룡리는 불교를 신앙하는 신자들이 다른 마을에 비해 많은 편이다. 지금도 다수의 사람들이 이날 인근 사찰을 찾아가 불공을 드린다.

(조사자: 4월 초파일엔 절에 가시나요?) 가지. (마을 근처에) 절이 만경사, 송림사, 비암사. 호랑무당절. (조사자: 호랑무당?) 어머니가 했는데, 아들이 불교대학을 해가지고, 절을 해요. (절이) 많아요. (조사자: 절에는 언제 가요?) 정월달하고, 4월 초파일날, 7월 중으로 백중날……. 가을에 농사져서도 또 가구. 그러지. (조사자: 갈 때는 주로 쌀을 가지고 가시나요?) 농사졌다고 쌀도 가지고 가고, 과일 같은 것도 맘 적으로 사가지고 가고……. 부처님한테 돈 놓을 꺼 가지고 가고, 절하고……. (조사자: 돈은 얼마나 놓으세요?) 성의껏. 최하 2만 원. 옛날에는 쌀 가지고 가서 떡 찌고 그랬는데 지금은 방아가서 쪄서 가지고 가요(전).

4월 초파일은 불탄일로 불가(佛家)의 최고 경축일이다. 마을 사람 중 불자는 이 날을 기해 석가의 탄생을 축하하고 한편으로 개인적인 소망을 기원하기 위해 사찰을 찾고 있다. 또, 7월 백중은 돌아간 조상을 극락으로 천도하는 천도재가 있는 날이다. 실제 제보자는 '돌아간 조상이 좋은 곳으로 가게 하기 위해 이날 절을 찾아가서 기도 한다'고 한다. 그리고 가을걷이 후에 사찰을 찾을 때는 햇곡식을 가지고 가 떡과 밥을 지어 올린다고 한다. 이러한 말에 근거한다면 이때의 불자가 올리는 공양은 일년 농사의 수확을 감사하는 천신(薦新)과도 같은 것이다.

5월

비록 전국적인 것이지만 송룡리에도 5월 단오에 여성들이 창포물로 머리를 감는 습속이 전한다. 이 마을에서는 창포를 쟁피라 하였다.

단옷날은 쟁피 꺾어다가 삶아서 머리 감고 그랬지(전). 쟁피가 이렇게 넙죽하니, 난초 마냥 생긴 거 있지. 기다랗게(모). 미나리같이 생긴 것도 있어(한). 청포라고도 해(모). 미나리처럼 생긴 게 있어. 냄새가 향긋한 게 좋아유. 고놈하고 같이 갖다가 삶아서 머리 감으면 머리가 그렇게 좋아유. (조사자: 미나리처럼 생긴 것 이름이?) '궁깅이'라고 있어. 이거를 하면 비듬이나 병이 없어진대유(한).

제보자 한명자는 창포 삶을 때 '궁깅이'를 넣으면 향이 좋고 비듬이 없어진다고 하였다. 그런데 '궁깅이'가 구체적으로 어떤 식물인지는 확인하지 못하였다.

6월

음력 6월에는 초·중·말복의 삼복이 들어 있다. 대개 10일 간격으로 복이 이어진다. 옛날부터 이 날은 무더위로 허약해진 몸을 보하는 전통이 있었다.

복날에 개 잡아먹거나 아니면 삼계탕 해먹지. 복 달아난다고 그렇지. 노인정에서 먹고 그래. 부침개도 부쳐 먹지(전). 옛날에는 집으로 다녔지(한). 옛날에는 각자 해 먹지(전). 저녁에도 심심하면 마실 와서 윷 놀고, 뭐 해먹고(한).

지문은 복날의 보양 음식에 관한 구술이다. 마을 사람들이 개를 잡아서 탕을 끓이거나 닭을 잡아 삼계탕을 해먹었다는 내용이다. 대개, 남성이 개고기를 즐기고 여성은 삼계탕을 선호한다고 한다. 또, 불자들은 개고기를 먹지 않는다고도 하였다.

7월

음력 7월에는 칠석과 백중을 길일로 친다. 이 두 날 가운데 송룡리에서는 칠석을 보다 비중 있게 보았다. 앞에서도 밝힌 것처럼 7월 보름인 백중에는 돌아간 조상을 위해 사찰을 찾아 공양하는 관습이 지속되고 있었다.

(조사자: 칠석에 무얼 하나요?) 머슴날이지. 남의 집 사는 사람들 돈 태워주고(전). 옷 한 벌 해주고, 돈 해주고. 일 년 남의 집 살면 옷을 세 벌 해줘. 일 다 하고 나올 때 겨울에 한 벌, 여름에 한 벌, 들어가며 중의 적삼 한 벌(한). 7월 칠석날은 인절미 해먹고. 여름내 일하느라고 욕 봤으니까 골이 비었을 거 아녀? 땀 흘리고……. '골 민다(메운다)'고, 인절미로 골을 채운다고 꼭 떡을 하시더라고. 절구에다가 시루에다 쪄 가지구서, 절구에 쪄서 부엌에서 시어머니랑 둘이 썰어서 만들어 먹었지. 이웃도 주고(모).
옛날에 7월 칠석은 남의 집 사는 사람들 명절이라고 했었어(전). 돈 타는 날이라고. 중의 적삼 여름에 해주고, 칠석날은 잠뱅이. 짧은 거. 머슴 다 살고 나갈 때는 솜바지 저고리 해주지(전). (조사자: 언제 적 이야기예요?) 40년 됐지. 상일꾼이 최고 여덟 가마니 받지. 여덟 가마니 받으면 내가 (먹을 것이) 없으니까 미리 내다 먹어야 하잖아. 그럼 거기서 이자로 닷 말을 제해요(한). (조사자: 두레패가 모여 놀거나 하는 일은 없었어요?) 그런 거는 없었어요.
(조사자: 7월 보름 백중에 놀았던 적 있나요?) 칠석날만 쳤지, 백중날 그런 거는 안했어(모). 너무 일쩍 세상을 뜬 사람들 절에다 가서 하지(전). 동네 어른들이 모여서 그냥 번이지게 약주 한 잔씩 잡쉈지(한).
칠석은 집집마다 다 위했죠. 옛날에 절을 다닐 줄도 모르고 하니까 칠석은 옛날 어른들부텀 내려오며 했지. 단지는 없고 밖에서 장광에서 촛불 켜고, 떡 놓고, 청주 올리고, (나는) 빌지도 모르고, 시루나 해다 놓고 절이나 하고. 맘 속으로. 칠석은 일곱 번 절하고, 그 뒤루는 동쪽으로 네 번 하고, 서쪽으로 네 번 하고, 남쪽으로 네 번, 북쪽으로 하고 이렇게 순서대로. 맘 속으로만 하는겨. 무당도 아니고. 중얼중얼 짓거리는 게 죄가 더 많대요. 그냥 기도 하는 게 낫지. 내가 실천을 못 하니까.　　　　　　　　　　－이정림

(조사자: 7월 보름에 마을 잔치 같은 없었나요?) 여기서는 7월 칠석을 쳤어. 여기는 백중이 아니라 7월 칠석을 했었어. 칠석 때면 남의 집 고용살이 하는 사람들 풍물치고 다니며 샘에 가서 어떻게 하고.　　　　　　　　　　　　　　　　　　　－임영달

　위의 지문에는 여러 제보자의 구술을 묶어놓았다. 각각의 제보자마다 나름의 새로운 이야기가 있어 버리지 않고 한 곳에 모았다. 그러면서도 위의 내용을 분류하면 크게 칠석과 백중에 얽힌 이야기로 분류할 수 있다. 이 중 백중에 대해서는 이미 앞에서 기술하였으므로 여기에서는 칠석에 대해서 정리한다.

　송룡리에서는 칠석날을 머슴날로 부르고 있었다. 일반적으로 2월 초하룻날을 머슴날로 치는 충청도 다른 지역과 다소 차이를 보이는 것이다. 물론 칠석날 지주가 머슴을 불러서 푸짐하게 음식을 내는 예는 다수 있다. 그런데, 공식적으로 칠석날을 머슴날이라고 하는 예는 그 사례가 흔치 않은 것이다.

　머슴날의 행사로 지주가 옷을 해주고 하루를 즐길 수 있도록 돈을 준다고 한다. 이는 그간 농사에 힘쓴 데 대한 고마움과 격려의 표시로 볼 수 있다. 일반적으로 칠석이나 백중 무렵이 되면 밭농사를 포함하여 논농사의 풀을 잡는 일이 갈무리 된 것으로 본다. 이런 맥락에서 이 즈음에 호미를 씻어 걸어둔다는 호미씻이가 이루어지기도 한다.

　칠석날 인절미를 해서 먹는 것도 관심이 가는 사항이다. 칠석에 떡을 해먹는 풍속은 널리 전하지만, 송룡리의 경우는 그 해석이 특이하다. 곧, 노동으로 골 속이 빈 것을 메우기 위해 인절미를 해먹는다는 해석은 이곳만의 독특함이 있다.

　이외에 이정림과 같이 칠석날 떡을 쪄 장독대, 부엌, 안방을 돌며 고사하는 의식은 전국적으로 산포해 있는 칠석고사의 일종이다. 이 칠석고사에서는 집안의 가신(家神)을 대상으로 한다. 기원자는 가신에게 가족의 행운과 발복, 집안의 번성 등 개개

인의 소망을 비손 형태로 기원한다.

8월~10월

8월 추석의 세시풍속은 다른 마을과 차이가 없다. 송편을 빚어 차례를 지내고 차례 후에는 성묘를 갔다. 성묘 후에 남성 중심으로 마을회관 앞에서 윷을 노는 예도 있었다.

9월 9일에 구일 차례를 지낸 사례가 있었다. 8월 추석에 햇곡을 구하지 못하였을 경우 이 중구일(重九日)에 구일 차례를 지냈다고 한다. 그런데, 근래에는 이러한 예가 거의 없다. 9월의 민간요법 중 중구일에 구절초를 꺾으러 가는 예가 있다. 이날 구절초를 꺾어다가 엮어서 말린다. 그리고 자손 중 냉한 사람이 있으면 이것과 수수를 넣고 고아서 조청을 만들어 먹인다. 그러면 속이 더워진다고 한다.

10월에는 송룡리 다수의 가정에서 시루떡을 쪘다. 이를 가을걷이 뒤에 찌는 떡이라 하여 갈떡이라고도 한다.

가을 농사 지며는 농사지었다고 떡 해서 갖다 놓구 노나 먹고 했는데 지금은 그런 거 없지(한). 가을걷이 하자나, 그러면 쌀을 찧어서 햇농사졌다고 쪄다가 시루떡을 해가지구서 다 놓구, 방에다 놓구, 장광에 놓구, 쌀두지에 놓구, 짚간(울타리 안에다 쌓아놓은 볏짚가리)에다 놓구……. 대문 앞에다 놓구, 이웃집 사람들이랑 다 나눠먹고 그랬지. 지금은 없어요. 가을 떡이라 하는데 음력 10월에 했어요(전). 최고가 10월 초사흗날이 최고여(한). 떡을 맨 처음해서 시루채 여기(안방)다 갖다놓는거. 성주님이 여기 있다구 해서. 여기다 짚 깔구 떡시루 놓구 물 놓구. 마음속으로만 빌지(전). 그릇에 다 나누어 담어서 부엌에다 놓아. 조왕에. 장독에 놓는 것은 터주신 그렇지. (조사자: 짚간은 뭘까요?) 짚간은 그 집 농사 잘 지어줬으니까? 짚가리는 타작 다 한 것. 샘에 놓고, 대문 들어오는 데 놓고. 다 떼다놓는 거여. 쪼금씩 떠다놓는 거여(전).

갈떡을 찌면 칠석고사와 마찬가지로 집안의 가신 전에 놓고 치성을 드린다. 이는 그 해의 수확물을 가지고 가신에게 고사한다고 하는 점에서 추수감사적 성격의 천신(薦新)제의이다. 제보자 전인수는 이 천신 고사의 신격 중 상위 신을 성주로 보고 있다. 따라서 갈떡을 찌면 제일 먼저 안방의 성주신 전에 놓고 치성을 드린다고 하였다.

치성을 올린 마친 뒤에는 떡을 그릇에 나누어 담은 뒤 집안의 여러 곳에 가져다놓는다. 제보자는 지문에서처럼 장독대, 부엌, 쌀뒤주, 볏가리 등의 여러 곳에 떡을 놓아두었다.

동지·섣달

동짓달의 동짓날을 작은설이란 뜻의 아세(亞歲)라고 하였다. 그만큼 예전에는 이 날을 의미 있는 날로 보았다. 그런데 지금은 팥죽 쑤어 먹는 날 정도로 기억한다.

아래 지문은 팥죽을 쑤는 과정에 대한 구술이다.

(조사자: 팥죽은 어떻게 쑤나요?) 팥을 푹 삶아요. 물을 붓고. 팥이 푸―욱 삶아지잖아유. 그라면 (손으로 팥을 으깨는 시늉을 하며) 이렇게 이렇게 뭉개서 얼그미(채)에다 받쳐 가지구서, 나이론 소쿠리 고운 거에 막 이렇게 섞어서 그 물이 받쳐지잖아? 그걸 끓이다가, 멥쌀 일어서 해놓았다가 물이 막 끓으면 쌀을 좀 넣어 끓여서 찹쌀 시알시미를 해서 넣고 팍팍 끓여. 그리고 나서 불을 꺼.

(조사자: 팥죽을 쑤어 장독대에 놓기도 하죠?) 부엌에 놓고, 쌀두지에 놓고, 장광에다 놓지. 한참만. 물하고 같이 놓았다가 갖다 먹지. 옛날 같지 않아서 지금은 (집안 여러 곳에 놓지를) 안 하구. 지금은 쑤어가지구 예방이루다 저기 하구 먹지. 지금도 팥죽을 쑤면 (팥죽을) 하지 않은 집과 나누어 먹어. (조사자: 팥죽을 안 하는 때도 있다던데요?) 아, 있쥬. 올해는 원칙은 팥죽을 쑤지 말구 떡을 해먹어야 하는 거시기라. 애동지라. 아주 애동지도 아니지만 그래두 요렇게 추위가 중간, 요렇게 될 때는 떡을 해먹으면 좋다구 하는데……. 옛날 식으루다가 팥죽을 써서 먹었어요. (조사자: 애동지라는 것은 동짓날이 빨리 들어왔을 때?) 동지가 가까울 때, 11월 초에 들어왔을 때 애동지라 하고 후반 넘어서 들어왔을 때 노동지라 하구. 중간은 중동지라 하지. 애동지 때는 떡을 해 먹는 게 좋다구 하구. 떡은 팥 넣구 시루떡을 해먹었지(전).

제보자는 동지가 애동지, 중동지 노동지로 나뉜다고 하였다. 애동지는 11월 중 9일 이내에 동지가 들었을 때 칭하는 말이고 중동지는 10~19일, 노동지는 20일 이후에 든 동지를 말한다고 한다. 그리고 이 중에 팥죽을 쑤기에 좋은 동지를 노동지나 중동지로 보았다. 반면 애동지 때에는 팥죽을 쑤지 않고 떡을 쪄야 한다고 답한다. 속설 상 애동지 때에 팥죽을 쑤면 그 집의 아이들이 좋지 못하다고도 한다.

팥죽을 쑤면 집안의 여러 곳에 퍼다 놓았다. 이것은 울타리 안에 존재하는 가신들을 위한 헌식 행위로 볼 수 있다. 하지만 지금은 이러한 일을 하지 않는다. 팥죽을 쑤어도 전처럼 가신들을 위해 헌식하는 일은 하지 않는다. 다만, 전처럼 가까운 이웃과 나누어 먹는 일은 있다고 한다.

음력 12월을 섣달이라 한다. 섣달에는 일 년을 마감하는 세시풍속이 전한다. 친척 어른을 찾아가 묵은세배를 하거나 밤새도록 온 집안에 불을 밝히는 풍속이 있었다.

(조사자: 섣달 그믐날은 온 집안에 불을 밝혀두지 않나요?) 섣달 그믐날은 아무것도 없어요. 불 밝히는 것은 정월 보름날, 열나흗날 하는 거지. 열나흗날 저녁 때 집에 불 훤히 밝히죠. 음력 섣달에 하는 것은 아무 것도 없어요(전).

그믐날 온 집안에 불을 밝혀두는 것을 보통 수세(守歲)라 한다. 그 해의 마지막 날이 가는 것을 아쉬워하며, 한편으로 새해의 첫날을 밝은 가운데 맞이하고자 이러한 풍속이 존재하였을 듯하다. 그런데, 송룡리에는 지문에서처럼 그믐날 수세속이 없다고 한다. 이는 지문에 제시된 제보자만의 답이 아니라 이 마을 사람들의 보편적인 답변이다. 마을 사람들은 수세를 섣달그믐이 아닌 정월 보름에 한다고 하였다.

(박종익)

주(註)

1) 제주의 금기에 관한 내용이다. "예. 거기 제사 지내러 가는 사람들 여자 남자 가까이도 안 하고, 하루에 한 번씩 3일 동안은 꼭 목욕을 해야 되고, 남 쳐다도 안 보야 되고, 그 사람들 유사 되면 고진이요, 고진. 바깥출입도 삼가고, 살생도 못 하고, 변소도 남자 여자 따로 나가야 하, 대단해요. (조사자: 3일 동안 목욕재계 하셨어요? 어디 가서 하셨을까요?) 인제 거 밑에를 파요. 파놓아야 돼요. 거기 샘 파놓은 데 가서 목욕을 하고 한 바퀴 돌아오고……. 청소하고 절하고. (조사자: 그 산에 물이 나와요?) 그럼. 그 밑에 가면 나와요.〔장형진〕"

2) 마을 전체와 관련된 금기사항에 대한 구술이다. "그전에 산제 지낼라면 저기 들어오는 데다 금줄 매어놓고 난리났었죠. 부정한 사람 들어오지도 못하게 하고, 상여 같은 것도 들어도 못 오고……. 초상집 (장사 지내러 마을에) 왔다가 동네 사람이 가서 산제 지내야 들어오고 그랬어요. (조사자: 금줄은 제 지내기 얼마 전부터 걸어놨나요?) 보름.〔이정림〕"

3) 당집의 축조와 관련하여 제보자는 옛날식으로 지어야 한다고 강조한다. "당집 지을 때, 그거 할 때 망치대는 것도 아녀. 흙을 파가지고 돌로 넣어가지고 짚을 넣어가지고, 옛날 원시시대마냥 그런 식으루, 짚벽돌 짓는 것처럼……. (조사자: 공간이 두 평쯤 되었어요?) 그렇죠. 우리 키가 들어가야 되니께. 시루니 머니 다 넣어야 되니께. 상 같은 거.〔장형진〕"

4) 임영훈은 1970년대 초 새마을사업이 전개되면서 없어졌다고 하였다.

5) "당주는 참 몸을 정갈하게 며칠간을 목욕재계하고, 그 집에는 부정한 사람도 못 들어오게 황토 흙도 펴고, 그 날 지내는 시루니 뭐니 장에 가서 새 놈으로 깨끗하게 동네를 대표해서……. 당주라는 사람이 음식을 장만하거든. 장에 가서 사다가……. 나도 해봤지만, 나도 젊었을 때……. 동네에서 내우 간에 생기복덕이니 이게 있어요. 깨끗하고 복 있는 사람. 동네 계에서 촌수로 해서 그 사람을 당주를 시켜. 당주란 사람이 떡이니 뭐니 제물 장만하는 사람이여. 그거 할 적엔 목욕도 하고 일주일 동안은 이도 안 잡고, 비린 것도 안 먹고. 동네를 대표해서 정성껏 하기 때문에. 어디 부정한 사람 못 들어오게시리 대문 앞에 황토 흙을 피고, 하여튼 부정한 건 금물이여. 오는 사람이 삼가서 안 오는 거지. 그건 정성하게 정성을 드러야 해요. 그날이 동네 전체의 안위를 생각해서 모두가 조심해야 되고, 특히 선출된 사람은 목욕도 해야 하고. 나도 해봤지만 목욕도 하고, 추울 때도 해야 돼.〔임영달(남, 82), 연기군 동면 송룡 2리. 2005. 1. 12.〕"

6) "(제의 비용은) 동계 때 동네에서 꺾어줘요. 해방 전일 때, 그때 돈 얼마나? (이장하고) 같이 장에 가서 떡 시루, 가루 치는 거 있잖어? 그것도 새로 사고. 채 치는 거. 제 그릇만 따로 두고, 설기니 채는 새로 사서 쓰고 나면 당주가 갖고. 그렇다고 큰 것은 없어요. (조사자: 당주한테 별도로 지불하는 건?) 그런 건 없어요. 장에 가서 제물 흥정하거나 그거만 같이 가서 하지. 보수나 그런 거 일절 없어요. 전통적으로 하니까……. 〔임영달〕"

7) "'마짐 시루 떠놓으시오!' 이렇게 얘기 하면 집에서 떠놓는 사람 있어. 당주가 그러지. 내가 경험은 당주 하고, 동네 제일 부자인 집 있는 이가 (조사자: 장기황 씨?) 예. 축관을 하고. 강기술 씨라고 발써 다 고인이 됐어. 그분이 제관이 되고. 그때 내가 제일 젊으니까, 다들 나이 잡쉈으니까. 내가 동네 향해서 '마짐 시루 떠놓으시오' 하고……. 허연 눈 와도 제물 장만해서 지고 올라가서 차려놓고 지내고. 바닥에 종이 깔고, 깨끗하게 창호

지 같은 거. 초도 키고……. 산제 축이 또 있어요. 동네 안녕을 위해서. 그때 그분이 학식도 있고 그래서……. 소지 태우고. 그때가 늦은 밤. 시는 자시지. (조사자: 시루 해놓은 사람이 많았을까요?) 많다고 볼 수는 없죠. 자기 집 가정의 안녕을 위해서 하는 분들이 있다고 보고서……. 제사 지낸 다음에.〔임영달〕"

8) "아, 여기 인제 고사 지내면 돈 조금 놓잖아요. 10원짜리, 100원짜리 놓으면, 떡시루 같은 거 다 가져오면서 운감하시라고. 잡숫고 가시라고. (조사자: 돈은 유사 집에서 내놓는 건가요?) 아, 몇 푼 안 되는 거. 구경하는 사람들 서로 놓고, 이장이나 노인회장 있으면 내놓고…….〔이정림〕"

9) 이정림(여, 77) 장현이랑(남, 63), 연기군 동면 송룡 1리. 2004. 12. 28.

10) 조사자가 "염습 잡숫기 전에 문상을 안 받나요?"라고 물었다. "안 받지. 지금은 상제들이 일어나지만, 염습을 안 잡수면 앉아서 인사만 받고 마는 거여. 관속에 들어가야만 돌아가신 게 인정이 되는겨.〔장형진〕"

11) 이러한 호상의 역할은 원론적인 것이고 실제는 상주나 친척 등과 상의하여 일을 처리한다.

12) 조사자가 '운구 과정의 노잣돈 요구'에 대해 물었다. "아, 초상집에서 만드는거. 며느리들은 니들 만 원씩 넣고, 5,000원씩 넣고, 10원짜리 몇씩 넣고, 봉투 주면 짝짝 만드는거. (조사자: 옛날에도 그런 풍습이 있었어요?) 아, 그전에는 더했죠. 그전에는 10원짜리지유. (조사자: 그전이면 60년대?) 그때는 10원짜리지. 1원짜리, 5원짜리 아니요? 다 지폐지.〔장형진〕"

13) "폐백은 청실홍실, 장가들 때 똑같은 거유. 헝겊 노란 거로 실로 감아유. 그리고 세 번 절하고……. 결혼식 때 세 번 절하는 것마냥. 이쪽에 빨강, 파랑……. 여기서 줄 때 그렇게 주야 되는거. 빨간 거 따로 있고, 청실 따로 있잖유? 그럼 헝겊하고 감아서 두 개를 만들어 이렇게 세 번 이렇게 하고서 놓고서, 그 능 이렇게 하고서 세 번 절을 할 꺼 아니에요. 그럼 이 능을 받아서, 꽂을 데, 박아주는 거요.〔장형진〕"

14) "흙 채울 때, 흙을 어느 만큼 채우고 사람이 들어가요. 밟으야지. '닭이훨!'을, '닭이훨!'을 하고 다지고, 또 나와서 또 한 번 하고, 그것을 세 번.〔장형진〕"

15) "열 시 전에 다 지내버려. 애들 집에 간다고. 대전이고 논산이고 가버리더라구. 어떤 사람들은 저녁 먹을 때 지내버려.〔장형진〕"

16) 괄호 안의 '전'은 제보자의 성이다. 제보자는 전인수(여, 70) 현 송룡 1리 부녀회장과 한명자(여, 69), 이름을 밝히지 않은 모씨(여, 70대) 등이다. 이후 문장의 말미에 이들의 성씨를 기록하여 둔다. 조사는 2004년 12월 28일에 송룡 1리의 부녀회장 댁에서 이루어졌다.

구비전승

　송룡리의 구비전승 자료는 설화와 민요를 대상으로 조사 정리하였다. 설화 조사에 있어서는 가급적 마을의 내력을 반영하기 위하여 지명과 관련된 이야기를 수집하려 하였다. 민요 또한 이 지역의 향토성을 반영할 수 있는 모내기나 밭매기와 관련된 노동요의 채집에 관심을 두었다. 그런데, 현장에서의 조사는 애초의 의도대로 작업이 이루어지지 않았다. 지명 유래나 고장의 전설을 구연할 수 있는 제보자가 극도로 제한되어 있었고, 노동요 역시 이미 오래전에 단절되어 남아 있지 않았다. 이런 점에서 아래의 채록 자료는 부족함이 있다.

　설화에 포함된 각 편 가운데에는 설화의 범주에서 벗어난 자료가 포함되어 있다. 그럼에도 이들을 굳이 여기에 포함하여 두는 것은 이들 구술자료가 송룡리의 마을 내력을 살펴보는 데 의미가 있다고 보아서이다. 또, 경우에 따라서는 이들 자료가 세대를 거듭하며 설화로 전이될 수 있다고 하는 점을 고려하여 여기에 옮겨두었다.

설화

솔올

송룡리의 지명 유래담이다. 전에 이곳을 솔올이라 하였다 한다.

거시기래요. 옛날 당나라가 아니고 그 후 사람이 한 건데 잘 모르겠네요. 그 양반이 여기 지나가다가 그땐 여기가 좋았대요. 산을 보고 좋다고 해가지고……. 그땐 여기가 전부 소롤이었대요. 나분마루. (조사자: 나분말이요?) 송룡 2리가 옛날 이름 나분마루. (조사자: 나분마루는 무슨 뜻인가요?) 거기가 솔나무가 많았지. 나무가 속에서 큰다고 해가지고서 나분마루.

—장형진(남, 72), 연기군 동면 송룡리. 2004. 12. 26.

나비마루

마을이 들어앉은 지형이 나비 모양이어서 나비마루라고 하였다는 이야기다.

여기를 나비마루라고 했어요. 산이 저 위서부터 내려왔는데, 일본시대 일본 사람들이 철길을 처음 날 적에 저기 거기를 연봉재라 하나? 저기 재에서 산줄기 쭉 내려왔을 때에요. 흙을 팔 때 없잖어?. 그러니까 파다가 철둑을 쌓았다. 복선 공사를 하기 전 일본 사람이 처음 나와서. 흙이 어디 있어야지? 동네에도 복말이라고 거기에 흙 판 (곳에) 동네 집을 지어서, 폭 들어앉았다고 해서 나비 형국이라 해서 나비마루라고 해요. 글자는 송룡 2리이지만 동(洞)으로는 라동. 신라 '라(羅)' 자. 라동.

—임영달(남, 82), 연기군 동면 송룡 2리. 2005. 1. 12.

나분말과 불가동

송룡 2리의 마을 터와 관련된 풍수담이다.

근디 여기 우리 동네가 여기 저, 조랭이터랴. 조랭이 터. 쌀 이리 이는 거. 근디, 여기 우리 뒷산이 나부혈이랴. 나부혈. 나부혈. 그래 우리 동네가 나분말. 나분말이루구 하구 불가동이라구도 하구. (조사자: 불?) 불, 불, 불교라는 불이 있잖어? 여기 이 동네가 불교를 많이 믿어. 옛날서부터. 그래 불가동이라구도 하구. 불가동이라구두 하구 나부혈이래서 나분말이루구두 하구. (청중: 날개가 이냥 나비 날개마냥 이르케 생겼으니께.) 이 산이 (산등성이를 연필로 그리며) 요르케 양짝으루다 나비 날개모냥으로다 요르케 쪽 올라갔지. 이 산이 국민핵교 뒤에 그 전이 지적도에 도로가 있어. 그 도로가 뭐냐 하

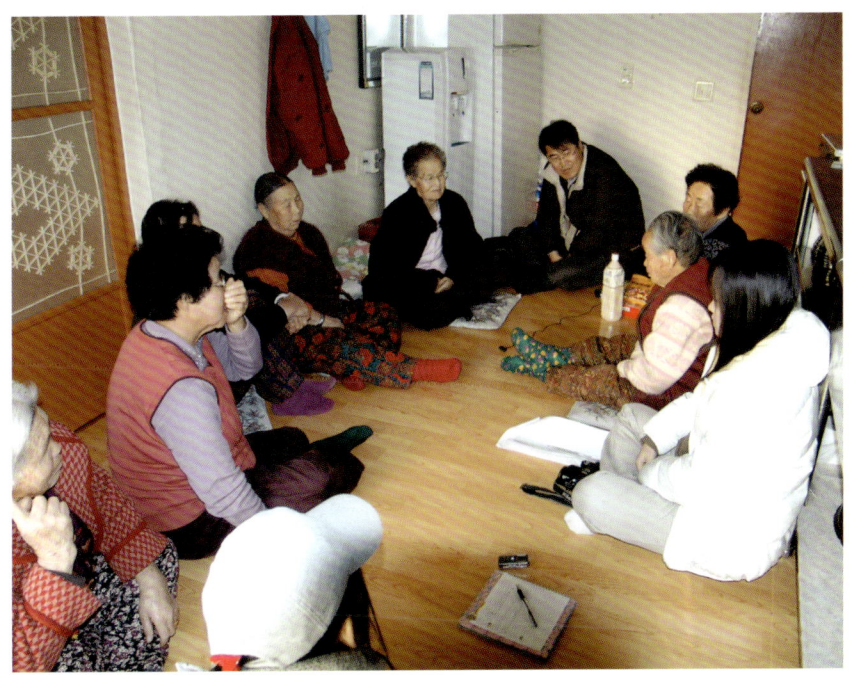

구전자료 채록 현장(1리 마을회관)

믄 청주 가는 옌날에, 그 전이 차가 없구 할 때 그 질루 댕겼다는 거여. 큰 길이었지. 그
래가지구 6 · 25 때도 그 인민군들이 그 지적도를 보구서는 말여 "글리 가는 질이 워디
냐?" 구 묻더라는 거여.

—임영훈(남, 79), 연기군 동면 송룡리. 2005. 7. 8.

송룡리 산제당의 바위

송룡리 산제당에는 제장(祭場)의 일부로 활용되는 길이 1미터가 넘는 바위가 놓
여 있다. 남방식 고인돌인 이 바위는 인근의 산제장과 이웃하여 제장으로 사용되었
던 것이다. 그런데 제보자는 이 바위에 대해 말봉산에 머물던 장수들이 힘자랑하느
라 이곳 산에 던진 것이라 한다. 말봉산과 이곳 산봉은 눈대중으로도 500미터 이상
의 거리로 보인다. 이외에 잿백이의 없애버린 바위에 대한 이야기도 구술하였다. 잿

백이에 박혀 있던 바위는 앞의 바위와 함께 마을에서 위하던 바위이다.

옛날에는 당나라 때, 언제 전쟁 할 때에 뭐 해가지구 말이 애미산에 뛰놀았는지…….
지들은 어려서 모르죠. 그렇죠. 장수가 있었대요. 그전에는 장수들은, 우리 사람은 말
타고 그 나머지들은 다리로 쫓아다니고 그랬죠. 천막 치고 그러다가 돌 있고 하니까 여
기서 힘자랑 하느라고 그 사람들이 (바위를) 던졌다니까. 그냥 전해지는 거죠.
(조사자: 힘자랑 하느라고?) 힘자랑 하느라고요. 그리고 여기도 잿백이라고 하는 데서
돌이 하나 있었어요. 그것도 장수들이 애미산에서 여기까지 던졌다니, 세상에 이게 말
이 돼요? (조사자: 잿백이는 현재 산 정상의 길 난 데를 말씀하시는 거죠?) 예. 우리 동
네가 그 길 내고서 아주 낭패 들었어요. 그 돌 건드리고서……. (조사자: 돌을 위했었나
요?) 우리 노인들이 보름하고 초사흘 날에 시루해가지고…….
(조사자: 어느 보름?) 정월 십오일날. 예. 정월 초사흘날. 그렇죠. 어떤 부락도, 여기 무
당들이라고 하는 사람들 매년 두 번씩은 하는거. (조사자: 잿백이의 깨서 없앴다고 하
는 돌이 컸나요?) 엄청 컸어요. (방의 침대를 가리키며) 이보다 더 컸어요. (조사자: 그
렇게 큰 돌을 어떻게 치웠대요?) 아, 길 내느라고 때려 부셨다니께! 그래가지고 젊은
애들이 죽고, 그거 때려 부시는 바람에 엄청 고생했어요. (조사자: 그게 언제쯤이에
요?) 부실 때요? 박정희 다음이 전두환이죠? 그때요. 80년도. 그렇죠 길 내느라고…….
—장형진(남, 72), 연기군 동면 송룡리. 2004. 12. 26.

산제

이 이야기는 설화라고 하기보다 산제당에 얽힌 일화이다. 과거 산신제가 지속되
던 때에 이곳 사람들의 산신에 대한 태도를 살펴볼 수 있을 만한 내용이라 생각되어
제보자의 산신제 구술 일부를 옮겨본다.

(조사자: 산신제를 한 80년대 초반까지 지냈다면서요?) 그렇죠. 산지당이라는 것이 있었
어요. 거기 갔다 오셨어? 터만 있지? 바위 하나 하고 터만 있지? 그게 인제 요만큼 한
돌로 해가지고 물도 이렇게 샘을 파가지고, 음식을 이렇게 지어야 한다고 해가지고,

흙도 파가지고 가는 게 아니요. 물도 퍼가는 게 아니라, 고인 것으로 해가지고 자갈해 가지고, 시루도 거기 쓰는 거 따로 있고, 그릇도 따로 쓰야 되고…….

(조사자: 제가 그 말뜻을 잘 모르겠는데. 물을 짊어지고 가요?) 예. 요기가 (방바닥에 산 제당 자리와 우물 위치를 그리며) 산지당 자리 아니요? 어른들이 와서 여기 산지당 지어야 한다 하면, 일주일을 여기서 제사를 지내요. 응. 산제 모신다고. 그라고선 일주일 되는 날 차?(청취불능)를 하나 올려가지고 네모지게 딱 벌려놓고 여기서 흙으로 싸야 될 껏 아니요? (조사자: 당집 지을 때?) 그거 할 때 망치 대는 것도 아녀. 흙을 파가지고 돌로 너가지고 짚을 넣어가지고, 옛날 원시시대마냥 그런 식으루. (조사자: 흙벽돌 집 짓는 것처럼?) 예. 그러면 그게 한 두 평 정도 됐어요. 그렇죠. 우리 키가 들어가야 되니께. 시루니 머니 다 넣어야 되니께. 상 같은 거.

(조사자: 그게 60~70년대 이야긴가요?) 그렇죠. 더 되면 더 됐지, 들 되던 않았을 꺼에요? 또 거기서 고등학교나 대학교 시험 보러 가는 애들, (산제당 인근의) 샘에서 전부 목욕을 시켜가지고 떡시루 갖다놓고 절을 해가지고서, 그 넘을 냉수물 한 번 먹고, 떡도 한 번 먹고, 그리고 시험 보러 갔어요. (조사자: 그게 언제적 이야기에요?) 이게 전두환 정치 전에부터, 산지당 헐기 전부터……. 아. 우리 또래가 그랬다니께. 젊은 사람이 우리지.

(조사자: 아주 오랫적 이야기네요.) 예. 거기 제사 지내러 가는 사람들 여자 남자 가까이도 안 하고, 하루에 한 번씩 삼일 동안은 꼭 목욕을 해야 되고, 남 처다도 안 보야 되고, 그 사람들 유사 되면 고진이요 고진. (조사자: 바깥출입도 삼가고…….) 아, 삼가야죠. 살생도 못하고, 변소도 남자 여자 따로 나가야 하고, 대단해요.

(조사자: 3일 동안 목욕재계 하셨어요? 어디 가서 하셨을까요?) 인제 거 (산제당 아래쪽의 자리) 밑에를 파요. 파놓아야 되요. 거기 샘 파놓은 데 가서 목욕을 하고 한바퀴 돌아오고, 청소하고, 절하고……. (조사자: 황토산이던데 그 산에서 물이 날까요?) 그럼. 그 밑에 가면 나와요. 한겨울이고 뭐고 정성인디, 동네 사람 잘못하면 그전에는 엠병이라는 것이 있었어요.? 장길부사라고 하지. 그런 게 많았었는디. 그런 거 못 지내면 동네가 싹싹 쓸어가고 그랬어요.

―장형진(남, 72), 연기군 동면 송룡리. 2004. 12. 26.

산제당 숫바위

송룡리 산제당 터에 위치한 바위는 산제의 제장이자 제의 공간의 신성물로 인식되고 있다. 이 바위가 남성이라는 이야기다.

(조사자: 매몰된 잿배기 바위와 또 지금 현재 당 자리에 있는 바위 이름은 뭐라고 하나요?) 산지당이요? 그냥 산지당이지. 돌은 몰러유? 그놈이 수놈이래. (잿배기에 있던) 이놈이 암놈이고⋯⋯. 깨진 게 암⋯⋯. (조사자: 그 숫 바위에 가보니까, 계란만큼 구멍이 세 개, 저쪽에 한 개 이렇게 있던데. 중간에 좀 큰 구멍이 있고, 제 지낼 때 거기에다 뭐를 담아놨을까요?) 아뇨. 옛날 어른들 얘기는 장수들이 오줌을 눠서 그랬다는데 어떤 놈이 그랬나? 우리는 알지도 못한 소리요. 노인네들, 옛날 어른들이 옛날 장수님들 소변 봐가지고⋯⋯. 내가 세상에 먼지 같은 데 그런 거 써서 내면 애들이 웃어죽어요.
　　　　　　　　　　　　　　　　　　─장형진(남, 72), 연기군 동면 송룡리. 2004. 12. 26.

당산바위

당산 바위가 군사기지였고, 이곳에서 돌칼이 나왔다는 이야기다.

바위가 (마을 뒷산을 가리키며) 저기 있었어. 저 위 산에도 있었어. 산꼭대기에 바위가 있다고. 옛날에 군사기지래. 말하자면 활 쏘고, 이렇게 하는데⋯⋯. 이 짝, 저 짝 분기점이래. 바위를 패가지고 구들을 만들더라고. 교회 장로라는 노인네가 와가지고, 구들을 만든다고 하더라고. 그 밑에서 돌칼이 나오더라고. 군사 기지라고 그래.
(조사자: 바위가 놓이게 된 이유가 있을까요?) 장수가 오줌을 눴는데, 구녕이 뻥뻥 뚫어졌다는 전설이 있고⋯⋯. 돌칼은 연기군청에서 다 보고, 사진 찍고 그랬어. 근데 부러졌더라고? 돌칼이. 대검 같은데, 돌로 만든 건데, 칼자루하고 날이 똑 부러졌다고. 그래서 물건 가치가 없어졌다고. 장수들의 무덤이 거기 많나?
　　　　　　　　　　　　　　　　　　─장호순(남, 74), 연기군 동면 송룡리. 2005. 1. 12.

산제당에서의 기자기도
송룡리 산제당에서 아들을 빌었다는 구술이다.

옛날에 아들 날라고 빌었지. 우리는. 산지당. 거기 가서, 산지당 제사 지내서 그 해에 났어. 제사는 셋이 지냈지. 할아버지가. 셋 집이. 우리가 떡 해놓고……. 그래서 여기 샘 큰 게 있어서 목욕을 하고……. 찬물로 했어. 우리 집 있는 이가. 곰 같아도 하하하.

－박순자(여, 82), 연기군 동면 송룡리. 2004. 12. 28.

도깨비불에 홀림
친정아버지가 도깨비불에 홀려 고생하였다는 이야기다.

불은 봤지. 공동묘지 있는 데서 밤이면 불이, 빨간불 했다 파란불 했다 번쩍번쩍……. 친정아부지가 샘에 갔다 오시다가 도깨비한테 홀렸다는데 불만 쫓아왔다. 논두랑 밭으로 해서 두루마기가 흙투성이가 돼가지고 오시고……. 진짜 무섭대. 그렇게 하고 오셨는디…….

도깨비가 별것도 아니래요. 산에서는 이만해가지구 때굴때굴 굴러와가지고 커져버리잖아. 빗자락 하고……. 특하나 애기 가지고 조심하라지.

아, 학교서 가는데 걸어가는데 불을 환하게 밝혀주더래. 그것만 계속 쫓아왔더래. 그전에 예순이네 집에 놀러 가는데. 머리끝이 하늘에…….

－전인수(여, 70), 연기군 동면 송룡리. 2004. 12. 28.

빗자루 도깨비
월경 있는 여성이 빗자루를 깔고 앉아서 피가 묻으면 도깨비가 된다는 이야기다.

여자가 월경 있을 때 빗자락 깔구 앉으면 거기에 그것이 묻는다는거. 옛날에는. 그러면 그것이 도깨비가 된다자나. 그래서 어른들이 못 깔구 앉게 했잖아.

우리네도 옛날에는, 한 사십 년 전에는 이런 데 있었어. 도깨비. 산제당 거기께서 횃불을 써가지고 막 있었어.　　　　　－이정림(여, 77), 연기군 동면 송룡리. 2004. 12. 28.

도깨비불 1
한밤에 논에 물 대러 갔다가 도깨비불을 직접 보았다는 이야기다.

요기 농사 좀 짓고 할 적에 그것도 몇십 년 됐어. 경지정리. 그 때는 (앞 들이) 십구정보
라고. 일본 사람 있을 땐가? 요 앞에만 제일 먼저 모범 정리 했어요. 그리고서 차츰차츰
뻗어 나가고서 이 들이 전부 경지정리 되었다가……. 다시 또 지금 해서 이제 기계화
가 되었으니까, 전부 트랙터로 갈으니까……. 처음엔 900평씩 했거든. 지금은 3,000평
씩 해가지구 기계로 논 쓰리구.
십구정보 때 내가, 여기서 수리조합이 생겼거든? 양수장. 수로를 따라서 이렇게 하
는데……. 내가 참 그건 기억나. 밤에 물이 내려올 때가 있고 안 내려올 때가 있어. 양
수장에서. 저 조치원. 지금은 거기가 토지개량조합이 있고, 사무실은 미호천 가는데
있어. 밤에 물 대러 갔는데, 밤이 물이 구(귀)할 때는 서로덜 물을 댈라고 하거든. 수로
가 있어서. 여기서 멀지도 안 해. 밤에 이렇게, 산파라는 동네인데, 난 처음이지. 거기
아카시아나무 정자가 있었어. 거기서 불이 쑤우 내려와. 어허. 도깨비 그런 건 모르니까.
"저게 누가 비사리 하구서 그런가 보다?"
이렇게 내려와. 비사리 하나보다 하는데. 그 때 인근에 물이 구하니까 서로 물 댈라고.
"아니, 저게 무슨 불이여?"
내가. 그러다가 나중에 보니까 그 불이 저 들 가운데로 해서, '쭉쭉쭉쭉쭉쭉' 점점점
쭈욱 갔다 쭈르륵 가버려. 처음에는 비사리 하는 줄 알았더니 그게 아니여? 나중에는
들 가운데로 이 놈이 쭈르륵~, 불덩어리가 쭈르륵 가는 것 같다가 푸ー욱 가라앉는거.
(조사자: 누구랑 같이 가셨어요?) 물 대러 갔으니까 고 이우제 있는 여자들도 우리 이
웃 노인들이 물 대러 왔더라고.
"저게 뭐여? 나는 모르겠네?"
"개비 불이유, 개비불."
도깨비불. 하여튼 이상해? 저 들 가운데로 쭈쭈쭈쭈 가더니 텀벙 꺼지고 그래. 물이 어

지간히, 물 들어가게 해 놓고는 논두렁을 한 바퀴 물이 다 돌았나 안 돌았나 물이. 그 말 들으니까 그것도 못 하겠어. 거기서 셋이나 넷이 얘기하며 서로 물 대다가 그 분네 들도 무서웠나봐. 국정 교과서 자리가 공동묘지여. 동면 공동묘지가 상당히 넓었어. 자 기 집은 큰 동네 살았었거든. 아이, 집이서 보면 공동묘지 같은 데서,

"도깨비불이 있어서 부—하고 떴다 그렇다."

고 하면서, 여기서 가자면 도수장이 있었어. 짐승 잡는. (지금은) 다 헐었고. 그 분네덜 도 혼자도 아니여. 둘인가 셋인가 돼. 못 가겠어. 날이 다 샜네. 저기 자기 동네로 가는 수도 있지만, 무서웠던지 우리 동네 앞으로 가더라고. 그래서 그게 도깨비불이구나. (조사자: 길도 아닌데 들 한 가운데서?) 예. 그냥. 논에 물이 돌았나 이렇게 한 바퀴 도 는 것도 실끗해서 못 하겠어.

(조사자: 불이 큰가요?) 그리 크도 아네. 부하게 떴다가 쭈쭈쭈 이렇게 가다 붕 꺼지고, 또 떴다 내리고 그래. 그게 도깨비불이구나? 도깨비란 게 난 과학적으로 거시기 한 게……

그 후로 옛날에 가정에 비가 있잖어? 비에 무슨 부인네들 속걸이 한 거, 무슨 함부로 버 리면 도깨비 된다고 미신. 지금은 믿어지나?

—임영달(남, 82), 연기군 동면 송룡 2리. 2005. 1. 13.

도깨비불 2

둘이 인저 지어머니 마중 나가고, 나도 시어머니 마중나가는데, 거기 둘이 섰는디,

"아줌마! 아줌마! 저것 좀 봐."

그래서,

"뭘 봐?"

행상집께서 불이 나오더니 불이 높고 얕은 데도 없이 샤악~ 나왔다가 글루 들어가더 랴. 그리고 나서 그 담부터 뒷동산에 안 올라갔어.

—정씨(여, 노인), 연기군 동면 송룡리. 2004. 12. 28.

도깨비에 홀린 총각

나 시집오기 전에 공암서 칼잡이 아들이 나무하러 갔는데, 도깨비에 홀려가지구 눈도 다 변하더구먼? 눈도 확 변했었어.

"니 성이 뭐냐"면,

"김가여! 김가!"

소리를 지르구, 경을 이레 여드레 읽구 별 짓 다했어. 그러더니 병신 되더라구. 산으로, 내판으로 도깨비가 데리구 다니는 거여. 물 까고, 어디구……. (청중: 그럼 가만 있으랴. 그럼 벗어져.)   —이정림(여, 77), 연기군 동면 송룡리. 2004. 12. 28.

귀신퇴치 1

새로 이사 온 집에서 사람이 죽었다. 그 귀신을 쫓기 위하여 절굿공이를 아랫목에 놓고 거꾸로 잠을 잤다.

서당(육영재)에 사람이 살았는데, 이사 오기 전에 (육영재에) 살던 사람이, 신랑이 장가가는 첫날에 신랑 달아먹는다고 거꾸로 매달아놨다가 동네에 불이 났는데, 끌를 새가 없어서 갔다 와봤더니 죽었더래. (그래, 그 집에서 귀신이 나온다고 하는 소문이 돌았는데) 도고땡이(절굿공이)를 아랫목에다 놓고 거꾸로 자면 아무 탈이 없대. 그래 (내가 그렇게 하였더니) 아무 일 없다.

                    —박순자(여, 82), 연기군 동면 송룡리. 2004. 12. 28.

귀신퇴치 2

불을 밝혀 귀신을 쫓는다.

그전에 돼지를 먹이면 조치원으로 비지를 사러 다녔어. 그런데 큰 허드레 장승만 한 게 딱 선다는겨. 그러면 담뱃불을 키면 싹 없어진대유. 귀신이 불을 제일 무서워한대.

                    —전인수(여, 70), 연기군 동면 송룡리. 2004. 12. 28.

색시 귀신

덕자 아버지가 귀신을 보고 도망치듯 마을로 왔다는 구술이다.

덕자 아버지가,

"나 죽을 뻔했슈?"

저기서 오는데, 끄트머리 가마집, 행상집이 있었지. (덕자 아버지가) 술 챘대. 머리를 풀고서 색시가 하나 쑥 나오더래. 졸랑졸랑 따라오더라네. 환장 하겠더라. 무서워서! 거기서 올라서면 독작(잿백이 고인돌) 있었잖아? 넓적한 거. 거기서 올라서니께 우리 집 대청이 환하더라. 전기불을 켜서. 간 곳이 없더래요. 우리 마당에 와서,

"인제 살았다! 인제 살았다!"

그래서 내가 귀신이 있는 걸 알아.

—박순자(여, 82), 연기군 동면 송룡리. 2004. 12. 28.

곶감

호랭이가, 산신이 배깥에 와 있고 애기는 막 울고 그러니까,

"곶감 주께. 곶감 주께."

그러니께 호랑이가 아,

"곶감이 나보다 더 무섭구나!"

하고 도망갔디야. 곶감이, 곶감이라고 하니까,

"아가 곶감 주께."

배깥에서 호랑이가 있는 줄 모르고,

"아가 곶감 주께. 곶감 주께."

그러니께, 배깥에서 호랑이가,

"곶감이 나보다 더 무섭구나."

하고 도망갔댜.

—이정림(여, 77), 연기군 동면 송룡리. 2004. 12. 28.

호랑이의 길 안내

한 여인이 밤중에 산 고개를 가다가 호랑이를 만났다. 호환을 입을 것을 걱정했는데 호랑이가 길을 안내해 주었다.

옛날에 우리 큰언니는 저기 진천 백곡면서 엽동 고개 넘어갈려면, 그냥 거기서 어디 집안 집에 갔다 오다가 산중에 막 오니까, 호랭이가 앞으로 어실렁어실렁 앉더라. 그러니 얼마나 무서워! 무서워가지고,

"아이고 산신령! 왜 길을 막으시느냐?"

고,

"저 집으로 가는 거라."

고 그러니까, 앞으로 어슬렁어슬렁 가더라. 그러니까 앞으로 줄렁줄렁 가니까, 우리 큰 언니가 대문을 여르며,

"안녕히 가시라."

고,

"고맙다."

고 하고 갔는데, 다음 날 식전에 나오니까 돼지를 잡아갔더라, 그러니께 사람은 안 해쳐. 이 사람은 안 해쳐. 나쁜 사람이나 하지. 옛날에는 겁도 많고 무섭기도 하고……

　　　　　　　　　　　　　　　　　－이정림(여, 77), 연기군 동면 송룡리. 2004. 12. 28.

공동샘

공동샘에 아기가 빠졌는데도 죽지 않고 살아났다. 설화라고 하기보다 마을 샘에 대한 주민의식을 엿볼 수 있는 자료라서 여기에 옮긴다.

(마을 공동샘의) 물이 족보가 있는 물이야. 그 물이. 옛날에는 물이 귀했거든? 일반에 물하고 회관 앞에 물이 있는데, 물에 세시 빠져도 안 죽었어. 아줌니 아들이 몇 살이여? (지명당한 여성이: 서른 넷.) 벌써? 샘 근처에 아기를 가져다 놓았는데, 아기가 물에 빠졌는데, 죽지 않고 살아났어.　　　　－이정림(여, 77), 연기군 동면 송룡리. 2004. 12. 28.

덕망가 장기황

장기황은 송룡 2리에 살던 지주였다. 그는 많은 농토를 가지고 있으면서 마을 사람들을 넉넉하게 대해 인심을 얻은 인물이었다고 한다. 편린이지만 그의 이야기는 마을 사람들의 삶을 이해하는데 의미 있는 것으로 판단된다. 또, 설화의 영역에 들기엔 부족하지만 설화로 이행할 수 있는 이야기로서의 성격을 지녀 그에 관한 이야기를 여기에 옮겨놓는다.

덕망가였죠. 그가 구학문이 좀 있었어. 일정 때. (못 사는 사람들에게) 좋은 일도 많이 했지. 학교. 현재 (연동 초등학교) 부지도 그 분이 기증한 터에다 했고, 어려운 사람들 학용품이라도 거기서 나오는 수확 가지고 하라고 했고. 옆에 내려오면서 교장들이 학교 답이라고……. (학교 답) 그걸 기증해서 거기서 나오는 거를 학용품 하라고. 비석이 송덕비가 아마 여기 있을 껴.

(조사자: 집 자리도 줬다고 하던데?) 터? 하여튼 좋은 일을 많이 했어. 지금도 내려가서 그 집터에 사는 사람, 잡은 이가 있나 모르겠네? 지금도 몇 가구 안 돼. 터 도지를 내고 살아요. 터를 주니까 건물을 거기다 짓고 살았지.

(조사자: 농사거리가 많았어요?) 문 앞에 있는 것만, 그때 시대에 철도 건너……. 그 집 농사는 사방에 도지가 들어오면 집 앞에, 철길 문 앞에 열 댓 마지긴가? 일꾼 두고 그것만……. 도지 사방에서 들어오고. (조사자: 몇 섬지기나 되었을까요?) 자기 집도 다 모르고. 연기군 수부(首富)라고 했어. 한 이천석 한다고. 수부. 내가 어렸을 적 들었을 때 이천석이라고 봐야지. 사방 옆에 창고자리가 있었어. (지금은) 헐었지만. 옛날에 도지를 벼로 갖다 창고에 쌓아 놓고. 땅 붙이는 사람도 도지를 내야하고, 텃도지는 쌌지. 헐 해요. 땅 부치는 사람은 소작료라고 내고.

(조사자: 이천석이면 상당히 많은 거군요.) 많은데, 내가 어렸을 때인데, 요 가 근방에 도지가 들어오면 자기 집안 사람이 마름이라고, 그도 노인네여. 장기황 씨보다 그이가 더 먹었어. 바로 옆집에 살았는데 집 자리는 지금 있지. 그이가 총 관할해서 오는 거 창고에다, 옛날에는 순전히 벼지. 가 근방에서도 물론, 먼 데는 자기 것도 있지만 자기 누님들도 서울댁이라고 것도 있고. 먼 데는 도주꾀.[1] 소작료지. 총책임자, 마름 그이들

토지가 많으니까 관리하는……. 농사 지은 것들 주로 우리 아버지가 그 일을 많이 봤어. 동네 이장을 오래 보셨거든. 동네에서 구학문 아는 것은 우리 아버지하고 그 분 밖에 없었어. 옛날 노인네들. 우리 아버지도 계책 보면 필적이 순전히 붓글씨로. 그랬는데 없애고 말았는데, 동네 일 보시면서 대평리로, 탄동면 숯골이라고 연구 단지가 되었는데, 공암 반포. 한 열흘을 거기 가면 마름들 집이서 아버지가 작황을 보고서 수확이 얼만가? 도주뀌를, 소작료를 (산출한다). 그러면 사촌이 하나 젊으니까 따라 오네. 그러면 아버지가 수확고를 잡는 거여. 그러면 소작료 대개 몇 보를 따지는 겨. 소작료 얼마다. 그러면 그가 문서를 해. 그러면 거기 있는 도주뀌를 관리자가 있을 거 아녀? 마름이라고. 그 마름한테 주면 마름이 먼 데 것은 돈으로 가져올 테죠.

자기 토지도 있었지만, 장기황 씨 누이가 있었어. 확실한 것은 모르는데 시집을 이판서라고 판서 집으로 갔어. 그 집 토지도 있었는지 관리를 여기서 해주는 겨. 가끔 누이가 여기에 왔어. 택호를 서울댁이라고 하고. 작은댁은 뭐. 말도 못 했지.

옛날 우리 어려서 보면 거기를 큰 사랑이라고 했거든? 동네 나이 자신 분들은 으레 거기로 마실가고. 선비생활, 장기나 두고. 덕망가였어. (조사자: 6·25 때 지주라고 피해를 입지 않았었나요?) 덕망가라고 별것은 없었어.

—임영달(남, 82), 연기군 동면 송룡 2리. 2005. 1. 12.

상투를 잡아야 해산을

한 여인이 남편이 죽어서 사돈댁 상투를 붙잡고 해산을 하였다.

옛날에 딸네 집을 갔더라. 친정아버지가. 딸네 집에를 갔는디. 어째 사둔댁이 영 애기를 비실로 오방골? 애기를 못 낳더라.

"왜케 니 시어머니는 애기를 못나고 저렇기 욕을 보시니?"

그랬댜.

"달리 그런 게 이니라, 그 전에 아버님 살어서는 상투를 붙잡고 애기를 났는디, 아버님이 안 계셔서 애기를 못 난다."

고 그러드랴.

"그러면 내가 문구멍을 뚫고서, 내가 상투를 요롷게 대고 있을 테니까 나를 붙잡고 나라."
고 하더라. 상투를 붙잡고 있으니께, 잡고서 애기를 쑥 빠치더랴. 그래서 이놈의 상투
가 쑥 빠지매, 사람은 뒤로 나자빠지매……. 남부끄러웠다. 나는 우리 할아버지를 붙
잡고 낳어. 아들을 여덟 낳고 딸을 둘 낳는데, 다 붙잡고 낳았어.

　　　　　　　　　　　　　　　　　　　　　－박씨(여, 노인), 연기군 동면 송룡 1리. 2005. 1. 12.

언양 김씨 열녀비

　장씨 집안에 시집 온 언양 김씨가 난리 중 오랑캐에게 욕을 당했다. 그러자 김씨는
오랑캐가 만진 한쪽 젖가슴을 베어내고 죽었다.

(조사자: 마을 입구 언덕에 열녀문이 있던데요?) 그 내력을 보믄, 내가 이장을 오래 봤
으니께 근디 그전이, 그전이 임진왜란 때, 임진왜란 때라던가 그전이 청나라에서 왔다
든가 그런디, 그 사람들이 궁께, 그 언양 김씨 할머니가 젊었었댜. 긍께 젊었씨니께 이
젖텡이를 만쳤떵게벼. 그래서,
"드런 늠들한티 젖텡이를 만치믄 뭐하능거냐."
고 말여 젖을 짤렀댜. 죽었댜. 그래서 열녀문이여. 그 오랑케늠들한티, 드런 늠들한티
손을, 드런 손을 만쳐가지구 내가 살으믄 뭐하느냐구 짤르구 말여 죽었댜. (청중: 어디
가 그랴?) 여기, 정자, 장씨 열녀문. (조사자: 장씨 집안 분이군요?) 엉.

　　　　　　　　　　　　　　　　　　　　　－임영훈(남, 79), 연기군 동면 송룡리. 2005. 7. 8.

민요

상사노래

일등병 이등병은 둘째 문제고
마지못한 하사양반 사람 잘치고
연애를 걸을라면 상사급으로

요렇게 고운 양반 일선에 보내고

나 홀로 자는 것도 나라에 충성

―전인수(여, 70), 연기군 동면 송룡리. 2004. 12. 28.

미꾸라지노래

시골의 아가씨는 오줌을 싸는데

미꾸라지는 뜨거워서 모래를 쑤시고

조개피는 뜨거워서 뚜껑을 닫고

옆에 있던 개구라지는 기가 막혀서

하늘을 쳐다보고 하품을 하네.

―전인수(여, 70), 연기군 동면 송룡리. 2004. 12. 28.

아리랑

아리랑 아리랑 아라리요 아리랑 고개로 날만 살짝 넘겨주게~

청산은 내 물레방아를 사시산철 도는디

우리댁 서방님은 나랑 거들 줄을 모르고 어디를 가셨나.

아리랑 아리랑 아라리요. 아리랑 고개로 날만 살짝 넘겨주게~

나무댁 서방님은 신식생활도 하는디, 우리댁 저멍텅구리는 밭고랑 파네~

아리랑 아리랑 아라리요. 아리랑 고개로 날만 살짝 넘겨주게~

임자가 싫다고 울치고 뺨치고 초치고 칼놈을 친 듯이 고냥 딱 돌아서더니

2080리를 다 못가고 왜 또 나를 찾아왔나~

갈라면 아주나 가지 정과 맘과는 왜 두고 갔나. 아리랑 아리랑 아라리요.

정과 맘과를 두고 갔으니, 평안히 들 수가 있나. 아리랑 아리랑 아라리요.

―박순자(여, 82), 연기군 동면 송룡리. 2004. 12. 28.

연정요

꽃같이 고운님을 열매가 지나. 내가 놓고,

다달이 그리던 정을 어느 달이나 풀어보나.

당신 한날을 사귀려고 수많은 남아를 다 버리고,

속이속절을 추억을 태산같이도 밀었더니

나서다가 어느의 장녀를 주었느냐?!

　　　　　　　　　　　　－박순자(여, 82), 연기군 동면 송룡리. 2004. 12. 28.

밭 매는 소리

올러가세 올러를 가세~

이 밭머리를 올러를 가면 술 찬듯 담배 찬듯 돌아오네.

올라가세 올러를 가세,

이 밭머리를 올러를 가면 술도 주고 담배도 주고 얼마나 좋은 줄을 모르겠네.

　　　　　　　　　　　　－박순자(여, 82), 연기군 동면 송룡리. 2004. 12. 28.

모 심는 소리

에헤야 에헤야. 상사나디여

여기 꽂고, 저기 꽂고, 오백줄만 나옵소서~

저기 가는 저 행인은 양산을 받고서 어디를 가나

어허야. 에헤야. 상사나디여~

여기 꽂고, 저기 꽂고, 오백줄만 나옵소서.

남날제에 나도 나고 남안날시에 나도 났는디~

잊어버렸어.　　　　　　　－박순자(여, 82), 연기군 동면 송룡리. 2004. 12. 28.

자장가 1

자장자장 우리 애기 잘도 잔다

먹고자고 먹고놀고 복만이 받아라

자장자장 잘도 잔다 우리 애기 잘도 잔다.

찬장 밑에 밤 묻어놨는데

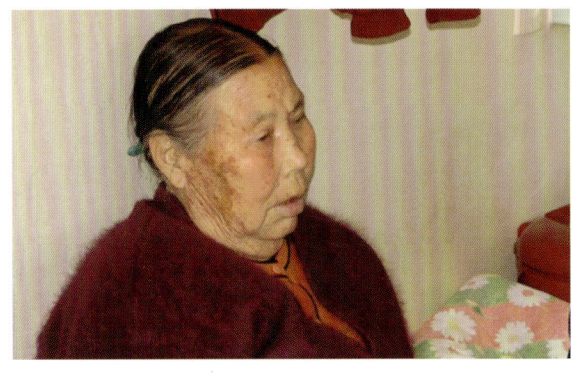

모내기 소리를 창하는
박순자 할머니

시아버지 들락날락 다 먹고 한 톨 남았는디.

— 이정림(여, 77), 연기군 동면 송룡리. 2004. 12. 28.

자장가 2

자장 자장 자장오이야 / 우리 애기 잘도 잔다.

금동이도 잘도 자고 / 멍멍이도 잘도 자고

삽살개도 잘도 잔다 / 우리 애기 잘도 잔다.

— 박순자(여, 82), 연기군 동면 송룡리. 2004. 12. 28.

자장가 3

멍멍개야 짖지 마라, / 꼬꼬닭아 짖지 마라.

우리 애기 잘도 잔다. / 자장 자장 우리 아기

엄마 품에 안겨 서루, / 칭얼칭얼 잠노래를

그쳤다가 또 하면서 / 새근새근 꿈나라로

저녁놀이 사라지면 / 돋아 오는 밝은 달이

우리 애기 잠든 얼굴 / 곱게 곱게 비춰주네.

— 김씨(여, 노인), 연기군 동면 송룡리. 2004. 12. 28.

요령소리

천지야 만물 생계 위에 귀한 것이 사람이라.

무엇으로 귀하던고, 오륜행실이 쓰임이라.

오륜지들을 능하나 하면, 삼재 중에도 참여를 하라.

오륜지를 모르시면 금수들을 비할 터냐.

부자위친 으뜸이요. 군신유의 버금이요.

안에 들면 부부유별, 밖에 나면은 붕우유신,

형제간에는 우애를 하면, 장유유서를 자연을 할제,

북망산천이 멀다더니, 나의 혼을 내게 당도하여,

대문 앞에를 저승일세.

—장호순(남, 74), 연기군 동면 송룡리. 2004. 12. 28.

회심곡

가는 세월을 잡아볼까. 인생~ 막아보자

몽중화초가 피었다가 찬바람에도 낙화되니.

유수같이 흘러가네 이팔청춘아 서명들아

백발보고 괄세마오. 너 늙으면 백발온다.

나 늙으면 백발이다. 오는 청춘 홍안이요.

가는 청춘 홍안이라. 인생 백발 닥쳐오니

백발로 ~~~~어화둥둥 내 사랑아

설기 청산에 보배던가. 만적산청에 백옥동아?

금을 주며 너를 살까. 은을 주면 너를 살까.

금도 은도 소용없다. 우리 자식이 제일이다.

이럭저럭 길러내서 영화를 보잤더니,

영화는 간곳없고, 불효만 늘어가네.

부모마음 어떻드냐. 일천간장 맺은 설움.

부모 간장 다 녹는다. 니덜도 자식을 길러 봐라.

자식 길어 설운 마음 누구에게 하소할까.

자식 좋다 누가 했나. 설움 속에 늙는 중에

내 부모님이 생각나기는 부모님께 불효한거

마디마디 생각나네. 고통설움 닥쳐오니

이팔청춘 인간사회 만인 대중 들어보소

부모 봉양 섬겨보세, 부모 마음 어떻더냐

일천간장 맺은 설움. 부모 간장 다 녹는다.

―장호순(남, 74), 연기군 동면 송룡리. 2004. 12. 28.

군인가는 소리―신도안아 잘 있거라

신도안아 잘 있거라. 나는 떠난다.

계룡산아 잡지마라. 갈길 바쁘다.

두계야 정거장에 우리 어머니

잘 다녀오라고 하시는 말씀

귀에 쟁쟁 눈에 삼삼 하구나.

그리운 부모형제 언제나 볼까.

남쪽 나라 먼 고향 울고 가는 새.

우리 집에 소식을 전하여 주소.

창공 중에 솟아있는 저 둥근달은

우리 집을 비춰어 주시련만은

산도 설고, 물도 설고, 적막하구나.

―김씨(여, 노인), 연기군 동면 송룡리. 2004. 12. 28.

(박종익)

주(註)

1) '도지기(賭地記)'란 뜻으로 이해된다. 곧, 도지 준 내역과 그에 대한 세를 산출한 것이란 뜻으로 추정할 수 있다.

충남대학교 충청문화연구소 마을연구단(2004~2005년)

연구책임자	김필동(충남대학교 사회학과 교수)
공동연구원	박찬승(한양대학교 사학과 부교수)
	고동환(한국과학기술원 인문사회과학부 교수. 국사학)
	김경수(청운대학교 교양학부 조교수. 국사학)
	김수태(충남대학교 국사학과 교수)
	김 준(목포대학교 도서문화연구소 연구교수. 사회학)
	김창민(전주대학교 교양학부 조교수. 인류학)
	박걸순(독립기념관 한국독립운동사연구소 수석연구원)
	윤종빈(충남대학교 철학과 강사)
	곽호제(마을연구단 전임연구원. 국사학. 현 청양대 초빙교수)
	김현숙(마을연구단 전임연구원. 국사학)
	박종익(마을연구단 전임연구원. 국문학)
	유보경(마을연구단 전임연구원. 사회학)
	이연숙(마을연구단 전임연구원. 국사학)
	전종한(마을연구단 전임연구원. 지리학. 현 경인교대 전임강사)
연구보조원	문광철(충남대 대학원 국사학과 박사과정 수료)
	고형임(한국교원대 대학원 역사교육전공 석사)
	김미영(충남대 대학원 국사학과 석사과정)
	김은지(충남대 대학원 국사학과 석사과정)
	김진희(한국교원대 대학원 역사교육전공 석사과정)
	남현주(충남대 대학원 국어국문학과 석사과정)
	송기중(충남대 대학원 국사학과 석사과정)
	오보경(충남대 대학원 국사학과 석사과정)
	윤보윤(충남대 대학원 국어국문학과 석사과정)
	이시경(충남대 대학원 국사학과 석사과정)
	이은규(한국교원대 대학원 지리교육전공 석사과정)
	정을경(충남대 대학원 국사학과 석사과정)
	주계운(충남대 대학원 국사학과 석사과정)
	반미희(충남대 사회학과 졸업)
	서홍원(충남대 국사학과)
	이규영(충남대 사회학과)
	장진하(충남대 사회학과)

빛깔있는 책들 501-3

충남 지역 마을지 총서 ② 연기군 동면 송룡리

연기 솔올마을

첫판 1쇄   2006년 9월 5일 인쇄
첫판 1쇄   2006년 9월 10일 발행

글 · 사 진   충남대학교 마을연구단

발 행 인   장세우
기획 편집   김분하, 최명지, 이세형
미   술   박명선, 이수현, 이미영
마 케 팅   강승일
관   리   이훈, 정문철, 도은아

발 행 처   주식회사 대원사
           우편번호 140-901
           서울 용산구 후암동 358-17
           전화번호 (02) 757-6717~9
           팩시밀리 (02) 775-8043
           등록번호 제3-191호

http://www.daewonsa.co.kr

이 책에 실린 글과 사진은 저자와 주식회사 대원사의
동의가 없이는 아무도 이용하실 수 없습니다.

잘못 만들어진 책은 바꾸어 드립니다.

값 8,500원

ⓒ 충남대학교 충청문화연구소 마을연구단, 2006

이 책은 한국학술진흥재단의 2004년도 연구비 지원과
연기군의 출판보조금 지원에 의해 출간되었습니다.

Daewonsa Publishing Co., Ltd.
Printed in Korea 2006

ISBN 89-369-0263-6   04380
ISBN 89-369-0000-5(세트)

빛깔있는 책들

민속(분류번호 : 101)

1 짚문화	2 유기	3 소반	4 민속놀이(개정판)	5 전통 매듭
6 전통 자수	7 복식	8 팔도굿	9 제주 성읍 마을	10 조상 제례
11 한국의 배	12 한국의 춤	13 전통 부채	14 우리 엣악기	15 솟대
16 전통 상례	17 농기구	18 옛다리	19 장승과 벅수	106 옹기
111 풀문화	112 한국의 무속	120 탈춤	121 동신당	129 안동 하회 마을
140 풍수지리	149 탈	158 서낭당	159 전통 목가구	165 전통 문양
169 옛안경과 안경집	187 종이 공예 문화	195 한국의 부엌	201 전통 옷감	209 한국의 화폐
210 한국의 풍어제				

고미술(분류번호 : 102)

20 한옥의 조형	21 꽃담	22 문방사우	23 고인쇄	24 수원 화성
25 한국의 정자	26 벼루	27 조선 기와	28 안압지	29 한국의 옛 조경
30 전각	31 분청사기	32 창덕궁	33 장석과 자물쇠	34 종묘와 사직
35 비원	36 옛책	37 고분	38 서양 고지도와 한국	39 단청
102 창경궁	103 한국의 누	104 조선 백자	107 한국의 궁궐	108 덕수궁
109 한국의 성곽	113 한국의 서원	116 토우	122 옛기와	125 고분 유물
136 석등	147 민화	152 북한산성	164 풍속화(하나)	167 궁중 유물(하나)
168 궁중 유물(둘)	176 전통 과학 건축	177 풍속화(둘)	198 옛 궁궐 그림	200 고려 청자
216 산신도	219 경복궁	222 서원 건축	225 한국의 암각화	226 우리 옛 도자기
227 옛 전돌	229 우리 옛 질그릇	232 소쇄원	235 한국의 향교	239 청동기 문화
243 한국의 황제	245 한국의 읍성	248 전통 장신구	250 전통 남자 장신구	

불교 문화(분류번호 : 103)

40 불상	41 사원 건축	42 범종	43 석불	44 옛절터
45 경주 남산(하나)	46 경주 남산(둘)	47 석탑	48 사리구	49 요사채
50 불화	51 괘불	52 신장상	53 보살상	54 사경
55 불교 목공예	56 부도	57 불화 그리기	58 고승 진영	59 미륵불
101 마애불	110 통도사	117 영산재	119 지옥도	123 산사의 하루
124 반가사유상	127 불국사	132 금동불	135 만다라	145 해인사
150 송광사	154 범어사	155 대흥사	156 법주사	157 운주사
171 부석사	178 철불	180 불교 의식구	220 전탑	221 마곡사
230 갑사와 동학사	236 선암사	237 금산사	240 수덕사	241 화엄사
244 다비와 사리	249 선운사	255 한국의 가사		

음식 일반(분류번호 : 201)

60 전통 음식	61 팔도 음식	62 떡과 과자	63 겨울 음식	64 봄가을 음식
65 여름 음식	66 명절 음식	166 궁중음식과 서울음식		207 통과 의례 음식
214 제주도 음식	215 김치	253 장醬		

건강 식품(분류번호 : 202)

105 민간 요법 181 전통 건강 음료

즐거운 생활(분류번호 : 203)

67 다도	68 서예	69 도예	70 동양란 가꾸기	71 분재
72 수석	73 칵테일	74 인테리어 디자인	75 낚시	76 봄가을 한복
77 겨울 한복	78 여름 한복	79 집 꾸미기	80 방과 부엌 꾸미기	81 거실 꾸미기
82 색지 공예	83 신비의 우주	84 실내 원예	85 오디오	114 관상학
115 수상학	134 애견 기르기	138 한국 춘란 가꾸기	139 사진 입문	172 현대 무용 감상법
179 오페라 감상법	192 연극 감상법	193 발레 감상법	205 쪽물들이기	211 뮤지컬 감상법
213 풍경 사진 입문	223 서양 고전음악 감상법		251 와인	254 전통주

건강 생활(분류번호 : 204)

86 요가	87 볼링	88 골프	89 생활 체조	90 5분 체조
91 기공	92 태극권	133 단전 호흡	162 택견	199 태권도
247 씨름				

한국의 자연(분류번호 : 301)

93 집에서 기르는 야생화	94 약이 되는 야생초	95 약용 식물	96 한국의 동굴
97 한국의 텃새	98 한국의 철새	99 한강	100 한국의 곤충	118 고산 식물
126 한국의 호수	128 민물고기	137 야생 동물	141 북한산	142 지리산
143 한라산	144 설악산	151 한국의 토종개	153 강화도	173 속리산
174 울릉도	175 소나무	182 독도	183 오대산	184 한국의 자생란
186 계룡산	188 쉽게 구할 수 있는 염료 식물		189 한국의 외래·귀화 식물	
190 백두산	197 화석	202 월출산	203 해양 생물	206 한국의 버섯
208 한국의 약수	212 주왕산	217 홍도와 흑산도	218 한국의 갯벌	224 한국의 나비
233 동강	234 대나무	238 한국의 샘물	246 백두고원	256 거문도와 백도
257 거제도				

미술 일반(분류번호 : 401)

130 한국화 감상법	131 서양화 감상법	146 문자도	148 추상화 감상법	160 중국화 감상법
161 행위 예술 감상법	163 민화 그리기	170 설치 미술 감상법	185 판화 감상법	
191 근대 수묵 채색화 감상법		194 옛 그림 감상법	196 근대 유화 감상법	204 무대 미술 감상법
228 서예감상법	231 일본화 감상법	242 사군자 감상법		

역사(분류번호 : 501)

252 신문